Curious George

「おさるのジョージ」を教室で実現

好奇心を呼び起こせ！

ウェンディ・L・オストロフ
池田匡史・吉田新一郎 訳

Wendy L. Ostroff
Cultivating Curiosity
in K-12 Classrooms

新評論

訳者まえがき

二〇二〇年春、新型コロナウイルスの蔓延に伴い、私たちの生活は大きく変わりました。店や学校など、多くの各種施設が臨時休業・閉館・休校に追いやられ、心おきなく行動することもできなくなりました。言うまでもなく、健康が何よりも重要です。ただ、臨時休業・閉館・休校によるさまざまな影響があったのも事実です。

影響の一つとして、「知」へのアクセスが満足にできないということがありました。確かに現代は、さまざまな困難はあるものの、小学校、中学校、高等学校、大学ではオンライン授業が展開できる「ネット社会」と言われています。しかし、すべての「知」と呼ばれるものがネット上にあるわけではありません。

たとえば、今や図書館くらいでしか手に取れないような古い本に書かれた価値ある「知」は、ネット上にない場合がほとんどです。しかし、図書館が臨時閉館したことで、私が大学で指導している学生とのオンラインゼミにおいて、「昔の本だから購入しにくいかもしれないけれど、こんな本があるよ！　図書館には入っているから……あっ、でも今は手に入らないね」と話すことが多々ありました。

図書館だけではありません。地域や人とかかわる機会、何かを自分で経験する機会も制限されました。「あそこに行けば分かる」、「あの人に会えば分かる」、「やってみれば分かる」といったような「知」の高め方も制限されてしまったのです。

思うように知りたいことを探し求めることができない状況を経験したことで私たちは、制限なく「知」を追い求められるということがいかにありがたく、楽しいことであったのかを改めて感じ、自分のなかにあった「好奇心」の存在を自覚しました。きっと、日本の、そして世界の至る所で同じような思いをした人がいることでしょう。そしてそれは、大人だけでなく、子どもたちも同じように感じていたと思います。

これからの時代は「予測困難な時代である」と、数年前から言われてきました。新型コロナウイルスによる世界の混乱も、まさに「予測困難」の一例と言えるでしょう。そして、これからもきっと、その時々の子どもたちには、どのように対応すればよいのか、簡単に答えの出せない問いが投げかけられていくことでしょう。

予測困難な時代を生きていく子どもたちにとっては、簡単に答えの出せない問いに対して、あきらめずに、試行錯誤しながら考え続けることのできる人間になることが、幸せな人生を生きるための条件となるはずです（そのような問いに向き合い続けることこそが「生きること」なのかもしれません）。それだけに、子どもたちがさまざまに制限されることなく「知」を追い求め、思う存分、好奇心を満たすことができるように私たち教師は支援する手立てを構想し、子どもたちが幸せに生きるために必要となる資質や能力を伸ばすことのできる場を教室に用意しなければなりません。

学校教育を取り巻く状況も変わりはじめています。平成三〇（二〇一八）年版の高等学校学習指導要領では、各教科に「日本史探究」、「世界史探究」、「地理探究」、「古典探究」、「理数探究基礎」、「理数探究」と、「探究」という言葉を含んだ科目が新設されたり、従来の「総合的な学習の時間」に代わって「総合的な探究の時間」が設けられたりと、「探究的な学習」への要求が強調されています。このような事情から、「探究的な学習」の指導のあり方を構想しようとしている学校や先生も多いことでしょう。

このような変化から、生徒が「探究したい」と思うことを探究できるような学習像への転換、また単に知識を頭に詰め込むだけではなく、そのような知的な営みができることが大切であるという学力観への転換が重視されているように思えます。当然ながら、小学校や中学校でも、この方向性を見通したうえで学習が構想されることが求められるでしょう。まさに、好奇心に満ちた教室をつくりだす必要性が強く訴えられている時代と言えます。

もちろん、このような好奇心を重要視した学習は、「今の時代だから」というよりも、時代を問わず、その必要性が認識されていたと言えます。たとえば、「学習者主体」という考え方は古くから日本でも訴えられてきました。大正期においては、「大正新教育」と呼ばれる教育運動が「児童中心主義」という言葉とともに語られてきました。昭和期には、一九七三年に心理学者の波多野誼余夫（一九三五～二〇〇六）と稲垣佳世子による『知的好奇心』（中公新書）という本が出版され、その重要性が訴えられました。また、幼いころから「好奇心が旺盛である」と褒められてきた読者の方々も多いことでしょう。

これらのように、日本でも好奇心に満ちた教室をつくりだせる土壌はすでにできあがっていると私は思っています。ただ、日本の授業場面に焦点をあててみると、「知識を詰め込むような形から抜けだせていない」と言われることが多くあるというのが現状です。そのような形の授業からそろそろ脱却し、真に子どもたちの好奇心を活かした授業にしなければなりません。

では、子どもたちが主体となって、好奇心を活かしながら「知」を獲得していくような学習を構想するにあたって、カリキュラムや授業実践、学習空間を設計する際に留意すべき点としてどのようなものがあるでしょうか。また、読者のみなさんのなかには、好奇心に満ちた「探究的な学習」の意義や価値について、「まだ見据えられていない同僚がいる」という教師もいらっしゃることでしょう。では、その同僚に対して、どのように説得すれば前向きになってくれるのかと考えてみてください。

本書から、これらの問いに対する答えやヒントを見いだすことができるはずです。たとえば、「子どもたちにテーマを与えてみたり、懇切丁寧に学習プロセスを提示してみたりするような指導は避けなければならない」というメッセージを本書から読み取ることができます。そして、子どもたちと同じ時間に、試行錯誤に基づく探究活動を教師が行うという場面を想像することでしょう。

読者のみなさんには、子どもたちがもっている好奇心について考えるだけでなく、みなさん自身が今もっている好奇心を見つめ直しながら読み進めることをおすすめします。

最後に、本書の出版にあたって、粗訳の段階で目を通してコメントを寄せてくださった細谷朋未さん、太田寛士さん、花輪由樹さん、佐藤可奈子さん、大関健道さん、そして本として世に出す形にしていただいた株式会社新評論の武市一幸さんはじめスタッフの方々に心より感謝申し上げます。

二〇二〇年九月

訳者を代表して　池田匡史

もくじ

第2章　学習を自立的で苦にならないものにする

第3章　内発的動機づけを取り入れる

第4章 想像力・創造力を強化する

第5章　質問することを支援する

第6章　時間をつくる

「おさるのジョージ」を教室で実現——好奇心を呼び起こせ！

Curious George

はじめに――好奇心に満ちた教室にするために

私たちが見たいのは、知識が子どもを追いかけるのではなく、子どもが知識を追求することです。（ジョージ・バーナード・ショー[(1)]『G・B・Sの神髄――バーナード・ショーの機知と英知』）［参考文献254］

学ぶことは、私たち人間がもっとも得意とすることです。私たちは人生を通して、不思議に思ったり、調べたり、経験したり、実際に何かに触れていじり回したり、遊んだりして学びます。本書では、学習者のなかに潜む世界そのものや、世界にある考えを「知りたい」、「理解したい」、「かかわってみたい」という意欲を、教えることにいかに活用するのかについて論じていきます。

古代ローマの哲学者キケロ（Marcus Tullius Cicero, BC106～BC43）は「好奇心」を、利益に

（1）（George Bernard Shaw, 1856～1950）アイルランドの劇作家、批評家で、一九二五年にノーベル文学賞を受賞しています。

惑わされない知識への愛、つまり「本質的な知ることへの情熱」と定義しました〔参考文献48〕。一方、アリストテレス（Aristoteles, BC384～BC322）は、知りたいという欲望は人間のもっとも深い衝動であると主張し〔参考文献8〕、DNAの二重らせん構造を発見し、ノーベル生理学・医学賞を受賞した科学者フランシス・クリック（Francis Harry Compton Crick, 1916～2004）は、その好奇心からしばしば「子どものようだ」と表現されました。〔参考文献220〕

好奇心が、認知発達、教育、科学的発見の背後にある主要な推進力であるということは、これまでも支持されてきました〔参考文献172〕。それは、学習者に知識をもたらす原動力です。好奇心をもつことは、物事によく気づくためにオープンであること、物事を確かめてみること、試してみること、自分の周りと交流することにつながります。

好奇心に満ちた教室では、教師が生徒の深い驚きを掘り起こし、集中することを自然で苦もないものにし、(2)目いっぱい取り組むことのできる機会をもつことができます。教室の中に好奇心に満ちた環境をつくることで、教師と生徒からより本物の(3)モチベーションを得ることができ、より深い学習に導くことができるのです。

『おさるのジョージ』(4)が、児童文学でもっとも愛されているキャラクターの一つであることに疑う余地はないでしょう。「黄色いぼうしのおじさん」と一緒に暮らしている小さなおさるのジョージは、何かを考えて探究したり、何かを試してみたりするために、自分が遭遇するあらゆる体験を掘り下げてみたいのです。ただ、社会的なルールに縛られるといったことがないためよくトラブルに巻き込まれます。

　ジョージは自分の好きなことを自由にできますし、何といってもおさるなので、私たちが期待する、あらゆるいたずら心にあふれています。ジョージの厄介な状況を救うために、「黄色いぼうしのおじさん」がいてくれるというのはよいことです（たとえば、ジョージが気球を浮かせすぎてしまったとき、ちょうどよいタイミングでヘリコプターに乗って飛んで来てくれます）。ジョージの場合、私たちの目の前の生徒と同じく、遊び心のある好奇心にマッチした足場をかけてあげさえすれば、いたずらを学びに転換することができるのです。

　私たちは、好奇心をもつことを生徒に教える必要はありません。ジョージのように、生徒はす

（2）本書では、集中や学習を「苦にしないこと・苦と思わないこと」が重視されています。「勉強」や「努力」という言葉からは、「嫌々するもの」のようなイメージをもつ人が多いかもしれません。著者は、そのイメージを取り払おうとしているのだと考えられます。

（3）原語は「authentic」です。「真正」、「正統派の」、「本格的な」、「中身のある」というようなニュアンスも含まれていると言えます。

（4）『おさるのジョージ』は、二〇〇七年からＮＨＫＥテレでテレビアニメとして放送されていますからよくご存じでしょうが、元々は『ひとまねこざる』（岩波書店）という絵本シリーズでした。その原題は『*Curious George*』、つまり本書のテーマである「Curious（好奇心）」という語が使われています。

でに好奇心をもっているからです（もっとも、私たちが好奇心をもって欲しい事柄に対して、必ずしも生徒がもっとはかぎりませんが）。きっと、今この瞬間、子どもたちは幼稚園の授業でプロジェクトの準備をしていて、「粘土に触るとどんな感じだろうか？」と不思議に思っているかもしれません。中学校で理科の授業を受けながら、「心を寄せる素敵なあの子と、一体どんな話をしたらいいのか……」と迷っているかもしれません。

では、熟練したガイドとしての教師ならば、生徒が好奇心をもっていることと教えなければならない学習テーマとの接点において、学びの瞬間を見いだすことができるでしょうか？　スケートボードのハーフパイプに興味を示す生徒を、私たちは物理学や工学に向けることができるでしょうか？　ペットを飼う許可を両親から得るために、説得力のある文章を書く能力や話す能力を身につける必要があることを、教師は生徒の興味を利用して教えることができるでしょうか？

本書によって、生徒の好奇心と、教師自身がもっているはずの不思議に思う気持ちと経験を融合させ、生徒たちをより深い探究へと導きましょう(5)。

なぜ、好奇心なのか？

好奇心をもつことは人間意識の本質的な部分であり、豊かな人生の特徴でもあります。最近の研究で明らかになったように、好奇心を育てることは、単に気分がよいというだけではない力をもっています。実際、好奇心は、学校における生徒の成功にとって非常に重要なものとなります。生徒を学ばずにはいられないような状態にさせる好奇心のメカニズムとは、一体どのようなものでしょうか。

1　好奇心は内発的な動機を活性化し、維持し、深い学びを起こしやすくする

生徒が好奇心に満ちているとき、教わること、学ぶことは決して苦になることではありません。インセンティブや報酬を通じての外発的な動機の場合は脆くて短命なものになりがちですが、純粋な好奇心の泉から湧きあがる内発的な動機は、山火事のように留まることを知らず、突然新しい方向に向きを変え、可能なかぎり燃料を探すことになります。好奇心に満ちた教室では、教師は生徒のモチベーションについて心配する必要はありません。(6)好奇心に従うことを許された子どもは、探究と洞察の道を歩み続ける傾向が強いと言えます。

（5）当然、教師も昔は子どもだったわけですから、好奇心をもっているはずです。大人である読者のみなさんは、今の自分は「不思議に思う気持ち」をもっているのかと、自らに向き合いながら本書を読み進めるとよいかもしれません。

（6）物事の本質を見抜く力のことです。

たとえば、小学一年生の女の子は、遊び場にある泥のような水たまりでオタマジャクシを発見すると、すぐに喜びを感じてしまいます。その喜びが好奇心に火をつけ、それが繰り返されることを求めるので、それ以降、彼女は水たまりをさらに探検しようとするのです。

女の子はクラスの友達を連れて水たまりを見に行ったり、放課後にほかの小さな池でオタマジャクシを探したりするかもしれません。いずれにしても、彼女は自分の経験を外側に広げていくことを求めるはずです。

オタマジャクシの観察をするたびに、彼女は「何を食べる?」とか「どれくらい速く、遠くまで泳げる?」といった疑問を抱き、それらに関する仮説を立てることでしょう。その繰り返しが彼女を真の理解へと導くわけです。女の子は、すぐにオタマジャクシの成長していく脚の先端を観察するでしょうし、観察を続けることができれば、オタマジャクシがカエルになるという複雑な生物学的な変化を目にすることにもなります。

経験的な学習から得られた彼女のカエルについての理解は、彼女のなかに自信を生み出していきます。この例が示すように、「深い学び」は好奇心と喜びによって促進されるのです［参考文献218］。研究によると、純粋に好奇心をそそるような機会を与えられた生徒は、みんなまったく同じように反応することが分かっています。ある研究によると、次のようなことが明らかにされています。

五年生と六年生のグループが、絶滅危惧種のオオカミと石炭採掘について授業で学びました。最初のグループは、彼らが学んだ事実のみに関するグループ・ディスカションに参加し、二つ目のグループは、オオカミが絶滅の危機に瀕していることや、石炭の露天採鉱をめぐる論争に関するディベートに参加しました。

このとき、ほかの研究と同じように、議論における学習内容の「魅惑的な詳細」が好奇心を刺激しました。二つ目のグループのほうが、学習プロジェクトの間、より積極的に取り組んだだけでなく、より多くの時間を費やし、休み時間すら返上してテーマについて学習しようと取り組んだのです［参考文献173］。これらの話題に割く時間が増えた分だけ生徒は必然的により深く探究するようになり、複雑な概念をより良く理解し、のちに学んだ内容を思い出すときにも役立ちました。［参考文献102］

2　好奇心はドーパミンを放出し、喜びをもたらすだけでなく観察力と記憶力も向上させる

脳の欲求と報酬系（神経伝達物質ドーパミンを生産するもの）は、人間の発達と進化に深く組み込まれています。社会科学者は、報酬がすべての行動を駆動し、行動が進化的適応を生み出すと信じていますが、ドーパミンは、人類が複雑な存在へと進化していくうえで重要なものでした。［参考文献199］

生徒たちが好奇心をもって目的や欲求を満たそうとすると、快感を生み出す脳内化学物質であるドーパミンが分泌されます。ドーパミンの効果に関するある研究では、「アンクル・サムの顔に初めて髭が描かれたとき、アメリカの大統領だったのは誰ですか？」という質問や「『恐竜』という用語の本来の意味は何ですか？」といった雑学的な質問のリストが与えられ、それらの答えを学ぶことにどれほどの興味があるのか、と尋ねました。その後、被験者には、雑学的な質問に対する答えに加えて、それとは関係のない追加情報も提示しながら脳のスキャンを実施しました。すると被験者の好奇心が刺激されて、脳はドーパミンを放出したのです。(7)(8)

また、そのあとのテストでは、被験者は自分が興味をもっていることの情報については、はるかに多くのことを記憶している傾向がうかがえました。さらに、被験者が好奇心の強い状態にあるときには、あわせて提示された関係のない情報の記憶についても頭の中にたくさん残っているという傾向を示したのです。言い換えると、私たちが好奇心に満ちているときには脳内のドーパミンが増加し、経験と情報の全体像をより深く記憶するようになるということです。これは、ドーパミンが海馬（長期記憶に関連する脳の部分）の機能を向上させたからです。［参考文献118］

このような研究は、自然作家のジョン・バロウズ（John Burroughs, 1837～1921）が一世紀近く前に述べていた、「愛のない知識は身につかないが、愛が初めにあるなら知識は間違いなくついてくる」［参考文献41］という考えを支持するものと言えます。(9)

3　好奇心旺盛な人は高い認知能力を発揮する

好奇心旺盛な生徒はより多くを学び、より上手に学びます。最近の研究によれば、新しい情報や経験を求める人は、脳への影響が持続的に促されることが分かっています。ある研究において、研究者が非常に好奇心の強い三歳児のグループをまず特定して、彼らの幼年期や学校での経験も踏まえてその発達を追跡しました。すると、一一歳のとき、これらの子どもたちは同年代の子どもよりも有意に高い成績を得ていたのです。たとえば、彼らは読解力に優れていたり、ＩＱスコアの平均が、好奇心の強くない子どもたちと比べたところ一二ポイントも高かったのです。［参考文献228］

これに関連した研究としては、遺伝的にアルツハイマーを発症しやすいとされる特徴をもって

---

(7)　アメリカを擬人化したキャラクターであり、第一次世界大戦時には陸軍兵の募集ポスターにも使用されました。南北戦争で、リンカーン大統領に似た髭がつけられるようになったと言われています。「Uncle Sam」で検索するとイラストが見られます。

(8)　「Dinosaur」の義には、「恐竜」のほかに「巨大で時代遅れなもの」などもあります。おそらく、これを知識としてもっているかどうかを問うものが、雑学的な質問の例に挙げられているものと思われます。

(9)　「愛」を効果的に活用したフィードバックの方法があります（https://projectbetterschool.blogspot.com/2012/08/blog-post_19.html）「大切な友だち」というアプローチだと、フィードバックをする側にもされる側にも濃密な記憶として残りますので、ぜひ活用してください！

いる高齢者が日常的に好奇心をもっている場合、一〇年以上にわたって発症を防いでいたという事実を科学者たちが発見したというものもあります。とくに、高等教育を求めることや、複雑な場での活動を行い、音楽を演奏したり、熱心に読書したりして知的に関与し続けることは、脳を効果的かつ健康に保つためにとてもよい方法であると言われています。［参考文献285］

好奇心に満ちた教室はみんなでつくるもの

私たち教師が、長い人生の複雑な旅のなかで、生徒のパートナーであることを認識し、生徒に尊厳と敬意をもって接するようになれば、立派な教師への道を歩んでいると言えます。とても単純なことですが、同時に難しいことでもあります。

（ウィリアム・エアーズ）[10]［参考文献11］

積極的な取り組みを促したり、焦点を絞らせたり、挑戦させたり、励ましたり……と教師は、生徒の好奇心を探究心へと転換させるにおいて重要な役割を果たしています［参考文献208］。教師が生徒を新たな関連領域へと導き、生徒の興味を拡大させて、枝分かれさせていくことを「足場づくり」［参考文献237］と言いますが、足場づくりは、「生徒一人では達成できないことでも、少しの助けによって達成できるような目標であれば支援することができる」[11]［参考文献286］ということです。

重ねて強調しますが、好奇心の強い子どもたちへの支援については、教師自身が好奇心をもち、興奮し、自ら取り組み、自発的で新しいことに挑戦するときにもっとも達成されやすくなります［参考文献64、85、209］。好奇心に満ちた教室は、生徒と教師が交わったところに現れる学習文化を生み出すことになります。

好奇心は、生徒と教師が学習者としてともに努力を共有することで、教室の中に生まれるものです。好奇心を生み出すということは、教室にいるすべての人がもっているものから生まれる考えと問いからはじまる「協働探究」です［参考文献116］。好奇心を育てるためには、クラスの見方や無数の声に耳を傾け、自分をさらけ出すようなことも含めて、お互いを尊重する必要があります。作家であり教師でもあるパーカー・パーマー（Parker. J. Palmer）は、教えることは「傷つきやすいなかで行う日常的な練習だ」［参考文献212］と言っています。

（10）（William Charles Ayres, 1944～）アメリカの初等教育の研究者です。
（11）これは基本的に、ヴィゴツキーの「発達の最近接領域（＝ＺＰＤ）」の考え方と同じで、それを分かりやすく説明しているものとして、『教育のプロがすすめる選択する学び』（一七～一九ページ、および一三六～一四〇ページ）を参照してください。

クラスメイトも、好奇心に満ちた教室の環境の一部となり、常に学習する準備がなされた状態でいる必要がありますからリスクを負うことになります。マサチューセッツ州ブルックリンに住むある高校生が言ったように、「自分が注ぎ込んだものを手に入れるだけではなく、クラス全体が注ぎ込んだものを手に入れるのです」。〔参考文献150〕

好奇心は、伝統的なトップダウン型の教室を破壊します。教室内の秩序を何よりも望む場合には好奇心が邪魔になるときもあるでしょう。しかし、結局のところ、好奇心から生み出される飢えや欲望は、おとなしくさせたり、押さえつけたりすることはできません。

心理学研究における過去数十年のレビューでもっとも有名とされる論文を書いたジョージ・レーヴェンシュタイン（George Loewenstein）は、好奇心が「強さ」、「一過性」、「衝動」ともっとも関連していることを発見した〔参考文献172〕、と言及していました。これら三つの要素は、上下関係がはっきりしたクラスでは阻害されがちとなっています。

典型的な形式ばった指導は、衝動的であったり、自分のしたいことにばかりに集中して授業を無視するような生徒をコントロールするように設計されています〔参考文献256〕。好奇心旺盛な子どもたちが、そのシステムを非難しているわけです。彼らは遊び、権威を批判します。好奇心は、教室の前のほうに座っている「よい子」からは伝わってこないかもしれませんが、教室の後ろのほうや窓際に座っている子どもから伝わってきて、その態度を見た教師は胸焼けを起こしてしま

うかもしれません。［参考文献252］

社会評論家のジェニファー・フィンク（Jennifer Fink）が次のように書いています。

> 私の息子はまだまだ体を動かすことが必要で、自分の生活に役立つ学習を望み、体をいっぱい使って何か仕事をしたり、家族や世界に貢献したりする方法を強く求めています。けれども彼は、同じ年齢の二〇人ほどの子どもたちと一緒に、ほとんどの時間を机や教室で過ごすことになるでしょう。そして、とても寒かったり、雨が強かったりする日は、学校外に出ることが許されません。休憩時間には、図書館や講堂で静かに座っていなければならないのです。つまり、「リアル」な活動機会はほとんど与えられていないということです。
>
> 今日では、八歳の子どもにノコギリを手渡したり、火を扱わせたりすると、周囲から怪訝な目で見られてしまいます。一五〇〇年前であれば、息子は模範的な少年と思われていたことでしょう。でも、今日の状況では、彼は問題児と見なされてしまうのです。［参考文献92］

生徒が好奇心を表現できるようにするためには、常識に逆らって探究の最中に少し道をはずしてしまっても、自分には質問したり、探究したりする権利が与えられているんだと感じられなければなりません。[12] 実際、好奇心は非常に順応性があります。私たちは教育者として、生徒の好奇心を育てることもできますし、潰すこともできるのです。

また、もっとも問題を抱えている生徒にとっては、知りたいと思う気持ちを抱いたり、試行錯誤して迷ったりする時間が不可欠となります。驚くことではありませんが、（社会がもっとも期待していない）これらの生徒は、機械的な学習、あれもダメ、これもダメという制限、また服従することが中心となっている教室のために好奇心が萎えてしまうという存在になっています。こうした問題を抱えた子どもたち、そしてすべての子どもたちに対する唯一の希望は、カリキュラムと評価の両方において教育システムを標準化から解放し[13]、学校における好奇心を取り戻すこととなります。［参考文献256］

生徒が自然にもっているはずの好奇心を潰さないために考慮しなければならないものとして、哲学者のハンナ・アーレント（Hannah Arendt, 1906～1975）の言う「すべてのはじまりの驚くべき意外性」［参考文献7］や、教育哲学者ジョン・デューイ（John Dewey, 1859～1952）が「未知への冒険」［参考文献68］と呼んだものがあります。この旅は、教師にとっても生徒にとっても重要なものであると言えます。

一度自分のことを学習者や探究者と見なすことができれば、ますます新しいことが可能となっていきます［参考文献116］。これは、教師の役割が、「質問をしたり、それに答えてくれたりする人」という伝統的なものから、「質問を引き出してくれる人」へと変化することを示しています。

理科の教師であるマーク・ナップ先生は、六年生の子どもたちと一緒に天文学の単元を立ち上げようとしたとき、天文学についてほとんど何も知らないことをクラスの子どもたちに隠さず伝えました。

ある子どもが、「じゃあ、先生は何も知らないことを教えようとしているのですか?」と叫びました。それに対してナップ先生は、「もちろんだよ! 私があなたたちに出す宿題は、先生も自分でやるつもりだよ。みんなと一緒に天文学を学ぶのを楽しみにしているんだから」と答えました。[参考文献100]

確かに、好奇心に満ちた教室は、生徒に本物で、差し迫った、臨場感にあふれるような体験と

---

(12) 近年の日本でも、高等学校で「総合的な学習の時間」に代わって「総合的な探究の時間」が設けられるなど、探究的な学習を重視しようとする動きがあります。そのあり方を考えなければならない……という読者も多いことでしょう。ここで指摘されていることは、一本道に探究するだけの価値ある課題があるわけでもないし、それを解決できるわけでもないということを自覚して、カリキュラムなどを構想する必要があるということです。

(13) たとえば年度初めに年間指導計画を立てることは、各単元の構想やそれに位置づく一時間の授業の意味をあらかじめイメージしたり、一年を見通した学びを構想したりするうえで意味のあることだと思います。しかし、その計画を達成することが目的となってしまい、学習者のなかで学びたいことが生じても、計画に沿っていないからそれを扱わないというような硬直化は避けたいところです。日本ではあまり知られていませんが、欧米では教師と生徒が「カリキュラムを交渉」してつくりあげるという実践が見られることに注目したいです。

可能性、そして自分たちの空間だという感覚（オウナーシップ）を提供することになります。本書は、生徒が好奇心を表現できるようになるために、教師が生徒の好奇心を引き出し、持続させ、好奇心でいっぱいの教室をつくれるようになることを目的として書かれました。

教師が共に学ぶ存在であるとき、生徒が教室にもたらす知識や見識は、教師と同じくらい学ぶ価値のある重要なものとなります［参考文献97］。教師が共に学ぶ学習者であるからといって、子どもたちが収拾のつかないほどの質問をしたり、いたずらが生じたとしても、当初の授業計画を「お払い箱」にする必要はありません。とはいえ、子どもたちに好奇心を追求してもらうことや、知りたいことを理解して、調査や探究の結果を得るための方法を示すことを目的として、カリキュラムのかなりの部分を計画する必要があります。

教師が果たすことのできるもっとも価値ある役割の一つは、子どもたちが自分の好奇心をもっと自覚し、それについて熟考することができるように支援することです。メリッサ・ペアレント先生は、ＫＷＬ法[14]を使ってカリキュラムを設計しました。たとえば、これから理科で「音」についての単元に入るとき、先生が生徒に、「これからみなさんは音を勉強することになりますが、何について学ぶのかは自分たちで決めなければなりません」と伝えました。これによって先生は、クラスの生徒たちが本当に興味をもっている音に関する事柄に焦点化して授業の準備をすることができました。

先生が「あなたたちは、この単元のデザイナーです」と言って、自分は新米教師であり、まだたくさん学ぶ必要があることを生徒に伝えました。これによって生徒は、単に物事を教えられるだけではなく、先生と共に何かを学ぶのだということをすぐに理解しました。［参考文献100］

一方、キャロリン・エドワーズ先生が指摘するように、共に学ぶ立場として教えるということは、生徒のために物事をスムーズにしたり、簡単にしたりすることではありません。むしろ、それとは逆です。ファシリテーターとしての教師は、問題をより複雑に、刺激的にすることで学習を促すのです［参考文献79］。生徒自身の興味に沿って探究することを支援するためには、努力と忍耐が必要になります。ある教育者の言葉を借りれば、「私は、自分の学びをコントロールしている生徒をコントロールしているのです」ということになりますので、単に何をすればいいのかを生徒に伝えることよりも複雑な能力が必要となります。［参考文献150］

(14)　アメリカの教育者ドナ・オーグル（Donna M. Ogle）によって考案された指導法、思考ツールです。知っていること＝K（What I know）、知りたいこと＝W（What I want to know）、知ったこと＝L（What I learned）の三点を書き込める表を作成し、生徒に書き込ませるなどして活用するものです。たとえば、学習前にK、W、学習後にLの欄を埋めると、予備知識の喚起や学習成果の自覚化といった成果が見込まれます。KWLを日本の中学校理科で使った事例については、http://ikubodaisuke.blog.fc2.com/blog-entry-40.html を参照してください。

「私」ではなく「私たち」

好奇心に満ちた教室を一緒につくるためには、ある程度の謙虚さが必要となります。教師は指導者であることをやめ、教室の中に響く多くの声に対して平等に耳を傾けなければならないのです。もっとも偉大な小説家の一人であるレフ・トルストイ（Лев Николаевич Толстой, 1828〜1910）は、プログラムも、罰も、規則もないフリースクールを地元農民の子どもたちのために開いたとき、これに似たようなことを行いました。

トルストイは、彼の論説である「誰が誰の文章を学ぶべきか――農夫の子どもたちか、それとも私たちが農夫の子どもたちからか？」［参考文献281］において、共に活動していたほとんど読み書きのできない路上の子どもたちについて記述していますが、彼らの書くことへの自覚と考えの複雑さは、トルストイ自身のそれに匹敵していたと言っています。彼らから学ぶということについて、最初は奇妙なもので、屈辱的なことであったとも言っていますが、子どもたちがトルストイと共に小説の執筆をはじめたことによって、最終的にはその屈辱が解放感に変わったのです。

「誰かが言いました。この老人を魔法使いにしよう。ほかの誰かが言いました。いや、そうする必要はない。彼をただの兵士にしよう。彼を強盗にしたらどうかな？　いいや、それじゃお話の

流れにあわないよ」［参考文献281］

トルストイが自らのエゴを脇に置いて指導をやめると、すぐにすべての子どもたちが物語の執筆に参加しました。彼らは創作のプロセス自体に夢中になり、それが創造的思考に向けた第一歩となったのです。子どもたちは筋書きをつくり、登場人物を形づくり、その容貌を詳細に描写し、個々のエピソードを創作しましたが、それらはすべて整った言語形式に基づいていました。大人と対等なパートナーであることを子どもたちが実感できる、真の協働作業となったのです。子どもたちは夜明けから日暮れまで勉強し、一日が終わろうとしているときでも校舎を出るのを嫌がるほどだった、と言います。［参考文献9］

トルストイは、本物の教育とは、自分のなかにすでに存在しているものを目覚めさせ、ただそれを発達させるための手助けをしてあげることだと結論づけています。［参考文献287］

授業を計画するときには、教師としての自分の目標と共に生徒の目標を考えなければなりません。ある高校教師は、「私個人の意見ですが、生徒が生み出した興味関心に時間を費やすことは、いつも非常に満足できる効果的な教育だと思います。何年も経ってから私と会った生徒が、そのような時間が一番記憶に残っている、と言っていました」と話しました。

授業計画を実施する際には、生徒自身が自分で設定する学習目標と、教師が生徒に対してもつ学習目標とを考慮する必要があります。(15) どちらの目標も、生徒のそれまでの学習経験に基づいて設定することができます。評価の過程で、教師と生徒の視点で学んだことを特定することによって、カリキュラムの有効性を検討する証拠を集めることができます。[参考文献301]

《まとめ》

・すべての生徒は（すべての人間は）好奇心が強い。
・好奇心を支援したり、足場づくりをしたりすることで、学習者の知識欲を活性化できる。
・生徒と教師の好奇心を組み合わせることによって、好奇心に満ちた教室をつくることができる。
・好奇心に満ちた教室をつくることによって、教育と学習の伝統的な見方を変えることができる。

小さな変化

学校の目標が、イノベーションを起こすこと、創造性を生み出すこと、真の進歩を果たすことであるならば、[16]好奇心はそれに沿ったものだと言えます。好奇心旺盛な子ども（つまり、すべて

の子ども）は、危険を冒し、知的に遊び、何かを試し、生産的な間違いを犯すことで深く学ぶのです。［参考文献163］

あらゆる教室を好奇心のあふれる場所に変える方法は、ほんのわずかな修正を加えることです。まず、教師が自分自身に対する見方を、単なる教師という存在から、自らも好奇心をもち、学習者と共に学習を促進する権利をもっている存在に変えることです。

ある意味でこの転換は、探究する意欲、苦もなくこなしているように見える学習、想像力、内発的動機づけなど、すべての学習者が最初に習得する能力を支援するための教室をつくりあげるということになります。そして、教師には、これら固有の能力が開花するように、授業の時間、空間、および方向づけを調整していく必要が生まれます。

子どもたちは優れた学習者です。一人ひとりの生徒は、生物学的な背景、そして文化的な背景

（15）二つの目標についての差異が捉えにくいかもしれません。例を挙げると、「生徒にとっての目標」がある話の音読劇の発表会を開くことであれば、教師が生徒に対してもつ学習目標は、音読劇での表現を考えることによってその話を読み深めることができる、ということになります。このような考え方は、日本でも「目標の二重構造化」と表現されています。あるいは、『ようこそ、一人ひとりをいかす教室へ』や『増補版「考える力」はこうしてつける』で紹介されている「契約」という手法のほうがさらに先を進んでいるかもしれません。教師がある程度の枠（教師の目標）を設定したところから、各生徒が発展的に目標を設定して取り組むのです。

（16）この点に関する最良の参考図書は『教育のプロがすすめるイノベーション』です。

のなかで構築された学習の進化と発達という軌跡の一部です。自分の興味関心を追求する自由と足場が提供されれば、彼らは効率的に、しかも楽しく学べる「素晴らしい学習者」になれますし、きっとそうなることでしょう。［参考文献114］

どのようにして、子どもたちは生まれながらにして好奇心をもつに至ったのでしょうか？　また、その好奇心を私たちはどのように支援し、拡張することができるのでしょうか？

ものの見方に関する教師の小さな転換によって教室を、刺激的な、新しい学習モードを一緒に実現することができる「学びのスペース」に変えるのです。生まれつきの好奇心や不思議に思う気持ちをもち続けている生徒は、まず疑問をもち、それから知識を得るためや答えに近づくための方法を模索し、最後にはさらに多くの疑問をもつに至ります。生徒がこのような思考習慣を身につけていると、生涯にわたって学ぶことがやめられない人間になります。

また教師も、突然、再び驚くことができること、疑問をもてること、以前はたくさんの好奇心をもっていたこと、そしてとても楽しんでいたことを自分のなかに見いだすことになります。そうしている間に、深い学びに必要とされる、もっとも基本的な能力が芽生える空間、つまり好奇心に満ちた教室づくりをはじめるはずです。(17)

(17)　教師も、優れた探究者のモデルとして自分の姿を子どもたちに示さなければならない、ということです。

第1章

探究と試行を促進する

人は冒険をやめてはならぬ
長い冒険の果てに
出発点へ辿り着くのだから
そして　初めて居場所を知るのだ

（T・S・エリオット(1)『四つの四重奏』より）［参考文献83］

（1）（Thomas Stearns Eliot, 1888～1965）イギリスの詩人、批評家です。一九四八年にノーベル文学賞を受賞しています。

好奇心の種は冒険にあります。子どもは生まれながらにして学習の主体です。探究とは、目新しさを求める行為であり、知識を得るために「世界を体験する」ことを含んでいます。では、どのようにして、年少の子どもはすぐに、そして心の底から好奇心を抱くようになるのでしょうか?

好奇心の進化——探索的な反射

一八六〇年代、ドイツの動物学者であるアルフレッド・ブレーム(Alfred Edmund Brehm, 1829~1884)は動物園で、数頭のサルが棲んでいる檻の中にヘビの入っている箱を置きました。サルがその蓋を開けると、大きな恐怖に襲われました。ヘビに対するサルの典型的な反応です。しかし、その後、彼らは奇妙なことをしはじめたのです(あまりにも奇妙だったので、チャールズ・ダーウィン〔Charles Robert Darwin, 1809~1882〕は、自分で実験を再現しなければならなかったほどです)。なんと、そのサルたちは、恐怖を感じていたにもかかわらず、箱の蓋を再び開けてヘビをもう一度見ようとしたのです。〔参考文献57〕

この発見をブレームが『動物の生活(未邦訳)』〔参考文献34〕という本で発表してからというもの、科学者たちは一〇〇種類以上の爬虫類と哺乳類を対象にして、動物たちがこれまで見たことがないものに対してどのような反応をするのかについて調べていくことになりました。すると、すべての場合において動物は、目新しいものは無視できない、ということを支持する結果が出たのです。

実際、目新しいものに注目するという行動は、神経系をもつほとんどすべての生物に共通する基本的な特徴です〔参考文献221〕。目新しいものに注意を向けることは、私たちをさまざまなものに取り組ませ、私たちを傷つける可能性のある環境や状況に注意を払って、生き残るための助けとなるのです。

過去半世紀の間、実験心理学者は学習の前提条件として「動機づけ」に魅了されてきました。彼らは、私たち人間が曖昧で複雑な矛盾した情報に接触すると、神経系が興奮して刺激となり、注意を払うということを発見しました。私たちは何かに困惑したとき、その解決策を探すことが非常にやりがいのあることとなり、それによって効率的な学習が可能になるとされています。〔参考文献25、172〕

神経科学者は、新しく、興味深く感じるような状況における脳の活性化のありようを測定するために、「機能的磁気共鳴画像法（fMRI）」を使うようになりました。好奇心をそそられると、自律神経の興奮や不快感の根底にある脳の領域（たとえば、前頭皮質と前帯状皮質）がより活発になるのです。そして、目の前の疑問が満たされたとき、つまり関連情報にアクセスできたときには、報酬に関連する脳の領域が活性化されます。〔参考文献138〕

人類遺伝学の分野では、好奇心と新しさを好む傾向は、初期の人類がはるか遠くまで移動したことと関連しています。ご存じのとおり、最初の人類は約一五万年前にアフリカで進化しました。そして、約一〇万年後、アフリカから大規模な移動が起こり、約一万二〇〇〇年前には、地球上のあらゆる場所で人が住むようになりました。

興味深いことに、最近の研究結果として、アフリカからもっとも遠くへ移住した人の集団には、新規性の追求に関連する遺伝子（具体的には、ドーパミンD4受容体エクソン3の対立遺伝子2Rと7R）の頻度が高かったという発表がされています〔参考文献161、222〕。言い換えれば、人類の起源からもっとも離れたところを旅した人々は、未知なる場所やものを調べて探究するといった生物学的な傾向をもっていたということになります。脳が大きくなるにつれて人間は、未知のものを学ぶ方法として新しい事柄を探究し、刺激的で新しい経験をすることで住む場所に適応していったということになります。

好奇心の発達——新しい場所と新しいもの

すべての不思議さは、無知な状態における、目新しさを求めることによる効果である。

（サミュエル・ジョンソン(2)『サミュエル・ジョンソン作品集（未邦訳）』〔参考文献141〕）

人間の進化の過程で好奇心が集団の移動と成長を支えてきたのと同じく、好奇心は発達の過程で個々の子どもの成長と動きを促す原動力となっています。生まれたばかりの赤ちゃんは、周囲のものを聞いたり、見たり、感じたり、味わったり、触ったりすることができる世界にやって来たと言えます。赤ちゃんの感覚系と神経系は、自発的なものと不随意的なもの（たとえば、ミルクを飲んで栄養を得られるようにする吸引反射）によって、世界に対する要求にあわせて進化していくのです。

反射は、短時間しか続かない固定化された行動パターンですが、学習のために、徐々により複雑な設定に変化していきます。そして、幼児は、好奇心から得た環境に関する知識が多ければ多いほど、その環境に適応する可能性が高くなるとされています〔参考文献147〕。実際、「アメリカ国立小児保健・人間発達研究所」の科学者たちは、最近、周囲を精力的に探索する生後五か月の乳児は、探索しない乳児に比べると、幼児期から高校に至るまでの学校生活がうまくいくという可能性が高いことを発見しました。〔参考文献30〕

赤ちゃんは、光景、音、模様に対して興味を示し、不思議に思います。さまざまなものを操作

（２）（Samuel Johnson, 1709～1784）イギリスの文学者で、英語辞典の編纂やシェイクスピアの戯曲集などの刊行をした人物です。

して、その物理的な性質を調べたり、手で触ったり、口に入れたりします。好奇心にあふれている乳児の傾向は、神経系がどのように設定されているかに起因しており、動物の場合と同様、探究の原動力は目新しさに対する好みから生じるのです。選択肢を与えられた赤ちゃんは、これまで経験したことのないものを見たり聞いたりして、常にそれで遊んだりします。[参考文献70、170]

子育てにおける初期、私にとっての最高の瞬間は、赤ちゃんだった息子が初めて自分の手に気づいたときです。この発見は、その後に行われるすべての学習経験を暗喩しているかのように感じ、際立ったものに見えました。奇妙で、素晴らしい「手」というもので何をすることができるのか、彼の直接的で永続的な興味は学習経験をコントロールするための第一歩だったのです。

目新しいものを好むということは、乳幼児の未熟な認知システムが情報を処理するためには効率的な方法と言えます。もちろん、それは、乳幼児が環境の変化に対処する際に役立ちます。そして、新しいことを探究し、経験したいという衝動に発展していくのです。

幼児の場合、さまざまなことを不思議に思いながら日々を過ごします。箱や引き出しを開けたり、家具の下をのぞいたりと、できることなら何でもするものです。子どもたちは、自らを突き動かしそうなものすべてに気づき、観察し、発掘し、操作することを仕事としています。彼らは、無意識のうちに自分の世界を知り、理解し、マスターするための手段として、可能なかぎり多くの感覚システムを使っているのです。祖母の家で、「陶器の花瓶で遊んではいけません」と言われた私の幼い娘であるソニアが、「触っていたのではなく、手で見ていただけだよ」と雄弁に語ったことは、そのことを表していると言えます。

子どもたちの好奇心は探究を続けるに従って高まっていき、好奇心への強い志向は、幼稚園から高校までの学校教育、そしてそれ以降も、物事に夢中で取り組む（エンゲイジする）という行為を支えることになります。

ある研究では、小学生の子どもたちは気になっていた話題についての本を読むと、より多くの情報を取り出し、長期間記憶していたり、より多くのことを学んだりしていたということが明らかになっています［参考文献85］。また、別の研究においては高校生が、①適切に課題を与えられたとき、②時間の過ごし方を自分で決めることができたとき、③課題内の活動が自分の興味に関連していたとき、すべての教科において、より多くの関心と楽しいという感情が増加したことを示しました［参考文献255］。さらに、幅広い好奇心と（学校生活を含む）日常生活に対して関心をもつ若者の場合、健康と幸福の度合いが大幅に向上することも示されています。［参考文献135］

子どもの脳は探究と試行に最適化されている

ソンミンは、父親が化学専攻の大学院生になったとき、韓国からアメリカに渡りました。当時四歳だったソンミンは、当初、幼稚園の教室の片隅に恐る恐る座っていて、時々机に移動して絵を描いたり、涙を流しながらおやつを食べたりしていました。英語がほとんどできなかったため、先生たちはソンミンが何を考えているのか、どれだけうまく適応しているのかについて知ることができませんでした。

しかし、一か月も経たないうちにソンミンは、涙を流しながら教室の隅に行くこともなくなりました。彼女は、外でほかの子どもたちと遊んだり、学習センター(3)に行ったりしていました。そして、四か月が経過したころには英語を流暢に話し出し、完全に教室に溶け込んでいました。どうして、彼女はそんなに早く学ぶことができたのでしょうか。

子どもの脳も大人の脳も、新しい経験、理解、知識に遭遇するたびに構造と機能を変化させます［参考文献122］。「神経の可塑性（かそせい）」と呼ばれていることです。初期の経験は脳への影響を増大させ、長く持続させるため（最適な神経可塑性）、若い時期はもっとも素晴らしい学習期間とされています［参考文献149、278、294］。それゆえ、子どもたちが好奇心を自分の核となる部分にもっているのは不思議なことではないのです。子どもたちのなかには、目新しさを求め、探究し、そして試してみようとする心が植えつけられているのです！

乳児期から小児期にかけてニューロン（脳の細胞）は、置かれている環境に対する感覚の入力パターンに敏感になります。知覚システム（見たり、匂いを嗅いだり、聞いたり、触れたり）が子ども世界の特徴を拡大し、把握し、整理します。母国語の音のように定期的に経験される情報は脳の中で優先されるのです。これは、神経表現が洗練され、特定とされるタイプの刺激と入力のみに子どもの知覚システムが同調することを意味します。［参考文献155、291］

生まれたときすでに乳児は、世界のどの言語であっても、音の違いを聞き分けることができます。たとえば、誰かが「rock」や「lock」と発音したときでも、［r］と［l］の違いをはっきりと聞き取ることができるのです。この能力によって、生後一年の間に学習言語が最適化されるように機能します［参考文献292］。しかし、一歳になると、世界中の言語の音を聞き分けられるという乳児の能力は低下し、母国語の、聞いたことのある音だけに同調するようになります［参考文献291］。つまり、若い脳は必要な音だけを聞き、それに対して優先的に反応するように修正されるということです。

一方、大人は、母国語で使われていない音の違いを区別したり、聞き分けたりすることができません。そのため、アジアの言語を母国語とする大人は、英語の［r］と［l］の区別が難しいのです。ちなみに、英語を母語とする私は、いくら注意深く聞いたり集中したりしても、ヒンデ

(3)　教室の中に、学習目標と子どもの多様なニーズ、学び方、学ぶスピード、学習履歴やもっている体験をうまくバランスさせる形で設置されたいくつかのスペースのことです。六九〜七〇ページを参照してください。詳細は、『ようこそ、一人ひとりをいかす教室へ』の第7章と第8章をご覧ください。

イー語の「dal」（レンズ豆の一種）にある歯音の［d］と［ḍal］（木の枝）にある、そり舌音(じたおん)である［d］の違いが聞き取れません。私の脳は、英語を聞いて育った音に完全に同調しているのです。［参考文献155、291］

四歳のソンミンが英語の話し方を学んだのは驚くほど早く、たやすいものでしたが、母親のジへが流暢になるまでには五年近くかかっています。しかし、それでもネイティブのように話すことはできませんでした。

七歳より前に外国語を習得した子どもは、その言語の文法と音韻(おんいん)（フォニックス）を滑らかに理解し、アクセントなしで話すことができます。七歳を過ぎると、新しい言語に対する経験、学習意欲、文化の違い、または自意識に関係なく、新しい言語を習得する際の容易さは大人になるまで徐々に低下していきます。［参考文献140］

言語と同様、音楽に関係する初期の経験は、新しい情報を認識し、それに反応するために子どもの脳を最適化していきます。実際、ヴォルフガング・アマデウス・モーツァルト（Wolfgang Amadeus Mozart, 1756～1791）、アメリカのギタリストであるジミ・ヘンドリックス（James Marshall Hendrix, 1942～1970）、そして同じくアメリカのチェリストであるヨーヨー・マ（Yo-Yo Ma）といった歴史上の偉大な音楽家たちのほとんどが、七歳になる前に練習をはじめていたという調査結果もあります。［参考文献294］

これらの知見は、多くの親や教師が経験し、観察してきたエピソードを支持してくれています。すなわち、小さければ小さいほど学習は苦のないものになる、ということです。これは、若い脳が新しい情報を探索し、取り入れるように設定されているからです。

《まとめ》

・人間や動物は、反射的に目新しさを求める。
・好奇心には、進化し続けることのできる適応力がある。
・乳幼児や子どもは、自分の世界を探究したい、知りたい、理解したい、マスターしたいという飽くなき衝動がある。
・若い脳は新しい情報や変化のために最適化されているため、乳幼児や子どもは年長の学習者よりも優れた学習者となる。
・子どもの脳は、教師の話を受動的に聞くのではなく、探究と試行から学ぶように最適化されている。

神経科学者であるジェイ・ギッド（Jay Giedd）は、人間の脳が出生から青年期にかけて、どのように発達するのかについて研究を行っています。七歳か八歳未満の子どもにとっては、積極的な探究によって学ぶほうが教師主導の説明によって学ぶよりもはるかに優れていることを彼ははっきりと示しています。

「過剰に学習を構造化してしまうことの問題点は、探究を妨げてしまうことです」［参考文献153］と、ギッドは述べています。要するに、若い脳は好奇心によって現れる探究と試行によって成長するということです。

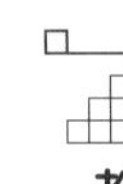

教室での探究と試行についての足場づくり

教師が好奇心をどのように捉えているのかによって、生徒の探究する仕方に直接影響を与えることになります。ある有力な研究を紹介しましょう。

三歳と四歳の子どもたちを二つのグループに分け、それぞれおもちゃの農場セットで遊ばせている間、一方の実験者は近くに座って友好的な雰囲気で励まし、もう一方は冷たく批判的な態度をとりました。その後、子どもたちは、カーテンの後ろに隠されているおもちゃは何かと尋ねられました。(4)

すると、友好的で、実験に賛成してくれる前者の人と交流した子どもたちのほうが探究行動をはじめるのがずっと早かったのです。彼らは見えないおもちゃをいじって、それが何かを推測するために多くの時間を費やしており、セッションの終わり、隠れた物体の正体を当てる可能性がより高かったのです。それとは対照的に、実験者から冷たく批判的に接せられた子どもは、おもちゃが何であるかを推測することに関連した好奇心と探究行動が明らかに少なかったということです。［参考文献196］

別の研究では、研究者たちが、(5)それぞれの引き出しに小さな新しい物体を入れた箱をつくりました。そして、その箱を幼稚園と三年生の教室に置き、誰がそれに近づいてきたのか、それぞれの子どもが引き出しをいくつ開けたのか、引き出しの中のものを調べるのにどのくらいの時間を費やしたのか、について観察しました。その結果、ある教室で研究者たちが発見したのは、三年生も幼稚園児と同じくらい好奇心が強いということでした。

どちらの学年の子どももすぐ箱のところに来て、小さな物体で同じくらい長く遊んでいました。しかし、別の教室では、三年生も幼稚園児も、箱を調べる子どもがほとんどいませんでした。その教室は、一見したところおとなしく、一般的には歓迎されるようなものでしたが、なぜか探究には向いていなかったのです。

（4）おそらく、「箱の中身はなんだろな」ゲームのようなイメージでしょう。
（5）アメリカの小学校の多くには、幼稚園の年長組のクラスが併設されています。

その後、研究者たちは、教師が生徒に微笑んだり、励ましたりしたかということと、子どもたちが表した好奇心のレベルとの間に直接的な関連性があることを発見しています。［参考文献85］(6)教師は、スタンダードテストで生徒たちの成績がよいことを保証しなければなりません。そのため一部の教師は、子どもたちの興味に従ったり、やらなければならない活動から子どもたちを解放したりすることは許されない贅沢な行為であると感じています(7)。

幼稚園、一年生、そして五年生の教室を対象にした最近の調査では、特定の学習目標を達成するための時間を融通がきかないように教師が固定化させており、そこに、子どもたちが好奇心を抱く時間はまったくなかったことが明らかになっています［参考文献85］。では教師は、どのようにして、規定された学習内容のスタンダード範囲を扱いつつ、探究と試行を奨励することができるのでしょうか？　その答えは単純なもので、好奇心に対する教師の（暗黙の）態度を変えるだけなのかもしれません。

八歳と九歳を対象にした興味深い研究において研究者たちは、「跳ね上がるラムレーズン」と呼ばれる学校の科学プロジェクト（酢と重曹を混ぜたものにレーズンを加えると、レーズンがグラスの上まで跳ね上がるというものです）において、誰が一番高く跳ね上げることができるかを競いました［参考文献86］。

そして、活動の最後、実験者は異なる二つの反応を子どもたちに対して行いました。半分の子どもに対しては、「あのね、レーズンの代わりにフルーツキャンディーの一つを液体に落としたらどうなるかな？」と言いました。残りの半分の子どもには、フルーツキャンディーを拾って落とす代わりに、作業するスペースができるように、「ちょっと片づけますね。こちらに置いておきますよ」と言って部屋から出ていきました。出ていくとき実験者は、「私を待っている間、自由にしていていいですよ。材料をもっと使ってもいいし、このクレヨンで描いてもいいし、ただ待っていてもいいです。したいことがあれば何でもやってください」と言いました。

その結果、レーズンの代わりにフルーツキャンディーを入れたらどうなるのかと、実験者自身の好奇心を満たそうとしている姿を見ていた子どもたちは、材料をいじったり、レーズンやフルーツキャンディー以外にもほかのものを液体に落として、それをかき混ぜたり、さらにほかのものを加えたりすることが多かったのです。一方、実験者が片づける様子を見ていた子どもたちは、待っている間は何もしないという傾向がありました。

（6）日本で言えば、テストでいい点を取らせるためという理由で、教科書どおりに授業を進めなければならないという思いを過度にもつこととなるでしょう。また、アメリカのスタンダードというのは、日本の学習指導要領のようなものをイメージしてください。

（7）本来は子どもたちの能力を高めることを目指すべきであるのに、目先のことにとらわれてしまうのは日本も同じです。

この研究から得られた教訓は明らかです。教師自身の行動は、子どもの探究心に大きな影響を与えるということです。〔参考文献86〕

その後、研究者たちはこの研究を再現しましたが、今度は、教師が子どもの自発的な好奇心や探究にどのように反応するのかについて測定できるように研究設計を行いました。この場合では、参加を志願した教師全員が、実際に協力していた「生徒」と一緒に実験をするように求められました。

最初のグループの教師は、「授業の焦点は科学について学ぶことだ」と言われました。二番目のグループは、「ワークシートの記入が授業の中心だ」と告げられました。ラムレーズンを跳ね上げるという作業はまったく同じでしたが、今回は「研究協力者」である子どもに、教師からの指示とは異なる行動として、「グラスにフルーツキャンディーを入れるように」という指示が出されました。さらに子どもには、教師に「何をしているのか」と尋ねられたら、「いや、何が起こるか見たかっただけです」と答えるように指導されていました。

その結果は驚くべきものでした。科学を学ぶことが授業の目的だと思っていた教師たちは、「おお、何をやってみようとしているんだい？」、「これでどうなるか見てみなきゃいけないね」などと興味をもって子どもの脱線を励ましていたのですが、ワークシートを完成させることに力を入れていた教師たちは、「ああ、ちょっと待って、そんなことは手順に書いてないぞ」とか「うわ、それを入れてはだめだ」などと言っていたのです。すべての人間と同じく、教師は外部からの影響を非常に受けやすいものです。この研究では、一時間単位の目標に対する教師の理解が、子どもの自発的な調査への反応に直接影響したということが分かります。［参考文献87］

《まとめ》

- ・温かく励ましてくれる教師に教えられる子どもは、自分の環境を探究する傾向が強い。
- ・子どもたちの年齢や学年に関係なく、教室の文化、雰囲気によって探究するかどうかが決まる。
- ・教師が疑問に思う姿をモデルとして示し、自発的な探究を奨励すると、生徒はより積極的に試してみようとする。(8)

(8)　日本の学校で行われる探究的な活動においても、この視点は非常に重要となります。教師も生徒と同じタイミングで、何か自分の興味に基づいた探究の過程に取り組めるようにしたいものです。

好奇心を活用する方法 1 発見のある学習

「試行錯誤を含めて、自分で何かを発見するためには時間がかかるものです。十分な時間を提供されると、生徒は大きな恩恵を受けることになります」

私が主催しているセミナーのコースでは、学生たちがアイディアを練りあげるのに多くの時間を費やしています。確かに、学生が「正しい道」から外れようとしている場合は、とくにそれを止めたくなるものです。たとえば「脳の偏り」というコースでの話ですが、研究文献を常に読んでいる私のような者にとっては、学生から「これが脳の仕組みなのかもしれません……」といった、脳の機能に関する誤った探究の成果を聞くことはつらいものです。でも学生には、自分で物事を見極めたり、意味を発見したりできるように、辛抱強く探究させなければなりません。

同じ考えのもと、八年生の理科教師であるミュリアル・ハセック先生は、常にオープンにしておく実験室を意図的に設計し、生徒たちが材料を使って実験をして、自分たちの結論に到達できるようにしています。たとえば、溶質と溶媒の性質を授業で理解して欲しいという場合、先生は生徒たちに、「好きなように液体を混ぜるように」と言いました。すると生徒たちは、液体の性質をテストするための体系的な方法を独自に考案しました。それは非常に多様な方法となりましたが、先生が望んでいた「混合溶液は溶媒の特性を帯びる」という理解に到達したのです。

過程においては生徒が間違ってしまうことも一部ありましたが、そもそもの目標は液体の性質を知るということをはるかに超えるところにあって、試行錯誤をしながら進めていくという実験的な「心の枠組みを育てる」ことだったのです。

あなたが次に、生徒が何かを発見できるような授業設計を意図的に行う場合は、生徒に試行錯誤させる機会を与えましょう。単に答えを見つけることが必ずしもゴールではありません。発見のプロセスも、同じようにやりがいがあるものだということを知ってもらいましょう。

好奇心を活用する方法 2　生徒に探究の方法を選んでもらう

エドワード・パッカード（Edward Packard）は、いつも寝る前、子どもたちにお話をすることを楽しんでいました。しかし、空想上の筋書きが複雑になってアイディアが尽きてくると、彼は子どもたちに、「キャラクターはそのドアを通り抜ける？　それとも逆方向に走る？」といったように選択肢を提供しはじめました。

物語がどのように展開するかについて子どもたちが発言できるようになると、展開の構想に自分も参加したその物語を、子どもたちはますます好きになるということに彼はすぐ気づきました。対話をしながら行う形式はお話をする際の手段となり、子どもたちの注意を引き、彼らの生まれながらの創造性を活用するものになりました。［参考文献241］

『きみならどうする？』シリーズ(9)は、一九七九年に発売されました。突如として、子どもたち自身が主人公になることが許され、深海探検家や外科医、登山家などを体現するといった形のものです（「エネルギー反発シールドを取りつけてブラックホールから脱出しようとする場合は二二ページへ進め」のように、物語をどのように進めるのかについて、選択や決定をすることができます）。各場面で子どもたちは選択をするわけですが、それによって、さらに読み進めていきたいと思ったわけです。

これと同じ理屈で授業プランを設計することができます。たとえば、生物であれば細胞についての授業で、興味に応じて六つか七つの異なる道をたどることができます。

顕微鏡で植物細胞の部位を確認するよう生徒に求めます。そして、図にラベルを付けたあと、「動物の細胞を見たければ、表2に進んで動物のスライドを載せてみよう」という選択肢と、「ミトコンドリアがどのように機能しているのかについてもっと深く知りたければ、コンピューターのリサーチ・センターに行って情報や画像をさらに探してみてください。そして、見つけたものを描きなさい」という選択肢が提供され、どちらかを選ぶように迫られるのです。

動物細胞と植物細胞の両方を見たあと彼らは、顕微鏡の歴史についてさらに学ぶことと、さまざまな動物や植物の細胞を比較することのどちらかを選択します。彼らには、植物細胞と動物細胞の部分をアートテーブルで統合するような、より様式化された画像を作成するためのオプションが与えられるかもしれません。

いずれにせよ、自分の興味に基づいて、分析のレベルを選択したり、ズームインまたはズームアウトしたり、横方向に移動して新しい方法で細胞を発見したりすることができるのです。生徒たちは、最終的にどうなるのかと夢中になり、興奮することでしょう。

要約

好奇心は、人間がどのように変化し、学習し、成長するかの中心にあり、「発達」と「進化」という時間軸で見ても重要なものと言えます。生物学的に、目新しいものに惹かれるということは環境の変化に対処する場合に役立ち、発見し、探究し、理解できる事柄へ注意を向けることにつながります。

学習者が知りたいという欲求を満たしたとき、報酬と快感をつかさどる脳の領域が活性化され、本当に満足していると感じます。幼い子どもの脳は順応性が高いため、新しい経験によって深く

(9)　日本でも、一九八〇年に学習研究社（学研ホールディングズ）から翻訳、刊行されたアメリカのゲームブック（読者の選択でストーリーの展開や結末が左右される本）で、読者が主人公となるものです。ここに登場しているエドワード・パッカードによる作品です。

影響を受けます。言語や音楽といった複雑で抽象的な概念に関しては、大人よりも子どものほうが学習能力は高いと言えます。

生徒たちの好奇心が活性化されると、彼らはより多くを学び、より良く学ぶことになります。調査によると子どもたちは、すでに気になっていることに関するものを読んだり、教師が知識や方法を押しつけるのではなく、積極的かつ自発的な探究によって授業を導いたりすると急激に学習が進んでいくのです。(10)

より好奇心が強く、自分自身の興味に没頭している教師は、より好奇心が強く、熱中して学習や探究に取り組む生徒をもつことになる、と言っておきましょう。

---

(10) 二〇一〇年代後半、「アクティブ・ラーニング」が盛んに日本で訴えられました。そもそも、その理論的な研究では、身体的な活動面だけでなく、本章で示されていたような動機づけの重要性も訴えられていました。しかし、単なる身体的な活動のアクティブさのみが広がってしまったと言えます。動機づけにこだわった実践例が多数紹介されている『退屈な授業をぶっ飛ばせ!』(新評論、二〇二〇年秋刊行)を参照してください。

第2章 学びを自立的で苦にならないものにする

ほかの人から得る助けは、私たちが自然に発見するものと比べて機械的なものです。だから学ぶということは、自分でやってみることで楽しいものとなり、効果が残っていくのです。

（ラルフ・ウォルドー・エマーソン）(1)［参考文献84］

インドの教育科学者であるスガタ・ミトラ（Sugata Mitra）は、デリーにあるオフィスに向かって歩いているとき、スラムで遊ぶ子どもたちをいつも目にしていました。彼らは貧しくて学校に通えませんでしたが、それでもエネルギーと知識への渇望に満ちていました。

（1）（Ralph Waldo Emerson, 1803～1882）アメリカの思想家、哲学者です。

ミトラは、今日のグローバルな市民社会と経済において、これらの子どもたちが成功するために必要な技能、そして公立学校への資金が不足していることを嘆いていました。実際、専門のパソコン教師を雇うだけの資金がありませんし、このような子どもたちに対してパソコンを提供するだけの十分な資金もありませんでした。そこでミトラは、次のように思い当たりました。

ずっと子どもたちは、生きていくために必要な能力を学んできた。学ぶ方法は必ずある、と。ミトラは子どもたちにパソコンを与えて、子どもたちがそれで何をするのか見てみようと考えました。

テクノロジーを使ったり、目にしたりする機会がほとんどなかった場所で、ミトラはオフィスの外壁に穴を開け、インターネットへの接続が可能となる新しいパソコンを設置しました。その場所が完成したまさにその日、近所の子どもたち（彼らの多くは、正規の教育をまったく受けていませんでした）が見に来て、遊びはじめました。そこには、質問などに答える指導者はいません。彼らは、自分たちで何とかしなければならないのです。

すると、驚くべきことに、五時間も経たないうちに子どもたちは、ウェブサイトを閲覧したり、映画をダウンロードしたり、グラフィックソフトを使ったりしはじめたのです。出勤する際にミトラがそこに立ち寄って子どもたちの状況を確認したところ、すべてうまくいっていると安心したわけですが、一つだけ問題がありました。なんと彼らは、より速いプロセッサーを必要としていたのです！

壁に穴を開けてパソコンを設置してから数日のうちに、あらゆる年齢層の子どもたちが、「カット・アンド・ペースト」、「ドラッグ・アンド・ドロップ」、「ファイルの名前の変更と保存の方法」など、パソコンにおける一般的な機能のほとんどすべてを学んでいたのです〔参考文献192〕。それ以来、ミトラと彼の同僚は発展途上国の至る所にパソコンを設置したのですが、どこでも同様の結果を得ました。このことによって、学ぶことがいかに強力で逞しいものであるのかについて心に刻まれることになりました。〔参考文献193〕

要するに、何かを不思議に思う気持ちや興味が十分にあれば、学習者は複雑な内容やスキルであっても、自らの手によって短時間で内容をすっかり理解したり、身につけたりすることができるということです(2)。

壁に穴を開けたパソコンの実験から明らかなように、人間は好奇心旺盛でやる気があり、学ぶ準備ができている状態でこの世界に生まれてきます。そして、すべての人が、目新しさに反応し、情報を得るための驚くべき能力をもっているのです。認知科学者や発達科学者は、過去二〇年間、

---

(2)「インドで見る子どもたちの自己教育力」に興味をもたれた方は、『遊びが学びに欠かせないわけ』の第6章でより詳しく紹介されていますので、参照してください。

乳幼児は新しい基本的な能力を習得しやすいということについて理解しようと努めてきました。実際、子どもたちは、身につけることが困難な能力でさえも、自立的にかつ苦もなく身につけます。学習者は、高度に構造化された生態と社会的・文化的な背景をもっているため、新しい学びへと自らを導くことができるのです。［参考文献238］

自立的で苦のない学びというもののなかでもっとも際立った例といえば、自分の母語を理解し、話せるようになることでしょう。大学院生時代、私はバージニア工科大学の「幼児音声認識研究所」において幼児をテストするという日々を過ごしました。私たちの研究室に新しく親となった人たちがやって来て、生後一〇か月の子どもたちが成し遂げた知的な偉業を絶賛しました。そして私は、これらの早熟な子どもたちによる偉業は普通では考えられないことだと確信しました。

私と同僚は、「どの親も、自分の子どもは天才だと思っているなぁ」と、よく冗談を言い合っていました。ある意味では、親たちが言っていたことはまさにそのとおりだったのです。言葉を学ぶことに関していえば、赤ちゃんは天才です。彼ら彼女らはたやすく言語を理解して、言葉を生み出す専門家になっていくのですが、それは容易なことではありません。

母語を理解して話すことは、私たちが人生で学ぶことのなかで、間違いなくもっとも複雑なことです。何といっても、約八万の単語やフレーズを正しく覚えていく必要があるのですから。そして、母語で使用されている音を知ることに加えて、単語を形成するために音を順番に組み合わせるといった規則を覚える必要もあります。さらに、言語を学習するためには、これらの単語の意味を理解するとともに、単語を組み合わせて文章をつくるためのルール、および文をより大きな意味に関連づけるためのルールまで理解する必要があります。［参考文献246］

二歳か三歳くらいまでに、ほとんど指導を受けることなく、これらの能力を完全に習得します（親が、「あなたが現在分詞にしたいなら、その動詞に『ing』をつけるんだよ！」と言っている様子を見たことはないと思います）。ただ単に、言葉を使っている人のそばにいるだけで、子どもは母語の文法といった複雑な規則をすべて理解することができるのです。

ある研究では、乳幼児は確率を使って母語の構造パターンを抽出するといったことが示されています［参考文献238］。もちろん、統計を使って話し方を学んでいるなんてことに乳幼児はまったく気づいていません。これも自然に身につくことなのです。言葉のことを人類の「最高の栄光」と表現されていることも、決して不思議なことではありません。子どもたちは、効率的に、そして誤りなく言葉を学ぶのです。

子どもたちの学びは苦にならないものであるため、ほとんどの場合、私たちはそれをまったく意識していません。突然、子どもが何か流暢なことを口にして、初めて「この子はいったい、どこでそんなことが言えるようになったのだろう？」と自問することになります［参考文献263］。ミトラの壁に穴を開けた実験結果のように、言葉の学習は、子どもたちが自立的に、そして容易に学ぶことができるという明白な証拠を提供しています(3)。

幼児期を過ぎても、自立的な学びは日常においてよくあることです。子どもたちが学ぶのは、アイディアに取り組むことを魅力に感じ、それが自らの世界に秩序と統一をもたらすからです。ある研究ですが、小学生にさまざまな液体を与え、一緒に混ぜたときにどの液体が泡立つのかについて実験するようにすすめてみた、というものがあります。〔参考文献157〕

研究者たちは、子どもたちがさまざまな液体をテストするプロセスを注意深く観察しました。実際、子どもたちは、何かを試したり、自分の直感に従ったり、間違いをしたりすることが許されているときには、意図した原理（一度につき一つの変数を操作することが科学的な実験を行うためには最良の方法であるということ）を完全に自力で、素早く、簡単に学ぶことができました。台本（指導案）どおりではなく、自らの好奇心に駆られたとき、彼らは活動に専念しただけでなく、学習目標も自力で達成したということです。

もちろん、このようなボトムアップ型の自然な学習能力を尊重するといったやり方は新しいことではありません。私たちの学校では、より数値化できる結果に重点を置くようになったので、それは単に時代遅れになったということかもしれません。

哲学者のジャン・ジャック・ルソー（Jean-Jacques Rousseau, 1712～1778）は、著書のなかで、子どもに強制されることのない「自由」が与えられた成長と学習の重要性を強調しました〔参考文献243〕。ルソーは、子どもたちが元々もっている好奇心と自立心は社会によって抑圧されており、最良の学習は直接的で積極的な探究と経験を通して行われるものだと信じていました。

言ってみればルソーは、ロビンソン・クルーソーのような体験をした子どもは成功するだろうと信じていたということです。人里離れた島で生き抜くことを学んだ（壁に穴を開けて配置したパソコンの使い方を学ぶようなものです！）子どもは、発見の基礎となる探究と積極的に取り組む姿勢といったものを身につけていくのです。

人類の歴史を通じて親や教師は、子どもの生得的（せいとくてき）で、たやすくこなす学習能力に頼ってきました。狩猟採集文化（私たちの祖先は、すべてそこから来ています）では、子どもたちが自分で探検したり遊んだりすることで自らを教育していたことが広く知られています。人間は何世紀にもわたってこれらを実践してきましたから、その結果に反論することは難しいと言えます。〔参考文献114〕

南アフリカのカラハリ砂漠のクン族、(4)マレーシアのバテク族、ベネズエラのタウリピン族など

（3）　この乳幼児が母語を学ぶ過程について興味のある方は、「自然学習モデル」（『「読む力」はこうしてつける』八一～八二ページ）を参照してください。

（4）　狩猟採集民族であったサン族のなかで、北部の住民が「クン（!Kung）」と呼ばれているようです。「!」も文字です！

といった文化圏の大人たちは、子どもたちの学習に動機づけやコントロール、指示などはまったく行わず、成長に必要な身体的・認知的能力のほとんどすべてを子どもたち自身で学習しています。たとえば、子どもたちは、動物の追跡と狩猟、家の設計と建設、料理、楽器演奏などの能力を、観察したり、模倣したり、仲間や大人と時間を過ごしたり、組織化されたゲームをしたり、自由に遊んだりして学ぶのです。〔参考文献114〕

コンゴのアカ族やボフィ族の場合は、幼い子どもたち、さらには乳幼児に至るまで必要な道具が与えられ、自由に扱えるようになっています。

「親は、幼い子どもや乳幼児のために、小さな斧や穴を掘るための棒や籠、槍をつくってあげます。これらは子どもたちに合うような小さなサイズのもので、おもちゃではありません。母親はこれらの道具をバスケットに入れ、網猟（あみりょう）や家事の休憩時間に子どもたちに与えます。子どもたちは、それで切り刻んだり、掘ったりなど、いろいろなことをするのです」〔参考文献126〕

人類学者は、小さな社会集団の狩猟採集民族の子どもたちが、まったく教えられることなく、そのような複雑な知識や能力を容易に習得することを「浸透（osmosis）」という言葉で示してきました。一見したところ、これらは自動的に行われて、すべての子どもが習熟するものとされています。〔参考文献103〕

同様の浸透学習[5]は、アメリカでもオルタナティブ・スクール[6]やアンスクーリング[7]の実践者たちの間で一般的なものとなっています。生徒は、正式なカリキュラムがなくても、読むことや書くこと、算数・数学などといった複雑な「学校でのスキル」を学ぶことができます。

これらは、子どもたちが他人の助けなしに学ぶということを意味しているわけではありません。むしろ、まったく逆です。話し方を学んだり、壁に開けられた穴でパソコンを使うことを学んだりする場合と同じく、子どもたちは学習者のコミュニティーに参加することで読むことや書くこと、考えること、そして算数・数学を学ぶのです。

たとえば、イギリスの「サマーヒル・スクール」（その標語は、「一九二一年創立。いまだ時代を先取りしています」となっています）では、授業はすべて自発的に行われ、正式なカリキュラムは決して与えられることはありませんが、生徒は読み書きができるようになり、思慮深い社会人になっていきます。

（５）ベテランの人と同じ場にいることで、知識などが初学者に流れていくというモデルを想定しているものです。

（６）簡単に言えば、伝統的な教える者と教えられる者との関係が明確な学校と異なる仕組みで構想されたものです。このあとに登場する「サマーヒル・スクール」や「サドベリー・バレー・スクール」などがよい例です。

（７）これもオルタナティブ・スクールの一つと言えますが、学校の代わりに在宅で子ども主体の学習を進めていくという思想に基づいたものです。

では、彼らはなぜ学べているのでしょうか？　その理由は、子どもたちが申し分のない優れた学習者だからです。どのようにして彼らは学ぶのでしょうか？　彼らの自然な好奇心を開花させ、積極的で、活発に参加することのできる「学習者コミュニティー」に参加することによって学んでいます。

より身近な例としては、マサチューセッツ州のサドベリー・バレー・スクールにおける「読むことに関するカリキュラム」があります。ここでは、一三年間を通して、どのように本を読むかについての正式な授業が一切存在しません。しかし、すべての生徒が読み書きできるように成長しており、それがほぼ五〇年にわたって続いているのです。(8) ここの生徒たちは、読み書き、算数・数学、しっかり伝わる形で話す力、クリティカルな思考について、さまざまな時と場所、状況で学びますが、先に紹介した世界中の子どもたちが話すことを学ぶ場合と同じく、コミュニティーに参加することを通して学んでいます。(9) ［参考文献209］

最近の研究ですが、心理学者のピーター・グレイ（Peter Gray）らは、サドベリー・バレー・スクールで正式に教えられることがないなかで、生徒たちがどのように読むことを学んだかについて記録しました。この調査では、読むのにかかる時間と子どもたちがたどる道筋には、信じられないほどの幅（多様性）があると示されました。読みはじめてから数週間で流暢に読んでいる生徒がいるかと思えば、数年かかった生徒もいたのです。

研究に参加した数人の子どもたちは、意識的かつ意図的に（音韻(おんいん)[10]または文法を研究することによって）学習していましたが、より一般的には、子どもたちは「自然に身についていた」と言っていました。ある未就学児の母親が、「五歳の娘が読み書きを自分一人で学んでいる様子を目の当たりにしました。それは、見ていて一番驚くべき姿でした。彼女は、とにかく型破りでした」と言っていました。[11]［参考文献113］

《まとめ》

・人間は、優れた学習者である。

・子どもたちは、適切な社会的条件が提供されれば自力で簡単に学ぶことができる。

---

(8)　アメリカの学校の多くは幼稚園の最年長組を併設しているところが多いので、小学校から高校までの一二年間プラス一年間になります。

(9)　「批判的な思考」とよく訳されますが、批判が占める割合は四分の一か、せいぜい三分の一程度で、中心部分は「大切なものを選び出す能力」と「大切ではないものを排除する能力」が占めています。

(10)　三四ページも参照してください。

(11)　サドベリー・バレー・スクールの詳しい実践に加えて、狩猟採集社会における学び方、学ぶ側にとってはありがたい異年齢混合、そして五九～六四ページに登場する「計画に縛られた活動と縛られていない活動」などについては『遊びが学びに欠かせないわけ』に詳しく紹介されていますので参照してください。

・子どもたちは、話す、読む、パソコンを使う、道具を使うなどの複雑な技術を、正式に教わることなく学ぶ。
・子どもたちが、自分より優れている仲間と一緒に活動したり、学習者コミュニティーに参加したりすると、無理に頑張ることなく学びが行われる。
・教師は好奇心を信じて、子どもたちを学びへと導くことができる。

努力をしなくても読めるようになるというのは、発達心理学者のレブ・ヴィゴツキー(12)の考え方に合致しています。ヴィゴツキーは、子どもたちはより優れた仲間と協力することで新しいスキルを獲得する、と信じていました。ヴィゴツキーによると、あとになってから子どもたちは、自分だけで、自分の目的のために、それらの能力を使いはじめるとされています(13)。［参考文献286］

学ぶという営みが価値あるものとなるためには、努力を必要としないものでなければなりません。子どもが何かに飽きてしまったなら、別のことに移ってもいいのです。そのときになって初めて子どもは、指示がないなかで試行錯誤に基づく「探究」というお宝を発見することになるでしょう［参考文献274］。私たちは、子どもたちの学びを取り戻すことに関する圧倒的な研究を信頼し、真の子どもらしさが発揮できる好奇心と探究の時間として「学びの機会」を提供することができるのです。

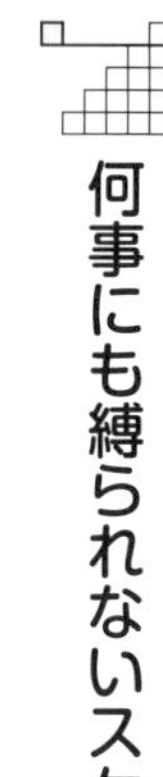

何事にも縛られないスケジュール

苦にならない学習は、子どもたちに探究と試行の時間が与えられたときに初めて可能になります。一日のなかで何事にも縛られない時間は、従来の学校環境であっても、学習と成功のためには大切なものとなります。最近の研究では、何にも縛られないスケジュールにすることが、子どもの管理機能を発展させるために重要な条件であると示されています。

子どもたちが日常生活で、とくに学校で成功するためには、自分の考えや感情、身体をコントロールする方法を学ぶ必要があります。管理機能とは、特定の目標に向けた行動に対する思考や行動を調整するために子どもが用いる認知能力のことです。これには、焦点を合わせ、計画し、適切な選択を行い、ある課題から別の課題に適切に移行するといったことが含まれます。管理機能がうまく働くことは、子どもが幼稚園から高校を卒業するまで、学校で成功する可能性を示す最大の予測因子となります。(14) [参考文献26、28、42]

(12) (Lev Semenovich Vygotsky, 1896～1934) ロシアの心理学者です。
(13) 分かりやすい言葉で言うと、「今日、誰かの助けを借りてできたことは、明日自分一人でできる」となります。
(14) 大学や社会人となっても、間違いなくもっとも重要な要素の一つであり続けます。

朝、子どもたちが私の言うことを聞いてすぐに歯を磨き、学校に行こうと家を出ていく様子を見るととても楽しくなります。遊びを続けたいという欲求を抑え、その代わりに母親の指示に従って管理機能を実行してくれたからです。しかし、もっとも発達した管理機能の形態は自立的なものであり、教師や親が示した計画に従うのではなくて、子どもたち自身で計画を立てることができるものとなります。私の子どもであるアレクセイとソニアが朝起きて、何も言われずに歯を磨いてくれたら、朝がどんなに楽になるか想像してみてください。私の空想する朝は、彼らが「まず歯を磨いてから着替えて、学校の準備ができたことをお母さんに伝えなさい」と自らに言っている状態です。

自立的な管理機能を伸ばしていくことは成長過程の重要な部分であり、それは朝、外に出掛ける際に役立つだけでなく、学校での成功に関しても大きな役割を果たすのです。

最近の研究で、研究者たちが小学生の管理機能の発達を調べたものがあります。教室外における子どもたちの活動について、計画に縛られた活動と縛られていない活動に費やした時間の長さを調べ、それが彼らの管理能力テストの結果に影響を与えたかどうかについて研究者たちは調べました。計画に縛られた活動としては、サッカーの練習、ピアノのレッスン、宿題などがありました。一方、縛られていない活動には、一人もしくは友達と自由に遊ぶこと、ボードゲームやコンピューターゲームをすること、読書、ハイキング、登山、自転車に乗ることなどがありました。

もちろん、これは子どもたちが自分で選んだものです。

結果はというと、計画に縛られていない活動に費やす時間が多ければ多いほど、子どもたちは自立的な管理機能のテストにおいてより良い成績を示していました。その逆もまた真でした。自由時間がかなり計画に縛られていた子どもたちは全体的に、自立的な管理機能の課題においてより低い成績を示したのです。［参考文献12］

計画に縛られていない時間は、自分自身で計画し、それを実践する機会を子どもたちに与えます。縛りが多すぎると子どもたちは、行動を自分でコントロールする方法を発見するという機会が奪われてしまうのです。教室での学習を、苦もなく、自立的に進めるものにする（子どもたちの好奇心を持続させ、高める）ための重要な方法の一つは、スケジュールに縛られていない時間を設けることなのです。

好奇心を活用する方法 3　縛られない時間を確保する

新しい授業やプロジェクトへ移行する前などに、少しばかりの縛られない時間を見いだすことができるのではないでしょうか。そのようなすき間の時間に、生徒たちが遊んだり、自分たちで何か行動を起こしたがっていることに気づいたことはありませんか？　私が生徒だったときには、次の授業の教材について自分なりに調べる機会として、そのわずかな時間を楽しんでいました。

音楽の授業がはじまる前に木琴を試してみたかったし、数学のワークブックで次のページに何が出てくるのか見たかったものです。顕微鏡を見て、セーターの生地や皮膚のかさぶたなど、見たいと思ったものを見る機会があったら、あのころの私はとても満足していたはずです。しかし、好奇心を高めようとするこれらの小さな試みは、いつも何らかの理由で先生によって妨害されました。先生たちは、私が授業に戻れなくなることを恐れていたのでしょうか？

実際、集中力に関する研究は、そのような恐れとは逆の結果を示しています。集中力を維持するためには、脳の休息が少し必要なのです［参考文献210］。いずれにしても、この事例が示唆するメッセージは明確なものでした。コントロールという名のもとに、私の探究心のための切実な衝動は潰されていたのです。

二年生を担当するレティシア・ジェンキンズ先生は、最近、教室のクローゼットに算数のハンズオン教材[15]が置いてあることを思い出しました。彼女の学校では、まだそれらの教材を算数の授業計画に組み込んでいなかったので、「使わないように」と言われていました。しかし、このハンズオン教材は、子どもたちの小さな手で算数の大切な概念を探究するときに用いられることを意図してつくられたものなのです。学びは、ハンズオンで（手や身体を使って）体験的に行うと効果的となり、縛りのない学びが好奇心を刺激することになります。

もし、授業の仕方を変えたいと思っているときは、学習計画のなかに、何事にも縛られない時間を組み込むようにしてください。縛られることのない遊びの時間は、子どもたちが学ぶためにもっともよい方法だと分かっているわけですから、教室にある教材を使って遊ばせましょう。

ミトラは、デリーのスラム街の子どもたちが、壁の穴の中にあるパソコンを破壊することはないと信じていました。同じくあなたも、生徒たちに機器、教具の取り扱いに関する独自の教室ルールを作成するための自由と、何事にも縛られない時間を与えて、学校や日常生活において成功するために必要となる管理機能スキルを練習するための機会を設けてみてください。

学校の授業日に何事にも縛られない時間を確保するためのもっとも簡単で分かりやすい方法は、休み時間をきちんと取って、それを維持することです。一日における最高の学習体験は、生徒が一人で探究したり、何かを試したりする場面である休み時間に、「自由に遊ぶことだ」と言いきることができます。

子どもたちは遊びを通して、教室や人生で効果的に過ごすために必要とされるスキルのほとんどを学びます。遊ぶことは勝手に行われるものであり、やめられるものではありません。自由に遊んでいる間、子どもたちは新しい能力を習得し、操作、探索、発見、実践を通して既存の知識

---

(15)　パターンブロックやタングラム、一〇本が一束になっている棒など、手先を使って数学的な概念を学ぶための教具のことです。

を統合する機会を得ますが、これらはすべて、外部からもち込まれた目標やルールという厄介なものを抜いて行われるのです。(16)〔参考文献38〕

私の父が小学生であった一九五〇年代、管理機能を高めるような、計画に縛られない自由な遊びができる時間として、一日に三時間は屋外で過ごすことができていました。一日の半分は独自のルールをつくることに費やされ、仲間と協力して自分の思考や感情、身体をコントロールし、リアルタイムでゲームを発案し、自制心を発揮し、遊びのルールや判定が公正なのかそうでないのかという問題について議論をし、そして活発に身体を動かしていました。これらはすべて、大人の介入なしに行われたものです。

今日、私たちは、子どもたちの学校生活においてもっとも健康的で、もっとも有益であるかもしれない時間を守るために、バカげた闘いをしています。最大で三〇パーセントもの学校が、もはや休み時間さえない状況だと推定されているのです〔参考文献128〕。休み時間を制限したり、なくしたりすることで、子どもたちに学習の機会を与えていると考える教育者もいますが、実際にはまったく逆のことをしているのです。(17)

子どもたちが、休み時間を自由に過ごすのではなく、「充実した時間」や「アカデミックな時間」などという言葉で説明されているもので構成することは、年少の子どもたちの学習方法について深い誤解を反映していると言えます。〔参考文献153〕

好奇心を活用する方法 4　キッド・ウォチング

　教育者のジーン・アン・クライド（Jean Anne Clyde）とマーク・コンドン（Mark Condon）は、教師が自然な環境で生徒を観察し、彼らがどれだけ洗練された学習者であるかを真に理解しなければならないと主張しました。彼らは、博物館での経験を次のように回想しています。

> 　私たちは洞窟のような展示室に入りました。そこには何百もの魅力的な岩石、鉱物、キラキラ光る結晶が展示されていました。……まもなく、八歳と九歳の二人の少年が後ろにいる私たちの存在に気づきました。彼らは展示物の観察にあまりにも集中していたので、私たちの存在に気づかなかったのです。
> 　私たちは、彼らに完全に魅了されました。彼らが見ているものや経験していることに関して、お互いに対する質問や独り言が洗練されていることに私たちは感銘を受けたのです。……とくに、少年たちの観察の真剣さには感銘を受けました。……そこには彼らを指導する

(16)『人生に必要な知恵はすべて幼稚園の砂場で学んだ』（河出文庫）という本のあったことを覚えていませんか？

(17) 日本の場合で考えると、学校行事に対する姿勢もこのことに関連していると言えるでしょう。もちろん、守られるべきものは、先生が主体の行事ではなく、生徒自らの手でつくりあげるような行事となりますが。

ような大人はいませんでしたが、彼らは夢中になっていましたし、自分たちが抱いた質問に対する答えを必死に見つけだそうとしていたのです。〔参考文献50〕

一方、教育学者のイェッタ・グッドマン（Yetta Goodman）は、一九七八年に発表した画期的な論文〔参考文献108〕のなかで、学習評価の最良の形態は「キッド・ウォッチング」(18)であると示唆しました。これは、自然な状況での子どもたちの様子を、形式ばらずに直接観察することを指します。

学校でキッド・ウォッチングをやってみるには、一日のどこかで（最初はほんの少しの時間でもいいので）、自由なことができる時間を設ければよいでしょう。自由に何かをするということは計画に縛られていないということですから、年少の生徒だけでなく、すべての生徒が対象となります。どのように状況を設定しても、あなたが許した時間と場所の範囲のなかで生徒たちは探究し、理解し、楽しみはじめることでしょう。

彼らが行うことや言っていることを観察したり、疑問に思ったりするようにしましょう。自らを幼児期の行動について研究する研究者と見立てて、観察して、発見したことを記録するのです。すべての経験が学習経験であることを忘れないでください。たとえば以下のような感じです。

・フリオが一番元気なのはいつだろうか？

・エミールはあそこで何をしようとしているのだろうか？
・ジャスミンはスケッチに夢中だな。じゃあ、ジャスミンはスケッチから何を学んでいるのだろうか？
・ニッキーはレベッカをからかっている。なぜレベッカは、仲間からのから、かいに抗う力を身につける必要を感じているのだろうか？
・レベッカには、ほかにも力のなさを感じていることがあるのだろうか？

あなたが仮説を立てることで、どんなときにも学習している生徒のことがより理解できるようになります。そして、自由時間が終わったら、「彼らを支援し、彼らがすでにもっているものと関連させるための足場づくりとして、私には何ができるだろうか？」と自問自答してみましょう［参考文献50］。生徒ごとに、次に示す空欄を埋めて文章を完成させてみるのです。

（18）日本では、「見取り」という言葉がこれに相当すると思われますが、大きな違いがあります。日本の「見取り」では、方法論がはっきりしていません。それに対して、「キッド・ウォッチング」は具体的な方法が提示されています。これに加えて、一九八〇年代以降普及しているライティング・ワークショップとリーディング・ワークショップのカンファランス（生徒との話し合い）と生徒の作品（成果物）を通した子ども理解、および一九九〇年代以降普及している診断的評価と形成的評価が、さらに子どもを把握するのに貢献しています。

「フリオは○○○○○○に興味がある」、「エミールは○○○○○○○○○に興味がある」、「ジャスミンは○○○○○○○に興味がある」

これは、自主的なセミナーのディスカション、実験あるいはグループ・プロジェクトなどに中高生が取り組んでいるときでも可能です。生徒たちが自由に活動している間の数分間、教師という役割から離れて彼らを観察してみてください。

・それぞれの生徒はどのような質問をするのか？
・誰がファシリテーターやリーダーになっているのか？
・生徒の行動を導く動機は何だろうか？

一週間にわたって、それぞれの生徒について、以下のような文章を埋める形で書き出してみてください。

「レイチェルは○○○○○○に興味がある」、「ダーネルは、○○○○によって動機づけられている」、「マリアナは○○○○○を望んでいる」

別のやり方で行うならば、隣のクラスと合体して大きなグループをつくり、計画に縛られない時間を一緒に過ごすようにします。そこで、ほかのクラスの生徒たちを観察するのです。

・どのようなことに気づくか？

・あなたの同僚は、あなたのクラスの生徒についてどのように言うだろうか？

生徒の名簿を隣のクラスの担任と交換しあって、「ニッキーは〇〇〇〇〇に興味がある」という文章が完成するように、お互いにチャレンジしてみましょう。そして、その文章を比較して、観察期間中に同じ生徒に対して、同じような特徴をキッド・ウォッチしたかどうかを確認してみるのです。

選択肢を提供する

リン先生が勤務する幼稚園の授業では、園児たちが到着したあと、数分かけてから新しい一日のはじまりを迎えることになっています。園児たちは自分の持ち物を片づけ、友だちとおしゃべりをし、センター(19)に置かれた新しい教材などを見て回ります。そして、輪になって座り、歌を歌い、その日の各自の活動を確認し、一日のスケジュールと天気を確認する「朝の会」を行います。センターの時間になると、園児たちはどのセンターを選ぶかを決め、材料とその使い方に関して

(19)　三三ページの訳注を参照してください。

簡単なレッスンを受け、それからどのように過ごすかを決めます。

一つのセンターでずっと時間を過ごす子どももいれば、アートプロジェクトに熱心に取り組んだり、算数の問題を解いたり、テーブルでおやつをつくったりする子どももいます。それぞれのセンターで数分しか過ごしていない子どももいますが、もう一度戻ってきて、やっていた作業を終わらせます。

静かに過ごしたいという子どもは、読書コーナーで静かに座っています。リン先生と助手の先生たちは、部屋の中をあちこち動き回り、アートテーブルで子どもたちのアイディアを広げたり、算数の問題で困っている子どもを助けたり、スナックづくりに参加している子どもを手伝ったりしています。

リン先生のクラスの子どもたちは、センターの活動において一時間以上過ごす傾向があります。話したり、動いたり、笑ったりしていますが、教室全体は落ち着いた状態となっています。リン先生は、子どもの行動上における問題をほとんど経験したことがありません。

一方、ダマト先生のクラスでは、子どもたちがやって来ると静かに荷物を片づけます。その後、三〇～四〇分ほど輪になって座り、みんなで話を共有しあいます。このクラスの子どもたちも、歌を歌ったあと、その日に行う活動を決めたり、一日のスケジュールと天気について話をしたりします。

リン先生のクラスと同じようにアートプロジェクトやスペルを習うセンターなどに行きますが、ダマト先生のクラスでは「サークルタイム」と呼ばれる「朝の会」が終わってセンターに向かうとき、子どもたちは自分の名札が置かれている場所を見つけようとします。子どもたちが混乱しないようにと、行くべきセンターが割り当てられているのです。

アートプロジェクトの活動にはモデル化された例があり、指示に従うことができると褒められます。子どもたちは、フクロウの体や羽の模様を画用紙にトレースして、決められたところに目と羽を付けます。それらの作業がすべて完了したら、静かに椅子に座ってベルが鳴るのを待ちます。ベルが鳴ったら掃除をして、次の活動に移ることになります。

ほとんどの子どもがすぐに終わるので、ダマト先生はセンターの時間を二〇分に短縮しました。彼女は、ダラダラと子どもたちがふざけることを好まないのです。行儀のよい子どもはより良く学べると信じているダマト先生がルールを厳しく設定している理由は、実際の子どもたちは行儀よく振る舞うことができていないからです。

ダマト先生のクラスの生徒たちは、「退屈だ」とよく文句を言っていますが、五分以内にフクロウづくりを終えた子どもたちのために、彼女は何ができるのだろうかと考えています〔参考文献117〕。ダマト先生のように、子どもたちによかれと思って制限を設けている教師は、結果的に間違ったメッセージを子どもたちに伝えてしまっていることになります。

子どもたちは、あまりにも多くの制限を与えられ、十分な選択肢が与えられないと、すぐにやる気をなくしてしまい、自立することを抑圧されていると感じ、憤慨したり、反抗したりするようになります。選択することを許されなかったり、選択肢が非常にかぎられたりしている場合、子どもは問題に対処する能力や物事を新しい方法で考えるための姿勢を伸ばすことができなくなります。子どもたちは、プロジェクトや問題のすべてのステップを正確に実行する方法を伝えられると、独創性を発揮することは誤った行動であり、探究することは時間の無駄だと感じはじめてしまうのです。

子どもたちに、何をすべきなのか、どうすべきなのかを正確に伝えてしまうと、丸暗記した指示に従うだけということになります。そして、子どもたちの好奇心と探究心は、いずれも即座に閉ざされてしまうことでしょう。もし、選択することが生徒の興味を呼び起こし、その興味が何かを成し遂げることにつながるのであれば、自らがすることを決定できるという学習環境をつくることがもっとも効果的であるという証明になります。［参考文献4］。

ある研究によると、自立的な生徒はほぼすべての対象に好奇心が強く、内発的な動機づけ[20]を備えていることが明らかになっています［参考文献89］。しかし、ほとんどの学校において子どもたちは、多くの時間を指示に従うことだけに費やしています。［参考文献152］

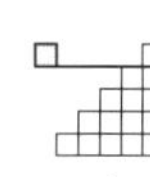

生徒たちによる学習は生徒自身が決める

可能なかぎり、もっとも既存の枠にとらわれない奔放さをもった独創的な方法で、自分がもっとも興味をもつものを一生懸命勉強しなさい。

（リチャード・ファインマン[21]〔参考文献90〕）

すべての人間は、人生について自分で選択していると感じる必要があります。これは生存と結びついた進化的な適応です。状況が制御不能になり、選択の余地がなくなると、生化学は急速に変化し、より高次の思考をする脳の中枢を停止させ、戦闘や逃走モードに移行してしまいます。

(20) 金銭や名誉など、外から与えられる外的報酬に基づかない、人の内面に湧き起こる興味関心や意欲に動機づけられる状態のことです。社会心理学者のエドワード・デシによると、内発的な動機づけには有能感と自己決定が強く影響する、となっています。これについては、第3章で詳しく触れられています。

(21) (Richard Phillips Feynman, 1918～1988) アメリカの物理学者で、一九六五年にノーベル物理学賞を受賞しています。スペースシャトル「チャレンジャー」の事故調査での活躍などでも知られています。『ご冗談でしょう、ファインマンさん』（大貫昌子訳、岩波現代文庫、一九八六年）はおすすめの一冊です。

その反面、自立性は発達中の子どもにとってもっとも楽しい経験の一つとなります。その証拠として、何かに手を伸ばしてつかむことを学んだばかりの乳幼児や、這うことを学んだばかりの子どもの顔を見てみてください。同じく、休み時間に教室のドアを出る生徒たちの顔を見てみてください。人生や学習をコントロールする機会が子どもたちに与えられたとき、つまり教室で選択する機会を与えられたとき、子どもたちは自己の動機づけと責任感を発達させるのです。

好奇心に満ちた教室では、教師が開始する課題と子どもが開始する課題の両方について、さまざまな範囲のものを教師は計画します(22)［参考文献94］。リン先生の幼稚園のクラスで行われていたように、子どもたちは前の課題を無事に終えたあと、次の課題に移るという自由が与えられていました。選択することを許された子どもたちは、自分の心や身体を調節したり、コントロールしたりする方法を練習するのです（すべての管理機能の前提条件です）(23)。

子どもたちはエンパワーされていると感じることになるので、教師の背後に見えるルールを破ったり、他人に力を行使したりする必要はありません。とくに、子どもたちが中学生、高校生になるにつれて当てはまります。これらの生徒は積極的に参加し、持続的に動機づけを感じているため、自らの学業面でのレパートリー（すでに身につけている多様な学び方）をよりコントロールする必要があるのです。

「賢い先生は、大人が望むかどうかにかかわらず、生徒たちが一日中選択していることを理解しています。生徒たちは、規則や指示に従うのか、無視するのか、逆らうのかを選び、他人に親切に話すのか、怒って話すのかといったことを自分で決めているのです。一方、子どもたちは、学校や保育所が居心地のよい場所なのかどうかを決めるのです[24]」［参考文献117］

生徒は、自分で選んだ活動に参加するという意欲を高めていきます。また、より積極的に取り組むようにもなります［参考文献231］。ある研究によると、選択する機会が与えられるような有意義な授業の場合は、教室における生徒の成功と直接関連があると示されています［参考文献54、180］。また、別の研究によると、二年生がどのタイミングで、どの課題に取り組むのかを決める機会が与えられたとき、彼らの取り組む姿勢は非常によくなり、はるかに短い時間でより多くの学習課

(22)　これをテーマにした良書が英語ではたくさん出版されています。とくにおすすめの本が、そのなかから選んだ『教育のプロがすすめる選択する学び』です。

(23)　エンパワーする、ないしエンパワーメントは、「力を与える」や「権限を委譲する」と訳されることが多いのですが、「人間のもつ本来の能力を最大限にまで引き出す」ことなので、本書ではカタカナを使います。

(24)　ここ（七九ページまで）に書かれてある「生徒は常に選択している」こととまったく同じことが教師にも言えます。選べないことを嘆く教師は多いですが、実は常に選択していますし、その結果の行動をしているのです。生徒と教師は、まさに「入れ子状態」にあることを忘れないでください。このことをもっともわきまえるべき人物は、教育制度側にいる人たちかもしれません?!

題を完了することができるとされています。［参考文献288］

生徒による選択の効果を最大限にする方法の一つは、個々の学習者の長所と課題などを考慮して授業を微調整し、一人ひとりの生徒を活かすような教え方をすることです。[25] それによって、生徒の能力、あるいは興味関心にあわせた指導方法の調整が可能となります。一例を紹介しておきましょう。

もし、パーディ先生が生徒全員に天気についての重要な概念を学ばせたいのであれば、さまざまな活動を提供することができます。[26] テラリウムで水循環を観察することによって学ぶ生徒もいれば、フィクションやノンフィクションといった本から学ぶ生徒もいますし、絵の具や表現力豊かな素材を使って個人的な気象体験を探る生徒もいることでしょう。

生徒たちが学ぶ方法はさまざまですが、みんなが天気について学ぶという点では同じです。[27]

［参考文献117］

生徒にあまりにも多くの選択を任せてしまうと、教室をコントロールできなくなるのではないかと心配する教師も出てくることでしょう。しかし、調査では、その逆のことが示されています。子どもたちが自分の考えや感情、行動について意思決定の権利があると感じれば、学習状況に対

して責任を負う可能性がはるかに高くなるのです［参考文献54、55］。そのためにも、学校で過ごす日に、生徒一人ひとりに何をするのかを決める時間が提供されなければなりません。

自由に読んだり、書いたりすることなどは、生徒が本や文章、あるいはテーマに対する反応の仕方を選べるようにするためのよい出発点となります。詩や演劇、彫刻やビデオ、絵画やマンガのパネルも同様にやりがいのあるものとなり、効果的なものとなります。(28)［参考文献150］

コロラド州のある大規模な中学校には、教師でさえ恐れ、誰の言うことも聞かないような生徒

---

(25)　この方法について詳しく紹介しているのが、『ようこそ、一人ひとりをいかす教室へ』です。六九〜七〇ページのリン先生が実践していたセンターの活動も含めて、多様な方法（調整の仕方）が紹介されています。

(26)　一九世紀に「aquarium」（水生生物の飼育設備）をヒントに、「earth」のラテン語である「terra」からつくられた造語です。透明なガラスのケースで動植物を育てるというものです。

(27)　このような個々の生徒の学び方の違い、興味関心の違いなどを活かす形で教えるのが「一人ひとりをいかす教え方」の特徴ですが、一斉指導を殊の外大事にする日本で、このような教え方の必要性が認識されるときは訪れるのでしょうか？　それは、教える側が「教えることとは何か？」、「学ぶこととは何か？」を捉え直すところからしかはじまらないでしょう。そのための本として、『ようこそ、一人ひとりをいかす教室へ』、『あなたの授業が子どもと世界を変える』、『「学びの責任」は誰にあるのか』、『イン・ザ・ミドル』などがおすすめです。

(28)　これらの事例はすべて、単に国語や社会科の文系の教科だけでなく、理科系の教科でSTEM（科学・技術・工学・数学を統合した形で教えるアプローチに、Art［芸術］を加えたSTEAMが最近人気を集めています）を実践するための方法そのものです！

の一団がいました。彼らは、教師の伝えたいメッセージを受け取るということはなく、とくに学習面においてやる気が見られませんでした。

研究心理学者のバーバラ・マコムズ（Barbara McCombs）は、これらの生徒たちと彼らの行動を左右しているものを理解するためにプロジェクトを立ち上げました。まず彼女は、授業中に生徒の後ろに座って、目立たないように生徒の後を追い続けることからはじめました[29]。

その結果、彼女が観察したことは、この生徒の一団がいくつかの授業では混乱したり、外へ出ていったり、ケンカをはじめたりする様子でした。しかし、全員がよく振る舞い、参加し、協力していた授業が一つだけあったので驚きました。子どもたちが自制心と責任感をもっていたその授業は、その日の最後に行われた数学の授業だったのです。教室に入ると、彼らは静かに自分のフォルダーを手に持って小グループになり、教師からの指示や命令なしにプロジェクトに取り組みはじめたのです。

もちろん、教師は教室にいましたが、ほとんどの時間、後ろにいたり、グループからグループへと移動して進捗状況を聞いたりしていました。この教師は、完全に自立的な学習環境と教室文化を確立していたのです。

教師は、生徒たちが自主性と自制心をもっていると、生徒のことを信頼していました。その秘訣は何かと尋ねられた教師は、「すべての生徒は、破壊的とレッテルを貼られた生徒でさえ、自然な学習意欲をもっていると信じている」と簡単に答えました。そして教師は、初日の授業において次のように言ったのです。

「これが、あなた方のクラスです。……あなた方が数学を学び続けるかぎり、私はあなた方が望むようにします」［参考文献180］

この教師は、スタンダードに示された学習内容をカバーするため、必要不可欠と思われるような内容についてはいくつか説明を加えましたが、それ以上のことは生徒に任せていました。

この中学校の数学教師は、口頭での約束をすることで、「指導することが難しい」とされていた生徒たちからも尊敬されていました。この授業では、自分たちでルールを設定し、お互いにそのルールを守っていたのです。そうすることで、教師の仕事は飛躍的に容易で楽しいものになりました。その結果、彼のエネルギーと情熱は、すべて学習状況を把握することに注がれるようになったのです。［参考文献180］

---

(29)　この方法は「シャドーイング」と言います。対象に影のようについて、後をつけることを意味します。この方法が七七ページの訳注（27）で述べたように、教えることと学ぶことの捉え直しに最適です。シャドーイングについては、『「学び」で組織は成長する』（四二～四九ページ）と『教育のプロがすすめるイノベーション』（一〇四～一〇六ページ）も参照してください。

《まとめ》

・選択肢が少なすぎると、子どものやる気が損なわれる可能性がある。
・選択することは、生存と結びついた進化的適応である。
・学習環境が効果的であるためには、生徒は自分が何をし、どのように時間を過ごすかについて、日々意思決定を行う必要がある。

好奇心を活用する方法 5 生徒がデザインした教育とカリキュラム

……簡単なことばで大切なことを示すことができます。「子どもを信頼せよ」、これほど簡単であり、また難しいものはないでしょう。難しい点は、子どもたちを信頼するには、まず自分自身を信頼できるように学ぶ必要があるということです。そして、私たちのほとんどは、子どものころに「子どもは信頼できない」と教え込まれてきました。

（ジョン・ホルト(30)［参考文献129］）

五年生を担当するベテラン教師のリチャード・ラウリセラ先生は、「生徒がカリキュラム設計にかかわっていなければ、自分は数十年前に燃え尽きていただろう」と言っています。ラウリセラ先生は、新しい単元の初めに、「これを学習するのにもっともエキサイティングな方法は何ですか？」と生徒たちに尋ねています。もし、個人やグループから実行不可能な提案がなされたときは、「なるほど！　では、その次にもっともエキサイティングな方法は何ですか？」と言うことでしょう。［参考文献166］

生徒たちはいつもよい提案をしていますし、ラウリセラ先生は生徒のアイディアを実際に採用していますので、生徒のモチベーションも高くなります。その結果、五年生が二度と同じような方法で単元を展開することはありません。このような状況は、生徒の好奇心を刺激するだけでなく、ラウリセラ先生にとっても新しいことが学べるので価値のあることとなります。

生徒の興味や好奇心を喚起するもう一つの方法は、見慣れたものを通して馴染みのないものを紹介することです。生徒の使い慣れた知識や興味、そして経験を活用して、新しい知識、興味、経験につなげることができます。たとえば、生徒があるビデオゲームに興味をもっている場合は、ゲームを動作させるためのバックグラウンドにある数学とプログラミングにつなげることができます。そして生徒には、これらの概念に関連する特定のゲームルーティンの設計について選択肢

(30)　(John Caldwell Holt, 1923～1985) 現場経験をもつアメリカの教育者です。ここに挙げられた『学習の戦略——子どもたちはいかに学ぶか』(吉柳克彦訳、一光社、一九八七年) 以外の邦訳本も、すべて教えることと学ぶことを捉え直させてくれるのでおすすめです。

が与えられることでしょう。最初から授業づくりに参加することができれば、生徒は学習プロセスのオウナーシップ(31)をもつことになります。活動として取り組むことと、遊びとして取り組むことの境界線がよい意味において曖昧になるのです。

私が大学で教えている「バイアスがかかった脳」という講座では、一つの学期を費やして、人間の脳がどのように探究し、予測し、知覚のギャップを埋め、騙されやすい状態になっているかについて調べています。

最初に授業を設計していたときのことです。私は学生たちにクラスを運営する役割を与えたかったので、講座の各週に魅力的なテーマ（幻覚、サブリミナル効果によるメッセージ、手品・魔法の輝き、偽りの記憶、共感覚など）と読み物を選び、それらについてのセミナーを二人の学生に進行させました。私は、生徒に講座の設計をコントロールさせていると思っていましたが、期待外れな結果に終わりました。このような手立てを講じても、彼らは私の興味に沿った作業をしているだけだったのです。

次にこの講座を教えたとき、私は学生を信じて、内容と方法に関するコントロールを学生に任せてみました。最初の四週間は基礎的な読み物を選んで、基礎となる段階を設定しました。その後、授業として、全員にとって興味のあるテーマやアイディアをブレインストーミングによって導出しました。私たちは、残りの一一週間で扱うことになるテーマを折衝して、投票のうえで概要を決定しました。その後、各生徒のペアは、自分たちの手で責任をもって授業を担当する週を選びました。

担当するグループは、ほかのグループのために読み物を提供し、それらに関する議論を促し、クラス内の活動と学習経験を用意し、最終的な提出物に対するフィードバックを提供しました。その違いは一目瞭然で、後者のやり方では学生たちは熱心に取り組み、互いに高い水準を維持し、信じられないほど創造的な識見（しきけん）と活動をセッションにもたらしたのです。そして、私が提出物を見るかぎり、彼らは資料をより深く学んでいたことが窺えたのです。それを見て、完全に学習をつくりあげるチャンスを学生たちに与えようと、私は手を引くことにしたのです。

好奇心を活用する方法 6　アクションリサーチ・プロジェクトを実施する

アクションリサーチ・プロジェクトは、学習内容と現在生徒がもっている情熱や興味を結びつけます。それはまた、自分たちの地域に市民としてかかわるコミットメントを高めることになります。

---

(31)「決定権」、「所有権」と訳されることが多い言葉ですが、「自分のものである」ないし「自分事」という意識がもてることです。学びが成立する際に極めて重要な要素ですが、日本のように、教科書をカバーする授業からこれを得るのはかなり難しいです。

アクションリサーチ・プロジェクトをはじめるためには、まず何をする必要があるかを一緒にブレインストーミングします。彼らは、何に関心をもっているのでしょうか？　優先順位のリストを作成するのです。もしかすると、生徒が通学するために横断する危険な交差点や、清掃が必要な公園があるかもしれません。いや、生徒は昼食時間が短すぎると思っていたり、メニューの選択肢が足りないと感じているかもしれません。

次に、カリキュラム基準に沿った目標に加えて、個人および集団における生徒の興味関心と選択したものに基づいた目標を作成します。少人数のグループ・ディスカションでは、生徒は個人的な好みを明確にするとともに、その好みがクラスの誰とどのように接点があるのかを確認します。

第三に、チームを結成してプロジェクトの計画を立て、実行しはじめます。つまり、生徒には行動計画を作成する必要があるということです。このとき、校長や教育委員会、自治体などに依頼書や手紙を書くこともあるでしょう。

ある夏、フィラデルフィアの高校で数学を学んでいる生徒たちが、汗をかき、文句を言いながらサマースクールに通ってきました。気温が高かったので、数学の学習に意識を向けることはほぼ不可能な状況でした。しかし、賢い女性教師がひらめきました。彼女は、エアコンの必要性についての熱烈な議論を、アクションリサーチ・プロジェクトに転換することに決めたのです。

生徒たちは、空調設備の調査、校舎の規模や間取りから必要な台数を導く計算、コストの見積もりや入札、町への提案書といったものの作成を進めていきました。その過程で、生徒たちは方程式や勾配などについて学び、さらに積極的に参加する生徒や市民のあり方について学ぶという「貴重なオマケ」まで得たのです。［参考文献249］(32)

生徒に自己評価させてみる

生徒に自立性を与える強力な方法の一つとして、概念の習得を示す方法(33)を選択させることがあります。たとえば、思考過程が分かるような図であるチャートを使ったり、ジャーナル（学習日誌）をつけたりして、生徒自身が学習の進捗状況を評価するのです。これによって、適切な知識

(32)　アクションリサーチのやり方については、『シンプルな方法で学校は変わる』（四〇～四四ページ）と『「学び」で組織は成長する』（一三六～一四三ページ）を参照してください。

(33)　「知識」の習得だけではない点がミソです。概念の習得は、知識の習得に比べるとかなり深いものがあり、それをテスト／試験で測るのはかなりの難しさが伴います。生徒が概念を習得したことを評価するために、その概念を構成するための知識や技能を評価することができるので、パフォーマンス評価が大きな位置を占めるようになってきたわけです。

やスキルを習得したとき、自分がどのように変化したかについて評価できるようになります。生徒が自らをモニタリングできるようになると、成功によってモチベーションが上がり、そのような成功体験のなかで自分が果たしている役割について有用感や責任感をもつようになります。学習内容の理解度を自己モニタリングし、学習プロセスを反映するための形式を作成するのは比較的簡単なことです。

生徒が書いた作品（成果物）を提出する前に、作品における三つの長所と、改善が必要なことを三つ挙げてもらうことがよくあります。これと同じ流れで、自己評価からはじめると、生徒は自分で評価基準を作成することができるようになります。ある課題における最高の作品とはどのようなものか、生徒たちにブレインストーミングをさせてください。そうすれば、自分たちが作成した基準に関連して、提出する作品に対して教師からどのようなフィードバックを望むかについて要求ができるようになります。また、別の選択肢として、ポートフォリオ用に選択した作品（自分の学びを示すために選んだ理由も書いて）を集めることもできます。

好奇心を活用する方法 7　エポックノートとe－ポートフォリオを試す

シュタイナー教育[34]のモデルでは、オーストリア人の教育学者ルドルフ・シュタイナーの哲学に基づき、生徒は「エポックノート[35]」と呼ばれるノートを使って各教科で学んだことを表現し、入念に作成していきます。

生徒は個人的な視点で、授業の内容をさらに創造的に捉えるためのプロセスに時間をかけ、注意を払い、それを深く掘り下げます。また、教科を横断したテーマを扱う形で理解を統合していきます。目標となるのは、生徒が何かを作成することだけでなく、焦らずにじっくりと慎重に作業し、文字や図形を美しくつくり出し、美的感覚を養うことです［参考文献259］。このような白紙からはじまる本は、新しい情報や知識と同じくらい発見の旅を記録することになりますし、学年の終わりには神聖な教科書となります。たとえば、植物学の場合、子どもたちはスケッチ、押し葉、詩、グラフ、写真、絵画が描かれた本をつくるかもしれません。

保護者の集まりや公開イベントでは、教師がクラスの本を集め、生徒は自分の営みを見せることで誇りをもつようになります。年度の終わりになると、生徒たちはそのエポックノートを大切に持ち帰り、自分が学んだことの全体像を読み返すために、何年後も使い続けることになるので

(34)　ドイツ発祥の教育で、この文で登場しているルドルフ・シュタイナー（Rudolf Steiner, 1861～1925）の人間観、教育観に基づいて展開されています。ひと言でいうと、子どもの自由な自己決定を重視した営みとして捉えられています。

(35)　シュタイナー教育において展開されているもので、自分でつくる、世界に一つしかない「自分だけの教科書」というイメージです。

す［参考文献259］。自分で教科書を書くように、生徒たちは客観的な資料や教材と個人的な体験との接点を見つけることになるのです。

最近は、高校、短期大学、大学が生徒や学生に対して、カリキュラム全体の学習内容を電子ポートフォリオ（e‐ポートフォリオ）にまとめて提示するよう求めはじめています(36)。エポックノートのように「e‐ポートフォリオ」は、学習内容と学習プロセスを同等に取り込みます。

私は現在、「e‐ポートフォリオ」で集めた成果物や活動のサンプルを使って自らの学習を評価する、「教育課程の総仕上げ」と位置づけられている講座を教えています。学生たちはこれを、ほとんど無限に魅力的な「変革の旅」だと言っています。「e‐ポートフォリオ」を使うことで、生徒は時間をかけて自らの作品を見直し、より大きな意味やパターンを探すことになります。彼らは「学習の旅」の船長であり、成し遂げたことに対して自ら畏敬の念を抱いています(37)。

これら二つ、自分が学んだこととの表現と振り返りのモデルは形成的評価の理想形であり、いかなる年齢においても活用が可能です。

生徒に協力して活動させる

グループで協力することは、常に人類の学び方の一つとして続けられてきました。教師の監視なしに苦もなく学習できるようになるためには、友だちと一緒に活動をするというのが確実な方法となります。活動は、すぐに社交的なものやゲームに変わるでしょう。要するに、一緒に学ぶのが楽しいということです。

子どもたちが苦もなく学習できるのは、子どもたち自身が社交クラブやコミュニティーの一員だと感じているからです。教育哲学者のフランク・スミス（Frank Smith）は、「私たちが学んでいることのほとんどは、クラブに参加することによる、苦しむことのない副産物だ」［参考文献263］と言っています。

自分よりも大きな何かの一部になると、突然、ほかのメンバーとの出会いという恩恵を受けることになります。赤ちゃんが言語を使う人に囲まれていると、赤ちゃんは素早く効率的に言語を学習しますが、それは認知的な何かを得るために行動しようとしているからではありません。人々は、自分たちの社会やコミュニティーの一員になりたくてそれを学ぶのです。言葉を話すようなクラブに参加すると、「あなたは、私たちの一員です」、「私は、まさにあなたのようです」[38]

（36）日本の大学などでもすでに活用されていますが、ただの義務としてまとめている学生が多いようです。そのため、効果的な学びの振り返りとはなっていません。

（37）形成的評価だけでなく、総括的評価の理想でもあります。また、「e‐ポートフォリオ」の必要はなく、紙媒体のポートフォリオでも同じ効果を発揮し、エポックノートと同じく生涯にわたって「宝物」となります。

というような感覚がすぐに湧いてきます。関連する知識や期待を伴った新しい活動が、あなたやほかのメンバーに突如として提供され、あなたはその活動に興味をもつようになり、知らず知らずのうちに学ぶことになるのです。

リア・アマル先生と同僚は、幼稚園児と小学五年生が協力して、いかにたやすく、そして効果的に活動をしている様子に気づいたとき、双方の授業内容を含めて、異なる年齢の学習仲間でいる時間を延長することに決めました。

異なる年齢の学習仲間との活動のなかで私と同僚は、五年生たちが絵を描いたり色を塗ったりすることに夢中になっていることに気づきました。一〇歳になる子どもたちは、選択式の試験や作文の授業などではなく、生活のなかにおいて、もっと子どものためになる学習機会を必要としていました。そこで私たちは、彼らが一緒に学習できるように、国語や社会科、理科に関する授業を計画しはじめたのです。

あるプロジェクト（町の地図をつくること）では、幼稚園児のほうがより経験があり、準備ができていたので、彼らが主導権を握りました！　五歳下の子どもたちが協力して活動しているのを見て驚きました。彼らは、その活動を終わりにしようとしたときに怒っていたので、私たちはさらに三日間、詳細を追加し、計画する技術、社会的スキルとリーダーシップのスキル、話し言葉、細かい運動能力、スペルのチェックに取り組みました。

（リア・アマル、二〇一五年四月六日の私信）

私たちは再び、協力することが学習を成功させるという確かな証拠を得たのです。この成功の要因は、生徒が自分の理解と見識をパートナーのものと統合することができたことです。脳は、ミラーニューロンのおかげで、自分で何かをすることと自分の意図していることを仲間がするのを見たとき、同じように捉えることができるのです。さらに、もう少し経験のある仲間と協力することで、学習者はより複雑な領域にとても効率的に入り込むことが可能となります。発達科学者のレブ・ヴィゴツキー（五八ページ参照）は、「今日、誰かの力を借りてできたことは、明日自分一人でできる」といつも言っていました。［参考文献287］

グループで活動をする場合、生徒は交代で会話の進行役を務めます。それによってよいコーチになることを学び、ほかの人に力を与え、チームのメンバーに個人的な興味を示す

（38）あるいは、ライティング・ワークショップやリーディング・ワークショップのクラスです。http://wwletter.blogspot.com/2010/05/ww.html を参照してください。

ことになります。一緒に活動することで生徒は自分のチームを幸せにすることができ、成功する手助けとなりはじめます。協力するためにはチームの明確なビジョンと戦略を特定し、実行するためには優れたコミュニケーション能力が必要となります。〔参考文献296〕

小学校から中学校、高校へと進むにつれて、協力者としての能力や効果的な探究チームを率いる能力がますます重要になってきます。テクノロジー、経済、イノベーションがますます重視されるようになる現在において協力することは、急速に、二一世紀における教育の主要な目標の一つになりつつあるのです。

好奇心を活用する方法 8 テクノロジーを使ったリアルタイムでの協働作業

新しいテクノロジーのなかには、創造的な協働と学習者による対話を刺激することができ、年齢を問わず生徒に適しているものがあります。たとえば、「TodaysMeet」というチャットルームは、授業中においてもリアルタイムで、生徒同士や、より大きなグループとコミュニケーションをとることが可能となります。(39)「TodaysMeet」に投稿することで、生徒は自分の考えを聞いてもらうことができ、学習の表面には出にくいとされている裏側の会話が前面に出てくることになります。

また「TodaysMeet」は、授業中に生徒（もっとも内気な生徒ですら）からコメントを引き出すことにも使用できます。そして、これを使用して、生徒たちに見てもらいたいウェブサイトへのリンクも共有することができます。このように、授業やプレゼンテーション、映画の途中でも、子どもたちは「TodaysMeet」を使って、それらを中断することなく、簡単な質問をすることができるのです。さらに生徒は、何かが自分の生活にどのように関係しているのかについて例を挙げることができます。投稿するだけで誰もがそれをすぐに見ることができますので、挙手するよりもずっと早いことさえあります。

同様に、参加者全員を対象にした簡単なアンケートを行うことで、生徒たちが考えていることの傾向を見いだすこともできます。いくつかの選択肢を与えると、数分以内にその結果が全体に表示されるのです。もし、「どうにかして、クラス全員が平等に参加できるようなプレゼンテーションのプロセスにしたい」ということなら、必要に応じて匿名で理解度を知るための質問をしたり、フィードバックを収集したりすることもできます。[40] そのほか、協働して詩や物語を書くこともできます。書き出しを決めてから「TodaysMeet」のチャットルームを開始し、生徒にそのあとに続く言葉を追加してもらうのです。［参考文献191］

(39)　Googleフォームで生徒のリアルタイムの反応を把握し、共有するということも可能です。

(40)　ここで紹介されている「TodaysMeet」は、現在閉鎖されています。

好奇心を活用する方法 9 協働による試験

スタンフォード大学では、少数の心理学の教員がシンプルで革命的なことを行っています。それは、二人一組でテストを行うというものです。

フィリップ・ズィンバード教授は、心理学入門の二つのグループを教えていました。どちらも同じ教材、カリキュラム、教育方法を使用しました。唯一の違いは、一つのグループがペアでテストを受けたということです。結果は驚くべきもので、ペアで受けた学生は講義全体のすべてのテストで有意に成績がよく、点数は時間の経過にかかわらず一貫していたのです。

ペアで協力してテストを受けた学生は、テストに対する不安の軽減や自信の向上など、多くの点でポジティブな態度を示しました。協働して行動することによって、彼らは講義をより楽しく、苦もなく学習することができたのです。彼らは心理学全般に対する関心も高くなっている、と報告されていました。〔参考文献307〕

評価の状況を緩和し、生徒同士が一緒に活動できるようにする方法はたくさんあります。生徒たちは、一緒に勉強することで準備のレベルを自己評価し、お互いの長所を理解できるようになります。また、テスト当日には、お互いに問題へのアプローチ方法を小声でささやいたり、問題に黙って取り組んでから一緒にステップを振り返ったりすることができます。テストという環境のストレスを取り除き、いつもと同じように協力して取り組めるようにすることで生徒たちは心を開き、好奇心をもち、楽しむことができるようになるのです。

《まとめ》

・生徒が学習のテーマや方法をデザインすると好奇心が強くなり、興味をもつようになる。
・アクションリサーチは、好奇心の面と市民参加の面に向けた強力な方法である。
・自己評価は、学習プロセスを生徒にとってより有意義なものにする。
・協働による取り組みは学習を成功に導く。
・テストでさえ、協働して取り組むことで学習者は心を開き、好奇心をもち、楽しい学びになる。

要約

乳幼児や子どもが、直接的な指示なしに、非常に複雑な能力（話したり、道具を使ったり、本を読んだりすること）を苦もなく学べるという事実を知ると、私たちは安心することができるのではないでしょうか。好奇心に駆られた学習者は、複雑な知識やアイディアを理解するために必要なパターンを探り、発見します。彼らがこれを可能にしているのは、彼らが生まれもった生物学的システムのおかげであり、彼らの社会的・文化的な環境が予測可能な性質をもっているからです。

自立的な学習を行うためには、自由で計画に縛られていない時間が重要となります。計画に縛られていない時間は、学校での成功と強く結びついている管理機能の特徴とも言える、計画と自制心について学ぶ機会を子どもたちに与えます。定義上、休み時間（ギュウギュウ詰めのスケジュールでは難しい！）は計画に縛られていないため、学習においては学校でもっとも有益な部分の一つとなります。

私たちには、学習内容と学習プロセスの両方について、学校における活動を計画する際の選択肢を生徒たちに与えることによって、彼らが苦もなく取り組み、学ぶことができる自然な能力を守る必要があります。

第３章 内発的動機づけを取り入れる

理に叶った仏道の心でも、ごくわずかでも違いがあると、天地の隔たりほどの違いとなり、たちまち紛然として心を失ってしまう。
（道元禅師[1]）

「ルーニー・テューンズ[2]」の短編アニメ映画『魅惑のカエル』（一九五五年）の一シーンでは、

---

(1)（一二〇〇～一二五三）道元は日本の曹洞宗の開祖です。ここで示したものは、『普勧坐禅儀』の「然而毫釐有差天地懸隔。違順纔起紛然失心」からとっています。原文では、"Do not follow the ideas of others, but learn to listen to the voice within yourself."です。直訳すると、「他人の考えに従うのではなく、自分の中の声を聞くことを学びなさい」となります。『普勧坐禅儀』の訳としてアメリカで広まっていますが、その際、かなりの解釈が加えられたものと推察されます。これにより、この引用と本章の内容とのずれを感じるかもしれません。

取り壊された建物の礎石から建設作業員が小さなカエルを発見します。引っぱり出すとカエルが跳び上がり、シルクハットと杖をつかみ、アニメらしく体を動かして昔懐かしいハイキックダンスをしたうえで、「こんにちは、私の赤ちゃん。こんにちは、私のハニー。こんにちは、私のラグタイム・ガール」と歌いはじめます。

「ミシガン・J・フロッグ」という名前のカエルがドル記号（お金）に見えてきた建設作業員は、その才能を利用してお金を稼ごうと考えました。しかし、おかしなことに、タレントエージェント、有望な起業家が借りた劇場の観客、あるいは公園の警察官などが彼に会いにやって来るたびに、そのカエルは身をかがめて鳴くだけで、歌も踊りもまったくしないのです。帽子と杖は、その場に落ちるだけです。

目を輝かせていた建設作業員は、失望や絶望などという言葉では言い表せないほどの感情を味わいます。作業員がいくら手を尽くしても、ミシガン・J・フロッグは彼だけのために無我夢中で歌い踊り、ほかの人たちに対してはうめき声を上げるだけなのです。

この物語は、真に楽しい経験（歌、ダンス、または学習）は誰かに見せるためのものではない、ということを示しています。生徒は、ポニーのような見せものではありません。時に彼らの学習経験は、壮大に見えることもあれば、平凡に見えることもありますが、何よりもそれは彼らのものであり、本物の経験のために不可欠なものなのです。

行動科学者たちは過去一世紀にわたって学習を理解しようと努力してきましたが、一つだけ確かなことがあります。それは、四年生であっても、一一年生であっても(3)、モチベーション（動機づけ）なしに学習をすることはありえないということです。

幸運なことに、子どもたちは学ぶ意欲にあふれてこの世界にやって来ます。真のモチベーション（たとえば、立ち上がって歌って踊りたいという気持ち）は、心の内側から生まれるものです。それは、外部からの承認または報酬のためにつくり出されるものではありません。心理学者はこれを「内発的動機づけ」と呼んでいます。内発的に動機づけられた行動は、私たちを何も見えないような場所から連れ出してくれます。人間が生きている環境では、能力とコントロールすることへの欲求を私たちは先天的にもっていることになりますので、内発的動機づけに対する要求を止めることはできません。［参考文献60、62、295］

先駆的な発達心理学者であるエドウィン・カークパトリック（Edwin Kirkpatrick, 1862～1937）の言葉を借りれば、次のようなことが言えるでしょう。

（2）アメリカのワーナー・ブラザーズ製作のアニメシリーズです。「トゥイーティー」などのキャラクターは、日本でも馴染みがあると思います。

（3）アメリカの高校は九年生から一二年生までの四年間と決まっています。一一年生は日本流に直せば高校二年生ですが、アメリカの実態からすれば三年生なので、通しの学年名のままにします。

「自由な労働者がより注意深く監視されている存在である奴隷よりも多くの仕事をし、奴隷が決して感じることのできない喜びと自尊心をもって仕事をするのと同じく、興味のある刺激のもとで活動をしている子どもは、ひと昔前の教師が監視し、ウニのように無関心で奴隷のようにこなす子どもよりも、知的にも道徳的にもはるかに多くの活動を成し遂げる」［参考文献147］

学ぼうとする動機が内側からではなく外側からもたらされる場合、生徒の焦点は他人を喜ばせることに集中してしまいます（同僚や私が「学校ごっこ」と呼ぶものです）。それは、学習プロセスや活動自体に生徒をあまり関与させることなく、権力者によって提示された問題に対して正しい答えを得るという学習結果に焦点を当てるパフォーマンスとなっています。

残念なことに、正規の学校教育では、締め切り、評価、成績、および教師や保護者に褒められたい、認められたいという気持ちがつきものとなっているため、子どもたちの内発的な動機を損なうといった傾向があります。このような状況では、学習が好奇心や興味といったものから離れてしまうため、子どもたちの学びははるかに少ないものになってしまいます。たとえば、過大にストレスを感じたり、退屈だったりすると、生徒が内容を理解したり、覚えたりする可能性がかなり低くなります。学業の課題全体に子どもが興味を失ってしまうと、それらをすることによって得られるものはほとんどないと言ってもよいでしょう。［参考文献152］

一方、学ぶ動機が学習者の内側からもたらされている場合、生徒の情熱と取り組みはほぼ無限に膨らんでいくことになります。ある高校の数学教師は、数学の美しさについての単元において、フィボナッチ数とグラフ用紙を使って、黄金比による美しい「らせん」を生み出す方法を生徒たちに教えていました。

エヴァンという生徒が、「それはどれくらいの大きさになるか」と教師に疑問を投げかけました。そこで教師は、生徒たちにそれぞれの考えを尋ねたところ、一人の男子生徒が、いつまでも「らせん」を続けることができるということに大喜びして、驚きました。

その翌週、エヴァンは自宅で作成した巨大な「らせん」を持って授業に出席しました。彼はクラスメイトに、それをさらに大きくしようと促しました。そして、それが正確に実行する方法についての議論につながりました。これは、まったく予想もしなかった素晴らしいプロジェクトとなり、三か月にもわたって続き、最終的には展示されました。その制作物は、一五フィート（約四・五メートル）以上の長さになったのです！

のちに教師は、エヴァンの母親から、彼は深刻な計算障害(4)を抱えており、そのときまで数学を嫌っていたという事実を知らされました。

（4）学習障害の一つで、計算することや推論することなどに困難を抱えているとされています。

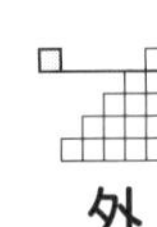

外部からの評価

内発的動機づけに関する古典的な研究に次のようなものがあります。

スタンフォード大学のある研究者たちは、アートプロジェクトに取り組むために「優秀賞」を設けることを子どもたちに約束しました。その後、自由に描ける時間を設けたとき、受賞した子どもたちは描くことにあまり興味を示さなくなってしまったのです［参考文献162］。一方、受賞はしませんでしたが、アートプロジェクトに取り組みたいと思っていた子どもたちは興味が継続していました。

最近のメタ分析（一二八に上る個別の実験結果の比較）では、優れた成績の証として与えられる金賞、成績優秀者、優秀選手賞などの外部からの報酬によって、子どもの内発的動機づけ、自信、自己決定が損なわれることが示されています［参考文献63］。外部の力がプロジェクトを推進する理由になると、そのプロジェクトは学習者にとって魅力を失う可能性があるのです。逆に、ある活動が内発的動機づけによってなされている場合は、報酬はその行為自体の一部となり、「小さな贈り物」ぐらいのものとして位置づけられることになります。

ある教育学の研究者によって、三年生と四年生を対象にして、読んだ文章を思い出すのに役立つ学習状況の特徴が調べられました。その結果、生徒たちが文章を思い出す際に役立ったことは、彼らがどの程度その文章の一節に興味をもっていたかということでした。もっとも興味をひいていた文章は、もっとも読みやすい文章の三〇倍にも匹敵するほど記憶に残るものとなっていました。〔参考文献９〕

私たちが自己肯定感と学習に欠かせないものと捉えてしまう賞賛でさえも、内発的動機づけを損なう可能性があります〔参考文献123〕。ある研究では、クロスワードパズルを行うときに一貫して賞賛されていた子どもたちは、すぐにパズルを完成させることから興味を失ったと言います。一方、肯定的な評価も否定的な評価も受けなかった別のグループは、パズルを続けたということです。〔参考文献143〕

過剰に褒められている子どもは、教師や親が喜ぶような活動だけを選ぶようになってしまうことがあります。褒めるという行為は、親や教育者にとっては魅力的なことのように思えるでしょうが、長い目で見れば、イノベーティブ（革新的）で、創造的で、自主的な子どもになる可能性を低くしてしまうことになります。子どもたちは、知的なリスクを冒したり、新しいことを試したりするのではなく、成功と継続的な賞賛をもたらす行動にのみ従うことを学んでしまうのです。〔参考文献111〕

教育哲学者であるアルフィー・コーン（Alfie Kohn）は、「『肯定的な評価』というとき、もっとも重要な側面は、『肯定的』という部分ではなく『評価』という部分のほうである」［参考文献150］と述べています。私たちが評価されたと感じると、外からの目を気にするようになります。突如として、取り組んでいる活動が別の枠組みを通して見られるようになり、利害関係が高まり、私たちは自意識が高められるのです。私たちは何もできず、箱の隅にうずくまるような状態になることでしょう(5)。

賞賛と同様に監視も内発的動機づけを損ないますし、最終的には好奇心を傷つけることになります。子どもは、自分の周りをうろつかれていると感じると、自然に「自分はちゃんとできているのか」と心配になり、リスクを取ることが少なくなります。同様に、競争とプレッシャーが子どもたちから創造の楽しみと喜びを奪うことがあります。本来は試行錯誤するはずだったことが突如として勝つか負けるかということに変わり、そして、試してみるという感覚が自分への評価を左右するものに変わってしまうのです。

子どものパフォーマンスに期待をかけることによって自信を喪失させ、子どもにプレッシャーをかけることになってしまいます。この場合、イノベーションはほとんど即座に休止状態となります［参考文献3］。つまり不安は、好奇心とは正反対のものなのです。極端に言えば、不安は好奇心を完全に押しつぶしてしまうのです。

実際、予測不可能な環境や虐待的な環境で育った子どもたちの場合は、学校という環境において好奇心のない状態になる傾向があります。このような子どもたちは、とにかく生存することだけに思考をめぐらせていますので、遊び心のある探究までエネルギーを割くだけの余裕がほとんど残っていないのです。(6)［参考文献163］

自由と内発的動機づけ

純粋な疑問と興味に加えてある程度の自由があることは、生徒が内発的動機づけを保つために必要なレシピとなります。自由気ままな好奇心や遊び心のあるイタズラのような気まぐれさと、一見バカげたように見えることを楽しむという行為は、人間の発達において非常に重要な特徴となっています。［参考文献258］

マサチューセッツ州のある幼稚園では、コラージュをつくるのに使う材料を子どもたちが自由に選べるようにしたところ、まったく同じ材料を使っているにもかかわらず、材料を選ぶ権利が

（５）賞賛について興味のある方は、「褒め言葉を使うな！　選ぶ言葉で授業が変わる」という帯がついた『オープニングマインド』をぜひ参照してください。

（６）動機づけと監視（評価）や不安の関係について詳しくは、四九と五七ページの訳注で紹介した『遊びが学びに欠かせないわけ』（とくに第７章と第８章）を参照してください。

なかった子どもたちに比べるとはるかに創造的な作品をつくっていました。［参考文献2］

また、別の研究では、問題解決の課題を完了させた八歳児の質問行動を記録し、それをカタログ化しました。子どもたちが自分で考え出した質問は、ほかの人が尋ねた質問よりもさらなる探究につながる可能性を秘めたものとなりました。

「効果的な問題解決のために必要とされる決定的な要因は、ほかの誰かが提案したことではなく、子どもたち自身から質問として出てきたことでした。たとえほかの誰かが先に質問をしていたとしても、生徒自身が質問をしたとき、つまり彼らがそれまでに見たことのなかった矛盾や謎を発見して、それを説明しようとしたときに初めて純粋な質問になるのです」［参考文献49］

三つ目の研究では、学習に関するオウナーシップ（つまり、何を学ぶか、その話題にどのようにアプローチするか、いつ学習するかということなど、学習における主要な選択をすることができる権限）を生徒に与えたところ、生徒は非常に満足し、内発的動機づけがなされた度合いも高いと報告されています。さらに重要なことは、これらの生徒は優れた成績を示しているということです。(7)［参考文献61］

ある幼稚園の先生が子どもたちに、黒板に書かれた文章に出てくる「e」をすべて丸で囲むようにと言いました。すると、ある利口な子どもが自分の名前のなかに「e」を見つけ、それを丸で囲みました。内発的に動機づけられる学習への転換を利用して、子どもたちに教室の中の「ｅ」をくまなく探すように指示したわけですが、子どもたち自身の興味に基づいて「ｅ」を探す活動を意味づけ、その活動を発展させていくことが許されていたので、子どもたちの関与が倍増したということです。

その後、子どもたちが読むことに関連した活動に取り組む場面になると、すべての子どもたちが「ｅ探し」をはじめ出し、夢中になってその活動に参加するようになりました。しかし、別の年に同じ教師が同じように「文字探し」を展開しようとしたところ、活動に対する子どもたちの熱意は、自分でその活動に取り組みはじめたときに比べると強いものではありませんでした。［参考文献205］

これらの研究で明らかにされたことは、無数とも言える世界中の教室で行われているように、生徒自らの欲求や考えが学びを促進したときには知識がより効果的に構築されることになる、ということです。

（7）　自由とオウナーシップおよび自分の質問については、『あなたの授業が子どもと世界を変える――エンパワーメントのチカラ』、『「教育のプロがすすめる選択する学び』、『たった一つを変えるだけ』、『だれもが科学者になれる』が参考になります。

パワーとパワーレス

子どもたちが学びの旅をはじめるときには、普遍的に内発的な動機づけがなされていると言えます。未就学児のモチベーションに問題があるという話を聞いたことはないでしょう。しかし、正規の学校教育を受けるに従って、彼らの内発的動機づけは低下していきます。

生徒たちが誰かのルールを守り、誰かが決めたカリキュラムを学び、誰かの評価を受けなければならない場合〔参考文献150〕、無力感を感じたり、燃え尽きて無関心になったりする傾向があります。また、学力とされるものの内実が日常の文脈や学習の効用から切り離され、微積分のラジアン（弧度法）や言語の文構造というように抽象的になってくると、その意味はすぐに忘れさられてしまいます。〔参考文献39〕

「なぜ、私たちはこれを知る必要があるのですか？」とか「これはテストに出ますか？」と生徒が尋ねるということがよくありますが、これらの質問は、学習者が言われたことをやっているだけのことであることを示しています。「No Child Left Behind」(8)や「Race to Top」(9)のような国のプログラムは、より標準化されたテストと、より教師主導で講義形式を中心とした指導をもたらしました(10)〔参考文献153〕。もし、「テストのために何かを暗記する必要があるのですか？」と生徒が尋ねたなら、生徒の内発的動機づけが欠けてしまっているということを私たちに教えていることになります。それは、次のような言葉でも分かるでしょう。

「学びに対する私の愛は消えてなくなりました……。今、私が知りたいのは、私がそれをしなければならないかどうか、そして、私がそれをしたときにあなたは何をくれるのかということだけです」［参考文献151］

私たちは、教室での好奇心を守るために闘う必要があります。その行動において、「生徒は敵」と呼ぶ状況に決して逆戻りしてはいけません。たとえば、以下のようなとき、私たちは生徒に害を与えることになります。

(8)「どの子も置き去りにしない法」、「落ちこぼれ防止法」のように訳されています。所得や人種、障害の有無、非母語話者などさまざまな要因による学力格差を是正することを目的として二〇〇二年に成立した連邦教育法で、初等中等教育法の最新改訂版です。

(9) 二〇〇九年に発表されたアメリカの教育政策で、特定の基準で教育成果を上げている州政府に競争助成金を割り当てたものです。

(10) 国など大きな存在がトップダウンで決め、それが学校に降りてくるというものによる弊害は、日本でも同じように想定できます。教科書をとにかくすべてこなさなければならない、全国学力・学習状況調査でよい成績を残させなければならない、などの考えが例として考えられるでしょう。

・静かに活動をしているのではなく、お互いに話し合っている子どもたちを引き離すとき。
・準備ができていないと思って、クイズで生徒を驚かせようとするとき。
・テストの問題でわざと混乱させて、だまそうとするとき。
・教材について、すぐに理解できない生徒を排除するために無理な期待をして、授業を開始しようとするとき。

教師としての私たちの仕事は、彼らが意味のある作業と意味のない作業との違いを見極められるように手助けすることです。決して欠点を探すのではなく、可能性を見いだすことなのです。

［参考文献187］

大学一年生のとき私は、微分積分の講義を履修するための授業登録をしました。高校生のころは、微分積分がとてもよくできました。その授業が好きだったこと、少なくとも先生のことが好きだったことを私は覚えています。その先生は、私が数学に対してかなりよい感情をもっているとと思っていたことでしょう。

しかし、大学における微分積分の授業は、教材こそ割り当てられていましたが、「教えられた」とはとても言えないものでした。先生を務めたのは工学系の大学院生で、たいていの場合、誰かが質問をすると怒り出していました。このようなことによって伝えられるメッセージは、学生が教材を理解することが難しかった場合、悪いのは学生であって決して先生ではない、というものになります。

数学が得意だと思っていた私でさえ、「悪いのは私だ」ということをすぐに信じるようになりました。この先生の目標は、すでに知識をもっている優秀な学生たちから知識を引き出すことであって、私たちに何かを教えることではないということに気づきました。私は「先生の敵」であり、自然科学というものからすぐに排除されてしまいました。一つだけ確かなことは、私が数学を嫌いになっていた、ということです。

好奇心を活用する方法 10　すべてが面白い

このエクササイズでは、生徒は特定のテーマと関連するもの（何でもいいです）を見つけて、その結果をクラスに紹介することが求められます。バカげたテーマであればあるほど、そして一見すると退屈に見えるテーマであればあるほど、そのテーマと何かの間につながりをつくることが生徒にとっては刺激的なものとなります。

まず、テーマとなりそうな「人」、「場所」、または「モノ」のリストを生徒に考えてもらいます。テーマは、実際に取り組んでいる授業と関連づけるようにします。たとえば、イギリスとアフリカのブール人が争ったボーア戦争（一八九九年〜一九〇二年）などの歴史的な出来事、分配法則などの幾何学の定理、または婉曲などといった文学的表現から選択することができます。

その後、個々の生徒またはグループは、自由にそのテーマを面白くし、示唆に富むさまざまな方法で全員に紹介していきます。バカげたことやユーモアを付け加えることによって、聞いているほかの生徒を、テーマとはほとんど関係しないような思考の流れに引き込むことも可能となります。

新しいアイディアにリンクする練習だと思ってください。このエクササイズは、興味のある人であれば、どんな教科や学問分野でも、いつでも何かにつながるものを見つけることができるということを生徒に示しています。

《まとめ》

- モチベーションがなければ何も学べない。
- 子どもたちは内発的な動機であふれている。
- 報酬、賞賛、監視などの善意に基づく外部からの影響によって、内発的動機づけが損なわれることがある。
- 内発的な動機は、ある程度の自由、学習の決定権、自信がなければ維持することが難しい。

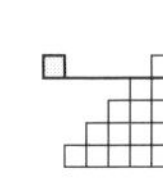

成長マインドセットを促進する

賢くいることよりも、賢くなろうとすることのほうがよい。

（キャロル・ドゥエック）［参考文献76］

学びは認知能力（知能）だけでなく、それに気づいているかどうかは別にして、私たちがもっている学びや認知能力についての考え方にも依存しています［参考文献76］。内発的動機づけが可能な環境をつくり出すための方法は、子どもに成長マインドセットを発達させるようにすることです。「成長マインドセット」とは、自分の能力が時間とともに変化し、学習者の努力が結果に大きく影響するという考え方です。一方、「固定マインドセット」とは、人は変化したり超越したりすることのできない、特定の能力や知能のレベルを生まれつきもっているという考え方のことを言います。

特定の信念と、それが動機づけや学習にどのように影響するかについての画期的な研究として、発達科学者が幼稚園児たちに、人形や小道具を使った一連のロールプレイを実施するように求めたものがあります。そのなかのいくつかの事例において、子どもたちがミスを犯してしまったというものがあります（ブロックの片づけがかなり適当であったり、レゴブロックで窓のない家を建てたりしていました）。

次に彼らは、教師から個人に向けられたフィードバック「すべてのブロックが曲がって、めちゃくちゃになっています。私は、あなたにとても失望しています」か、行ったプロセスに向けられたフィードバック「すべてのブロックが曲がっていて、めちゃくちゃになっています。別の方法を考えてみてはどうでしょうか？」の、どちらかを受けました。

その結果、プロセスに向けられたフィードバックを受けた子どもたちは、もう一度やりたいと希望する傾向がはるかに強く、やり続けることがよい選択肢であると感じていました。また彼らは、さらなる努力や新しい方法を必要とする建設的な解決策をも生み出しています。たとえば、「時間をかけたら、もっとうまくできるかもしれない」、あるいは「それを分解して、窓と一緒にまた組み立てるつもりだよ」というような発言がありました。［参考文献142］

一方、個人に向けられたフィードバックを受けたグループの子どもたちに「次に何をしたいか」と尋ねたところ、次もきっと失敗する、と彼らは思い込んでいたのです。これらの子どもたちは、批判を個人的に受け止め、自分自身に限界を感じてしまったような反応をしたわけです。たとえば、「失敗した人形に何をすべきか」と尋ねられたときの典型的な反応として、「彼女は泣いて寝るべきだ」とか「罰として、彼はしばらく隔離されるべきです」などがありました。

前述した賞賛に関する研究で見たように、子どもたちに対する「きみは賢いね」というような個人に向けられたポジティブな評価でさえ、固定マインドセットを促進してしまうことになるのです。「知的だ」または「才能がある」と言われた子どもたちは、障害にぶつかると無力になってしまい、失敗によって彼らの内発的動機づけを急落させてしまうのです。このような子どもたちの場合は、「もし失敗したら、結局、自分はそんなに賢くないんだ」と考えるかもしれません。

〔参考文献200〕

一方、何かに失敗する以前から、「あなたは本当に一生懸命努力したようね」と聞かされてきた子どもたちは、内発的動機づけを損なうことがありませんでした。能力は進化し、成功は勤勉、努力および練習から生じ、挑戦は楽しく、そして改善のための方法は必要なときに容易に考え出すことができる、と信じる傾向が彼らにありました。

子どものマインドセットは、早ければ一歳から三歳の間にできます。ある研究では、才能ではなく努力の面で賞賛された幼児の場合、八歳になったとき、困難な課題から学ぼうとする成長マインドセットをもつ子どもに成長した、と報告されています。[11]〔参考文献119〕

---

(11)　しかし、学校においては、学年とともに成長マインドセットの占める割合が低下するという研究結果も出ています。その驚くべき数字に興味のある方は、pro.workshop@gmail.com 宛にメールをください。

神経科学の研究においても同じパターンを支持しています。固定と成長のマインドセットをもつ生徒たちが非常に難しい試験を受けたとき、彼らの努力に対する脳の電気信号（ＥＲＰ＝事象関連電位）が異なっていたのです。とくに、成長マインドセットをもつ生徒は、フィードバック後の再試行ではより多くの注意力を発揮し、抜き打ちで行われた再試験において誤りを訂正するといった傾向が高かったのです。つまり、成長マインドセットは、ミスしたことに対して意識的に注意を促す脳信号とも関連していたということです。［参考文献176、198］

もちろん、マインドセットは教師にも影響を与えます。ロサンゼルスのガーフィールド高校は、ロサンゼルス史上最悪の学校という評価を受けてきました。燃え尽きた教師やしらけた生徒を目にするといったことは、ごく普通の出来事でした。しかし、数学教師であるハイメ・エスカランテ先生の成長マインドセットが、彼自身にこの問題を歓迎すべき挑戦と捉えさせ、効果的なアプローチにつなげたのです。

彼は生徒たちに、「教えてもいいですか？」と言う代わりに、「どのようにしたら教えることができますか？」と尋ね、「生徒たちは学ぶことができるのか？」ではなく「どのようにすれば生徒たちは一番よく学べるのか？」と考えました。そして、大学レベルの微分積分をクラス全員に教えて、生徒たちを数学の全国チャートに導いたのです。AP課程(12)の微分積分のテストに合格した公立学校はわずか三校で、二校は数学と科学のエリート校でした。［参考文献76］

シカゴ市内の教師であるマーバ・コリンズ先生も、精彩を欠いた二年生のクラスで同じようなことを行いました。生徒の多くは「学業遅進」や「情緒障害」というレッテルを貼られ、少なくとも一学年分に相当する学習が遅れていました。コリンズ先生は、ハードルを下げる代わりに、自分の成長マインドセットを生徒たちに適用しました。つまり、挑戦を受け入れる気があれば、その生徒もほかの生徒も学ぶことができるという考え方を伝えたのです。

すると、年度末までに彼らは五年生の読解レベルに達し、アリストテレス、イソップ、トルストイ、シェイクスピア、ポー、フロスト、そしてディキンソンについて気軽に議論するまでになったのです。［参考文献76］

目を見張るような研究もあります。研究者たちが、年度初めに教師のマインドセットを評価しました。学習に対する固定マインドセットをもっている教師たち、つまり「教師としての私は、生徒の知的能力に影響を及ぼさない」または「生徒の成績は、ほぼ年間を通して一定である」という考えをもつ教師のクラスは、成績の低い生徒は全員が低いままで、成績の高い生徒は全員が高いままその年度を終えましたが、成長マインドセットをもっていて、「すべての生徒は能力を

(12)　アメリカの非営利団体であるカレッジボードが提供するもので、Advanced Placement の頭文字をとったものです。アメリカの高校において、能力の高い生徒のために大学一年次相当の科目を開講し、定められた試験に合格すると大学入学後に単位として認められるというシステムになっています。

発達させることができる」とか「誰も落ちこぼれなんかにさせない」などの言葉を信じていた教師のクラスでは、成績の低い生徒と高い生徒の両方ともが最高の成績評価を得て、その年度を終えていたのです。［参考文献76］

《まとめ》

・生徒は、自分の内発的動機づけを維持するためにエンパワーされていると感じなければならない。
・教師は、すべての教室で好奇心を大切にしなければならない。
・学習者としての自分についての考え方は、彼らの内発的動機づけと成績に深い影響を与える。
・教師の考え方やマインドセットは、生徒の学習能力に影響を与える可能性が高い。

好奇心を活用する方法 11 努力とプロセスのみを評価する

教室における学びの文化を、外部から押しつけられた成績や評価項目から好奇心や内発的動機づけへとシフトさせるために、努力やプロセスのみを評価するようなプロジェクトを試してみましょう。教育哲学者であるアルフィー・コーン（一〇三ページ参照）は、もし成績をつけなければならないのであれば、生徒には二つの選択肢だけを提供するようにと推奨しています。［参考文献151］

選択肢の一つは「A」であり、もう一つは「まだ終わっていない」というものです。その理由は、生徒はある概念をマスターしているか、もしくはまだ学習を終えていないかのどちらかとしか言えないから、となっています。

これと同じ考えで、生徒の能力がどの程度発揮されているのかを含めて、努力の質と学習プロセスに基づいて生徒の作業を評価することができます。たとえば、社会を変えた発明について六年生が研究プロジェクトを行っていたとします。生徒たちは、プロジェクトの完成に至るまでの計画を書いたバインダーを作成することができるでしょう。また彼らは、テーマの設定、資料の収集、アウトラインの作成、引用、執筆など、研究プロセスにおける各段階での目標を設定することもできます。

そしてあなたは、彼らの学習ガイドとして、それぞれ目標が完了したときに彼らと顔を突き合わせ、これまでのプロセスについて議論をすることになります。そのテーマは、彼らが想像していたことよりもどのような点がより簡単だったのか、または逆に、より難しかったのかというようなものになります。

その後、各段階で対象範囲を広げたり狭めたりするためのアイディアを書き留めたり、長所を強調したり、努力やプロセスを高める方法を提案したりするのです。これらによってあなたは、生徒たちが読んで分かりやすい評価を書くことができます。

失敗を受け入れる

失敗は、ある意味では成功への直行路であり、何が間違っているかを発見するたびに、何が真実であるかを熱心に探すようになる。（ジョン・キーツ）(13)

失敗を犯すことは学びの重要な部分となります。創造性、変化、イノベーションはすべて、失敗なくしては不可能なものです。失敗をすることによって、新たな角度から、より詳細な状況を知ることができるからです。

あまり耳にしないことですが、クリエイティブな天才であるアルバート・アインシュタイン（Albert Einstein, 1879～1955）やレオナルド・ダ・ヴィンチ（Leonardo da Vinci, 1452～1519）のような人たちは、実際には驚くべき失敗率を示していました。実際のところ、クリエイティブな天才たちが、ほかの誰よりも成功率が高いという証拠はどこにもありません。彼らを際立たせているのは、何度も試みていたという事実です。

野球を例にすれば、天才と言われる人は単純に、ボールに向かってより多くのスイングを繰り返しているだけです［参考文献273］。当然のことながら、成長マインドセットをもつ学習者は失敗を期待する傾向が強いのです。彼らは、失敗をもう一度トライするチャンスと考え、失敗から学ぶ可能性が高くなっています。［参考文献75］

失敗したり、失敗を予期したりすることは、子どもに教育のオウナーシップをもたせるための重要な要素となります。私の六歳になる息子のアレクセイが自転車の乗り方を練習していたとき、私たちは彼に、「バランスが取れるようになる前に、少なくとも一〇回は転ぶことを覚悟しておいたほうがいいよ」と言いました。これを予期していた彼は、転ぶたびに、目標に一歩近づいていると感じていました。

予想される失敗がスケジュールに組み込まれていると、失敗は自分の成果のような位置づけになります。ある数学の先生が次のように述べています。

（13）（John Keats, 1795～1821）イギリスのロマン主義の詩人です。上記の引用と関係する記事が、https://thegiverisreborn.blogspot.com/2019/12/blog-post_4.html で読めます。

私は、ミスや間違いがすべて探究過程の一部だと信じています。数学をパターンの勉強として教えている私は、パターンを見つけたと思ったら、次のステップはそれをテストすることになります。そして必然的に、多くの「うまくいかないもの」を見つけることになりますが、それは失敗ではなく、プロセスの一部でしかありません。

とくに数学では、正しい答えが一つだけある（そして、それを見つけるための正しい方法も一つだけある）と教えられると思います。これは危険な考え方だと思いますし、数学を遊ぶことのできる楽しいものだと言って子どもたちを納得させるためにはとても長い時間がかかるでしょう。

彼らが探究的な考え方を受け入れるようになれば、私たちは数学的思考に焦点を当てるためのより良いテストや質問をすることができます。「間違い」が、単により良い方向を示す道路標識になるのです(14)。

間違いを犯すことを恐れない生徒は、自らの思考にリスクを負い、物事に疑問をもち、純粋に好奇心をもち、内発的に動機づけられたままの状態でいます［参考文献151］。教師にとって、間違いは生徒の思考過程を覗くための窓となります。生徒を見て、すぐに修正しようとする衝動を抑えることができれば、学習プロセスを促進することができます。内発的動機づけの足場づくりに

は、生徒に失敗を経験させるだけでなく、失敗を学習の過程のなかに組み込む必要があります。経験豊富な教師ほど、生徒の間違いをよく観察するものです。そのような教師は、努力はしたものの、結果として失敗してしまったという生徒を励ますことになります。

スタンフォード大学教授のボブ・サットン（Bob Sutton）は、「エラーが発生することによってより深い学習プロセスへの扉が開かれる」［参考文献273］と言っています。「私は、毎回異なる間違いをしているのか？　それとも、私は同じ罠にはまり続けているのか？」と自問し、何が悪かったのかを検証するのではなく、うまくいくための方法を検証しなければならないのです。

九年生に数学を教えているマリーナ・イサコウィッツ先生は、数学の授業での間違いは歓迎すべきものである、と生徒たちに教えています。まず、彼女は次のように言います。

「あなたたちは、多くの時間とエネルギーを費やして、人生の大部分で教えられてきた学び方を忘れなくてはなりません」（すべてのことに正解したいと思うことや、先生を喜ばせたいと思うことです）［参考文献249］

こんな彼女でさえ、生徒たちが頑張っている姿を見ると、パフォーマンスに対する根深い偏見

---

(14)　この数学を探究＝問題解決の過程と捉えた教え方が丁寧に紹介されている本として『教科書では学べない数学的思考』がありますので、参考にしてください。

に直面することになります。彼女は、間違いを犯したり、チャンスを得たりするための安全な場所として教室を設計することを目的として、生徒たちに対して、「私は、あなたたちを追い込むような環境をつくることになります。それをじっと見守ることは私にとっても難しいことですが、だからといって介入して手助けするつもりはありません」［参考文献249］と言っています。

このような文章を読むと、彼女がきちんと仕事をしていないように思えるかもしれませんが、実際はその逆です。優れた教師は、学習の仕組みをよく理解しているので、全体像を把握することができる「ガイド」と言えるでしょう。

イサコウィッツ先生は、生徒の前に出て説明したり、教えたりすることを我慢して、生徒たちが自ら成し遂げられることを信頼して、見守る必要がありました。そして、その環境は、ある能力を定められた順序で学ばなければならないことや、次の内容に進む前にあることを完全に理解しておかなければならないといったことなど、以前まで考えていた数学教育についてのあり方を彼女自身も忘れなければならないことを意味していました。［参考文献249］

もちろん、学習者を育てることの最終目標は、学習者が逞（たくま）しくなることです。学んだことを理解し、発見し、質問し、分かるようになるというプロセスを、さまざまな状況で適用できるようになることです。今の時代は予測不可能なので、逞しくなるためには、間違いに対応するための方法を学び、経験する必要があります。これは脆弱さの対極にあるもので、哲学的エッセイストのナシム・タレブ（Nassim Nicholas Taleb）が「反脆弱性」〔参考文献274〕と呼ぶものです。

このような反脆弱性をもつ人たちは、レジリエンス（回復する力）以上にストレスから受ける利益を獲得することができます。どうなるのか分からないような営みの結果として成長や成功が生まれるため、間違いを好むということです。

タレブは、過度に体系化、構造化された学校のカリキュラムと教育方法が、子どもたちの反脆弱性を弱体化させていると考えています。それによる影響として、教室内で培われた学びが教室の外に出ていかないということがあります。

学校教育においては、子どもの学習や生活に対する自然な愛情を犠牲にして、親や教師が操作をし、過剰なコントロールをしているのです。しかし、それ以上に、（間違ってしまうというような）リスクを排除しようとする生徒たちは、好奇心や不思議に思う気持ちをもった存在であるという自然な状態から遠ざかりつつあると言えます。タレブによると、その代償として私たちは、さまざまなルールに基づいた既存の学校教育システムに縛られ、またそのルールを忠実に守るような人たちを育ててしまっているということです。

このようなシステムやルールに適応させられた学習者は、何も考えることなくカリキュラムを飲み込むことになってしまいます。彼らは、豪華なマシンでトレーニングするだけの重量挙げの選手のようになり、自然界にある石を持ち上げることができないのです。

事前に決められた教科のテストでは高い成績を取ることができるのにもかかわらず、自らの好奇心に従うことができない学習者の場合は、現実の複雑さに直面すると非常に脆くなってしまうという傾向があります。曖昧さを処理するための訓練をまったく受けていないために、「コンピューターのようになる」と表現することもできますが、それよりは速度が遅く、劣ったものになってしまうのです。〔参考文献274〕

私たちは、子どもたちを真の知的思考へと導いていかなければなりません。それは目的のない時間と試行錯誤から生まれるものであり、教室内外の偶然性から生まれるものです。子どもが学ぶためには、間違い、混乱、冒険、不確実性、自己発見、そしてもちろん、内発的動機づけが必要だということです。

好奇心を活用する方法 12 正解したものだけをマークする

三年生の教師であるパオラ・ヴェラスケス先生は、宿題を確認するとき、子どもたちが正しく答えた問題だけに印をつけ、間違った答えはそのままの状態にして残しておきます。子どもたちは、提出した宿題が返されると熱心に目を通し、自分の考えを振り返り、間違えたことを理解しようとします。

ヴェラスケス先生が取っている方法には、メタ認知能力を養うという副産物があります。生徒たちには、促されなくても間違った問題を修正して、宿題を再提出するという傾向があるのです。何が間違っているのかを丁寧に示すことから何が正しいかを示すことに焦点を移すだけで、生徒たちの意識は完全に変わっていきました。

メタ認知の促進

メタ認知とは、自分自身の思考について考え、理解する能力のことです。たとえば、算数・数学の問題を解いているとき、思考プロセスについて声に出して話したり、慎重な意思決定をするためのステップを明らかにしたりすることです。［参考文献71］

学習している自分自身を理解して知ることは、新しい、そして興味深い方法に関心を広げるための強力なツールとなります。生徒は、自分自身や自らの能力に関する考え方から一歩外に踏み出すようになり、自らがそのような考え方を練り直す名人であると理解します。そして、生徒自身の期待、感情、動機、行動に影響を与えることができるようになるのです。

メタ認知は、好奇心に満ちた教室の重要な構成要素です。生徒が自分の思考をコントロールする方法を学ぶと、より自立的な学習者になることができます。ある研究では、生徒に目標を設定するように求めるとパフォーマンスと参加率が向上し、自主性が高まったことが証明されています。具体的には、学期の中盤に行われた授業での活動について特定の目標を立て、それに全力を注ぎました。このような営みは、彼らの意識をパフォーマンスの効果に向けるようになり、授業への参加とパフォーマンスを著しく改善することにつながりました。［参考文献207］

好奇心を活用する方法 13 第三者による振り返り

物語、文学、映画、歴史物語を教材として生徒が使用している場合、学期を通してジャーナルをつけ続けるように指示するとよいでしょう。生徒は、読書をしたときに考えたことをジャーナルに記録し、振り返る必要があります。私は生徒たちに、読んだ作品と自分たちの人生が交差したことについて書くように言っています。

作品と自分が交差したこととは、たとえば『シャーロットのおくりもの』（さくまゆみこ訳、あすなろ書房、二〇〇一年）のウィルバーのように、傷つけられたり、誤解されたりしたと感じたことや、『ジェーン・エア』（大久保康雄訳、新潮文庫、一九五三年）でヒロインのジェーン・エアがしたように、予想外にも衝撃的なことを発見したときのようなことです。(15)

ホルデン・コールフィールド(16)がしたように偽物のように振る舞う人や、ジェイ・ギャツビー(17)のように仲間を感動させようとする人を見たことがありますか？　また、トム・ジョードのように、非倫理的な行動に立ち向かわなければならなかったことがありますか？　これらのキャラクターが逆境や好機に対処してきた方法から、どのような考察が得られましたか？

そして、学期の中盤には、自分のジャーナルを自己評価して、ジャーナルを文学そのもののように扱います。生徒たちは、「作者（自分のこと）」と自分の考察についてコメントを加えるという振り返りを書くことになります。

・この作者は、特定の問題や考えに取り組んでいるように思えますか？
・この作者は、何にもっとも興味がありますか？
・作者は、特定の性質を発見しているように見えますか？

また、生徒たちは、ジャーナルの作者（自分！）がどのように執筆のプロセスを処理したのかについてもコメントをすることになります。

・彼は、自分の考えを明確にするのに苦労しましたか？
・その課題を真剣に受け止めていますか？
・新しい考えを発見するプロセスを楽しんでいますか？

(15)　J・D・サリンジャーの小説『ライ麦畑でつかまえて』の主人公です。
(16)　F・スコット・フィッツジェラルドの小説『グレート・ギャツビー』に登場する人物です。
(17)　ジョン・スタインベックの小説『怒りの葡萄』の主人公です。

生徒がクリティカルな耳とクリティカルな声を発達させはじめると、思考の作者として、自分自身を分析することが非常に価値のあることに気づきます。実際、私の生徒は、最初は少しぎこちなかったのですが、第三者として自分自身のことを書くことは非常に強力なメタ認知活動であり、自分自身がどのように取り組み、学んだのかという重要な理解について明らかになる、と報告しています。(18)

コントロールの放棄

ある日、テキサス州オースティンの高校で物理と数学を教えていたアダム・ホルマン先生は、自分が教えようとしていた概念を生徒たちが理解していなかったということにようやく気づきました。そして、彼らに情報を押しつけようとすることに対しても、同じくうんざりしていることに気づいたのです。そこで、指導方法を全面的に変えることにしました。

まず、生徒たちは、ほかの生徒とホルマン先生を十分に信頼して、自分たちの弱点や脆弱性を共有し、物理や数学に対する彼らの誤解を明確にし、学習のなかで混乱した際にはそれを認めるというところからはじめることになりました。多くの時間をかけてホルマン先生は、学習の仕組みについて語り、アイスブレーキングやゲームを使って信頼関係を構築しました。彼は生徒たちに、どんなに時間をかけてもいいので、教材で学んだこと、そしてその授業でうまくいったことは何かということを示すように言いました。［参考文献250］

成績評価の方針も変え、ハンズオン（体験）学習に切り替えたことで、生徒たちが先生を信頼し、尊敬しているということがホルマン先生に伝わるようになりました。そして、生徒たちは、挑戦することに突き進みはじめたのです。

「あのとき生徒たちは、ただ解放されて、大人のように扱われるのを待っていただけだと思います」［参考文献250］

ある調査研究では、生徒自身がコントロールできるように権利を与えることで、より良い学習につながるということが確認されています。小学二年生のある教室では、先生が算数の教科書とご褒美をあげるという制度をやめ、生徒たちが教室内を動き回って自ら主導する活動をしたり、グループをつくったり、問題に対する独自の解決策を考え出せるようにしたところ、概念の基本的な理解に加えて高度な推論スキルまで身につけました。［参考文献303］

高校における化学の授業では、明確な指示なしに生徒たちが問題を解決するための方法を自分

---

(18)　五七ページの訳注（９）を参照ください。

たちで決めて実験を行ったとき、何をすべきかを正確に教えられた生徒たちよりもより良く実験を再現し、より深くその内容を理解しました。そして、その生徒たちは、自らの手で実験を行ったという事実に大きな誇りを感じることになったのです。［参考文献229］

生徒をコントロールするという権利を手放すためには、教師の考え方を飛躍的に変える必要があります。教師のなかには、生徒をコントロールしないという進歩的なアプローチが時間を浪費し、詰め込みすぎとなっているカリキュラムのすべてがカバーできないのではないかと心配している人がいます［参考文献250］。また、ほかの教師は、生徒たちにカリキュラムを選択させたい、あるいは運営させたいと主張しつつも、生徒たちの判断では難しいと思っているかもしれません。

生徒に学習のテーマや方法を選択する裁量がなくても、教師は生徒に授業の枠組みをつくらせることでコントロールの一部を放棄することができ、(19)生徒に裁量を与えることができるのです。たとえば、高校における英語の授業では、スタンダードを満たす小説と簡単な説明リストを作成します。授業においてどの本を読むのか、生徒に投票させてみましょう。さらによいのは、その学期において焦点を当てる三冊の小説を生徒が選ぶことです。大人向けの小説を選んだ生徒や、SF小説を選んだ生徒で構成された学習グループをつくることもできるでしょう。あなたは、その生徒たちと顔を突き合わせて議論したり、一緒に評価したりすることだってできるのです。(20)

カリキュラムがより厳密に規定されている場合は、なぜその科目が選択されたのかについて考えてもらうこともできます。どれほどの人やグループが、その科目を重要だと考えているでしょうか？　テーマのどの部分を掘り下げるかについては、生徒に決定してもらいます。すべての単元において、その科目についてすでに知っていることと知りたいことについて話すように伝えることからはじめるということです。［参考文献150］

好奇心を活用する方法 14　論文の枠組みを自由にする

オーガスタナ大学（イリノイ州）の教授であるローラ・グリーンによると、彼女の知的生活は、大学三年生のときに彼女自身がもった疑問に対して即答を求められる代わりに、『ジェーン・エア』についての論文を書かざるを得なかったところからはじまったと言います。

それまで彼女は、教師が求めているものを正確に理解し、それを実現するということについて異常なほど敏感であったため、学校では大きな成功を収めていました。しかし、文章を書く際に忖度すべきことなどはないということに気づくと、彼女は突然、疑問に対して自分を満足させる答えを出すことに興味をもつようになったのです。つまり、彼女が受けてきた教育経験のなかで、

(19)　日本においては学習指導要領と読み替えてよいでしょう。

(20)　ここで紹介されている事例は、日本では国語での実践ということになりますが、絵本や詩などを使えば英語での実践も可能です。『教科書をハックする』が参考になります。

初めて自分自身の学習に関心をもったわけです。そして、その後、世界が変わったのです。［参考文献115］

よく考え、よく書く子どもにするためには、周りの世界で起きている現実に強い関心をもってもらうことが必要です。一番よいのは、生徒が自分の興味のあることについて書くことです[(21)]。しかし、ほとんどの場合、教師はその逆のことを行い、制限的な文章の枠組みを割り当て、子どもの声の自然な美しさ、個性、活力を殺してしまっているのです[(22)]。［参考文献287］

子ども自身がほとんど考えたこともなく、話すこともほとんどないようなテーマを与えることほど、子どもの思考にとって有害なものはありません。私の担当する大学一年生も、当初は論文に書くトピックが明らかにされるとき、自分が本当に気にかけていることを自由に書いてよいのだということに気づくまで怖がっていました。自由に書くことによって、書く際に気をつける要点や、ひいては学校に対する考え方も変化することでしょう[(23)]。

もし、生徒自身の疑問やテーマを展開できるように指導し、何に興味をもっているのかについて再発見する機会を生徒に与えると、彼らの本質的な学習意欲が目覚め、過去を振り返ることがなくなります。

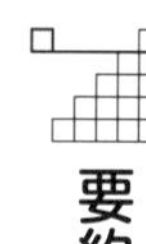

要約

学校に入学するとき子どもたちは好奇心と学習意欲に満ちていますが、この内発的動機づけは、締め切り、成績、テストという絶えることのない監視と評価が行われることによって押しつぶされてしまうという危険にさらされています。賞賛されることでさえ、好奇心にマイナスの影響を与えることがあるのです。賞賛されると、学習者は外からの目に意識を向けてしまい、時には過剰な自意識をもつことになるからです。

---

(21)　一人ひとりが自分の書きたいことを書きたい方法で書けるようにしているのが『ライティング・ワークショップ』と、その日本版の『作家の時間』です。

(22)　ただし、「枠組み作文」と呼ばれるものや俳句などは、制限があることによって書きやすさや創造性を生みますし、どのような言葉を選ぼうかと、言葉と向き合うことにつながります。

(23)　ここで示されている事柄は、大学や論文という場・状況でなくても当てはまるでしょう。訳者の一人である池田は、高校時代、国語の説明的文章に関する論述問題では筆者の言葉だけを使って答えなければいけないと思い込んで苦しんでいました。しかし、「自分で文意を捉え直し、文脈から離れない程度で自由に自分の言葉で論じてみては」と国語の先生に言われ、「それでよいのか！」と衝撃を受けました。生徒たちは、「こうあるべき」という固定概念にとらわれ、何かしらに忖度してしまっているのではないかと、常に考えなければなりません。

他方、学習者に自らの興味を実現に導く力が与えられ、それが尊重されているときや、問題を解決するためのアイディアを考え出したとき、そして彼らが犯した間違いから学ぶということが許されたとき、彼らの内発的動機づけは著しく増加します。同じく、生徒たちに好奇心をもたせ続けたいのであれば、成長マインドセットを促進する必要があります。

成長マインドセットとは、挑戦は楽しいものであり、能力は時間とともに成長し進化していくものであり、努力と練習、そして学習のプロセスが結果よりも重要であるという考え方です。成長マインドセットをもった教師は、問題の解決策を探究するといった自由を生徒に与え、挫折に直面しても、より逞(たくま)しく、成績のよい生徒を育てることになります。

第４章

想像力・創造力を強化する

アリスは笑いだしました。「考え直す必要なんかないわ。だれだって、ありそうもないことは信じられませんもの。人間はありえないことは信じられないものですもの。」「それはまだおけいこをつんでないからですよ。」と女王が言いました。「わたしがおまえさんの年ごろには、毎日三十分も練習したものですよ。そうよ、日によっては朝ごはん前に、かっきり六つもありそうもないことを信じたくらいなものだったわ。」[1]

（ルイス・キャロル）［参考文献45］

（1）原文では『不思議の国のアリス』とありますが、この引用は『鏡の国のアリス』（ルイス・キャロル作、生野幸吉訳、福音館書店、一九七二年、九六ページ）にあるものです。

私たちの想像力が可能性を思い描かせてくれます。想像力は、私たちの感覚によって直接経験できる、できないにかかわらず、新しいアイディアを試したり、形成したりすることを可能にします。想像力は、私たちのあらゆる創造的な行動の基盤であり、私たちがつくったり、変えたり、思い描いたり、組み合わせたりするものです。つまり、想像力は、芸術から科学、技術革新に至るまで、すべての知的生活の根底にあるものと言えます。

五八ページで前掲した発達心理学者のレフ・ヴィゴツキーがかつて述べたように、「人間の手によって創られた人間文化の全世界は、自然の世界とは異なり、人間の想像力の産物であり、この想像力に基づく創造の産物である」〔参考文献287〕ということなのです。

子どもたちの人生は、幻想的で、ありえないことが起きるような物語（映画、ゲーム、テレビ番組、童話など）において顕著に表れる特徴で満ちています。たとえば、子ども向けの本には、話したり、服を着たり、車を運転したり、人間と同じく葛藤する動物などが多く登場します。人気のある子ども向けのシリーズなどで、毛皮や羽を持っている「友だち」が登場しない作品を見つけることは難しいでしょう。

年少の子どもたちが野生動物と親しくなったり、挨拶やお茶の誘いを待っていたりすることは広く知られています。その思考体系に応じて大人は、さまざまな方法を駆使して想像力豊かな子どもたちに反応します。ヒンドゥー教徒の両親であれば、目には見えない友だちが精神面の現れであり、子どもの前世への入り口であると信じているかもしれません。彼らは空想上の世界への参加を真剣な活動と考えており、子どものころから積極的にそれを奨励する傾向があります。

一方、メノナイト(2)の家族であれば、子どもの空想を、成長を阻害しかねない、怠惰に起因する時間の無駄だと見なしています。その結果、メノナイトの両親の場合、空想や魔法、神話などの本を子どもに読ませることをためらいます。同様に、キリスト教原理主義者の両親も、想像上の友だちや妖精や魔女といったキャラクターについては否定的な態度を示しており、こうした想像を欺きや悪魔と同一視することがあります［参考文献276］。

子どもの娯楽がどのように認識されているのかにかかわらず、一つ確かなことは、子どもがいるところならばどこでも、遊びと想像力、空想と創造性があるということです［参考文献107］。これらは、子どもたち固有の好奇心の確実な現れと言えます。

クロケット・ジョンソンの絵本『はろるどと　むらさきの　くれよん』［参考文献139］（岸田衿子訳、文化出版局、一九七二年）は、子どもが行う想像の旅に関する縮図です。

しばらく考えにふけっていたは﹅ろ﹅る﹅ど﹅が、月夜のなかを散歩しようと決めたときに想像の旅ははじまります。彼は、紫のクレヨンを使って月と小道を描きますが、描いた線があまりに真っ直

（2）キリスト教アナバプテストの教派で、絶対平和主義を掲げています。

ぐ伸びすぎるとはろるどは小道から外れて、野原を横切る近道を通り抜けます。その近道をどんどん行くと、森があればいいなと思う場所にたどり着きますが、道に迷いたくないはろるどは、リンゴの木でいっぱいの、とても小さな森を描きます。さらに、砂浜を想像して描き足したところでピクニックのことを思い出し、お腹が空きはじめます。

そこで彼は簡単なピクニックでのランチを描きましたが、パイしかありません。しかし、ありがたいことに、自分が一番好きな九種類のパイをすべて描きました。はろるどは、ほかの子どもたちと同じように、想像力を使って、自分自身が開拓した世界のなかで創造し、経験し、学んだのです。

想像力の発達

幼児は、一八か月という早い段階から空想上の遊びをはじめます。子どもの発達に関する専門家であるジャン・ピアジェ（Jean Piaget, 1896~1980）が述べたように、想像力は真似をすることから生まれます［参考文献219］。まず、赤ちゃんは、周囲の世界を体験するときに反射神経を使います。光のほうに首を傾けたり、顔を見つめたり、音や身振りに反応したりします。その後、彼らの行動はより意図的なものとなり、音の真似をしてみたり、親の表情を真似てみたり、ちょっとした会話のような動作をするようになります。

好奇心と動機づけの助けを借りて、真似はより複雑で象徴的な遊びへと発展していきます。幼児になると、バナナを使って電話をかける真似をしたり、スプーンの代わりに棒を使って人形にご飯を食べさせたりします。〔参考文献260〕

子どもたちの想像力は、世界のありのままを理解することを助けると同時に、蓄積された経験、確立された道筋、よく知られた現実をも超越してしまう巨大な可能性のなかで解き放たれることになります〔参考文献116〕。とくに二歳から三歳の間に子どもたちは、箱からイメージを膨らませ、これは家だ、これはパソコンだ、これは犬の檻だなどと想像することでしょう。また、おもちゃを使って既知の動作やバリエーションを再現することもあるでしょう（ソファーの車を運転したり、ぬいぐるみの犬を散歩させたりすることがこれに該当します）。

三歳になる私の甥（レオ）が訪ねてきたとき、彼は自分の父親に電話をしたがりました。受話器を取って、レオは静かに会話をはじめたかのように見えましたが、実際に会話として成立しているような言葉はありませんでした。しかし、毎日目にしている電話に関係するすべての行動（ダイヤルをする、電話を耳に当てる、声のトーンを上げ下げする、話すのを一時やめて聞くことに徹する）をはじめたのです。驚くことに彼は、母親の真似をして、ひそひそとささやくような会話までしていました。

子どもたちは段階的に計画を立てるようになり、真似をするという「ごっこ遊び」の複雑さが徐々に増していきます。複雑な「ごっこ遊び」ですが、話し言葉によるものであれば、いろいろな出来事が織り交ぜられた物語の創作にもつながります〔参考文献69〕。四歳から五歳くらいになると、想像をめぐらせている子どもたちであればバケツに泥を詰めて、それがバースデーケーキであるかのように装い、その上にロウソクを置くことでしょう。もちろん、これは本物のケーキではなく遊んでいる泥であることは分かっているのですが、想像上の友だちの誕生日パーティーにはふさわしいケーキとなるのです。

「ごっこ遊び」の面白いところは、現実のルールを理解していながら、現実を置き去りにすることができるということです。現実から離れて空想に移ることは一つの選択肢となりますが、一方で制限のある選択肢ともなります。

また、文化のルールや物理の法則は、何かのふりをするような状況であっても守られているという傾向があります。たとえば、『はろるどと　むらさきの　くれよん』の主人公は、水に浮かんでいる森やドアで覆われた超高層ビルは描きませんでした。子どもたちは、ままごとのコップで想像上のジュースを飲むようなふりをしたり、立ったまま寝ているふりをしたりするような「ごっこ遊び」はしません(3)。つまり、子どもたちは空想と現実の違いを見分けるための冷静さを維持しているということです。もし、ケースの中に鉛筆が入っていると想像していたとしても、

本物の鉛筆を探している人に空のケースを子どもがわたすことはありません。［参考文献302］

ある研究によると、顔が描かれた立方体を使った「ごっこ遊び」を幼稚園児が拒否したという事例があります。その子どもたちは、立方体は何かモノをつくるためのものだから、赤ちゃんがままごと遊びをするような扱い方はできないのだ、と言っています。［参考文献69］

私の娘であるソニアは、もっとも愛されている人形のベイビー・グーグー(4)を、あらゆるところで家族の一員として扱っています。彼女はグーグーに話しかけ、それに答えるように裏声でグーグーの声を出します。彼女は、グーグーと一緒に食事をしたり、服を着たり、寝たりしています。

彼女は、仕事で出かけるふりをするとき、私たちにベビーシッターをして欲しいと頼んできます。私が「グーグーは疲れていたり、興奮しているかもしれないね」と言うと、すぐにソニアは、「ママ、グーグーは現実じゃないのよ」と答えるのです。

想像力は、直接的な経験なしに子どもの知識を広げる一つの方法と言えます。子どもは空想を使って、世界を探究したり(5)、操作したりできるくらいの単位に分解し、最終的にはその理解を自らの生活におけるスキーマに組み込むのです。［参考文献69］

---

(3)　逆に、このような「制限」を解き放つことが、創作活動の可能性として挙げられるでしょう。

(4)　アメリカの子ども向け番組に登場する、あまり話すことができない、象のような見た目をした女の子のキャラクターです。サーカスのパフォーマーという設定です。

想像力が好奇心を支える

想像上のロールプレイングは洗練された認知的な能力です。それには、ほかの「俳優」たちとリアルタイムで計画を立てたり、役にふさわしい声やアクションをつくったり、自分が演じるキャラクターの考えや感情を想像したりすることなどが含まれています［参考文献36］。それゆえ、想像力に富んだ子どもは優れた認知的発達と学問的成功を示すのです。

一つには、空想的な遊びは個人内での会話を促進させてくれます。これは学習の恩恵とも言えるものです。何かのふりをしながら子どもは行動を計画し、指示し、自らの感情を確認し、注意を促すために大声で話します。そして、時間とともにその内なる声は内面化され、思考に変わっていきます［参考文献175］。要するに、自分のなかで会話ができる子どもは問題解決能力に長けているということです。

ある研究でのことですが、三歳児に対して、赤い光が点灯したときにボタンを押して、青い光が点灯したときにはボタンを押さないようにと指示しました。このように制限が設けられた課題は、子どもたちにとっては非常に難しいものとなりました。彼らは、目にした光の色にかかわらず、ボタンを押すという衝動を止めることができなかったのです。

このあと子どもたちは、明かりがついたら「押す」もしくは「押さない」と自分に言い聞かせるように指示されました。すると、成績が急上昇したのです〔参考文献175〕。想像上のシナリオで遊んでいる間、子どもたちは、それを実行するために必要とされる決定と手順に関して、自らと会話をするような個人内での会話に多くの時間を費やすということです。

想像力を働かせて遊ぶということは語彙力の発達にも貢献します。遊びながら子どもたちは、たくさんの言葉を試してみることができます。

「まず、これを行います」、「これはいかがですか」、あるいは泥だらけの誕生日パーティーを計画するときに発する、「まずケーキをつくってから歌います」、「パン屋でつくってみるのはどう？」、「いや、あなたは家でケーキをつくって、別の誰かにパン屋からケーキを持ってきてもらうのはどう？」といった会話は、ほかの「俳優」と計画したり、架空のキャラクターの声を出したりするなどを含む、ロールプレイに参加するといった複雑なコミュニケーションの操作と言えます。〔参考文献260〕

ドラマのような遊びをたくさんした四歳の子どもは、その遊びをしなかった同じ年齢の子どもに比べると、より高度な語彙を発達させていたという研究結果も発表されています。彼らの話し

（５）その人の頭の中にある物事の筋書きや枠組みについての知識のことです。

言葉には、より複雑な文章の構造が含まれていたのです。〔参考文献164〕

何かの真似をして遊ぶということは、子どもの語彙を増やすことに加えて、柔軟性をつけるうえにおいても優れた練習となります。遊びに必要なものを子どもがもっていない場合は、はろるどが水を横断するためのボートを必要としたときのように、何か別のもので代用することができるのです。はろるどが、ちょうどよいタイミングで必要なものを一つ描いたようにです。〔参考文献139、260〕

一年生と二年生で想像力をたくさん使い、空想的な遊びをたくさん行った子どもたちの場合、一一年生と一二年生の段階において拡散的思考を測定したとき、高いスコアを示しました〔参考文献245〕(6)。拡散的思考は、二一世紀において成功するための、もっとも望ましいスキルとして挙げられています。〔参考文献213〕

子どもたちは「ごっこ遊び」によって新しい情報（たとえば、今までに出会ったことのないものの名前や、それらによってできること）を学び、その知識を次の状況に適用するようになります〔参考文献131〕。そして、想像力豊かな遊びでは、もし別の出来事が起こったら世界がどうなるかを子どもたちは考えることになります。たとえば、ロールプレイによって四歳のソニアは、もし自分が最初に生まれてアレクセイ（兄）の姉となっていたら、私たちの家族がどのような状態になっているのかについて思い描くことができるのです（彼女はいつも競争に負けて兄の考えに従わなければならないので、彼女にとっては、このような仮定はとてもエキサイティングなものとなります！）。

研究によると、想像力は子どもたちが世界のモデルをつくり、現実とそれらのモデルを比較することによって結果を予測し、計画することを可能にします。「もし、私たちが火星に移住したらどうなるか？」または「もし、私たちがツリーハウスに住んでいたら？」というような仮定は、問題を解決したり、動作を予測したりするためのシミュレーションとして想像できるシナリオとなります。［参考文献290］

想像力を使って子どもたちは、他人の視点に立って考えを理解することができるのです。一例を挙げると、物語をロールプレイするときには、物語の複雑さを理解し、内容をより正確に記憶することができるとされています［参考文献179］。言い換えれば、空想的な遊びをすることで、子どもたちは新しい現実に対する感覚を日常の経験に統合することができるようになるということです。［参考文献32］

（6）すでに知っている情報から新たなものを生み出す思考の側面のことを言います。ブレインストーミングは、それを可能にするとてもよい方法です。

想像力の社会的感情的効果

非常に幼いころから、多くの空想、ごっこ遊び、想像力豊かな活動に参加した子どもであれば、自分の感情をよりうまく調整し、何かに共感をすることができます〔参考文献264〕。ある研究によると、想像力豊かな遊びのなかで、ほかの人のふりをする（父親や教師の役を演じる）ものが含まれていた未就学児は、そのような遊びをしない子どもに比べると他人の感情理解に長けていたとされています〔参考文献277〕。上手に何か／誰かのふりができる子どもは、他人の考えや感情を推測し、予測することがより上手であるということです。〔参考文献251〕

『カルヴィン&ホッブス』という古典的な漫画(7)を見ると私たちは、カルヴィンが学校で経験する日々の出来事を確認することができます。

まず彼は、牛の檻の中を移動し、次にベルトコンベヤーに乗せられ、瓶が通過していくように彼の頭はノコギリで切られ、緑色の液体で満たされます。次にカルヴィンは、ハムスターの滑車の上で息をしようとあえぎ、囚人服の格好で枕木を打ちつけ、ロボットかオウムのように何かを繰り返して歩き、立方体の穴に収まるように叩きつけられ、水中から魚のように空気を吸い込みます。そして最後、学校の授業が終わると、カルヴィンはようやく想像の世界へと逃れます。彼は、空想上だけで生きているぬいぐるみのホッブス（トラ）と一緒に丘を下っていくことで、学校での負担に立ち向かっているのです。［参考文献289］

困難な状況が生じたとき、子どもたちは必要な逃げ道として「ごっこ遊び」をよく行います。想像力が発達した子どもは、より効果的な方法で自らの問題に対処します［参考文献105］。子どもが不安感を理解するために「ごっこ遊び」をすると、突然、その不安をコントロールするようにもなります。

ある実験において研究者たちは、幼稚園における三歳児の初日の様子を観察しました。もっとも高いレベルの不安を示していた子どもたちには、物語を聞くか、ドラマのような遊びを自由にするといった選択肢が与えられました。すると、自由に遊ぶことを選択した子どもたちは、物語を聞いたグループよりもはるかに不安を軽減したのです。彼らの遊び自体も驚くほど想像力に富んだものとなり、葛藤を解消するメカニズムとして、創造的なはけ口を使っていたことが示されていました。［参考文献13］

「ごっこ遊び」においては、適応性のある側面の一つとして自己制御（克己心（こっきしん））ないしセルフコン

（７）アメリカで一九八五年から一九九五年まで連載されていた、ビル・ワターソンによる新聞連載漫画です。日本語でも『カルヴィン＆ホッブス』（かなもり・しょうじ訳、大和出版、二〇〇四年）のタイトルで翻訳書が出ています。

トロール）があります。子どもたちが一緒に遊んでいるとき、ある子どもが邪魔になると、ほかの子どもは一緒に遊びたがらないといった傾向があります。しかし、子どもたちは、遊ぶためには協力して助け合わなければならないことを学び、共有しなければなりません。これは、社会的な行動における遊びの重要な機能となります。想像力豊かな遊びをすることで、子どもたちはすぐに、自分は不正をすることができない、自分は公平でなければならない、そして隣人を慎重に考慮しなければならないことなどを知るのです。

ルールをないがしろにする子どもたちは排除されてしまいます。それゆえ、想像力の豊かな子どもたちはより協力的になる傾向があります。彼らはより良く分かち合い、お互いをより助け合います。要するに、自己の感覚や道徳観を発達させはじめるのです。［参考文献260］

作家のヨハン・ヴォルフガング・フォン・ゲーテ（Johann Wolfgang von Goethe, 1749～1832）、レフ・トルストイ（一一〇ページ参照）、ブロンテ姉妹などがそうですが、賞賛される作家、科学者、発明家、社会貢献者はすべて、子どものころに絶えず想像し、遊び続けていました。［参考文献239］

大人も、想像上、空想上の考えから恩恵を受けています。古典的な研究では、豊かな空想生活を報告した成人は、想像力が乏しいと報告された成人よりも、強迫的な行動に対してうまくコントロールすることができていました。具体的には、ダイナミックな想像力をもつ人たちは、まったく焦らずにものを書くことができたり、インタビューされるために待機している間も落ち着いており、静かに部屋に座っていることができていました。要するに、衝動的な行動や思考を容易に抑制することができたということです。［参考文献181］

子どもたちの想像力の重要性を決して過小評価してはいけません。想像力は、効果的で、満足のいく、創造的な大人になるための道を切り拓くものです。「教育の主たる目標が将来に備えるために、子どもたちの行動を指導することである以上、想像力の発達と発揮は、この目標を達成するための主要な力の一つでなければならない」［参考文献287］のです。言い換えれば、想像力は好奇心に満ちた教室の最前線にあるものだ、ということです。

《まとめ》

- 想像力は、すべての創造性とイノベーションの根底にある。
- 想像の世界に参加することは、子どもの発達のために重要な営みである。
- 想像力は、直接的な経験を必要とせずに生徒の知識を広げることができる。

（８）シャーロット・ブロンテ（Charlotte Brontë, 1816～1855）、エミリ・ブロンテ（Emily Brontë, 1818～1848）、アン・ブロンテ（Anne Brontë, 1820～1849）のことです。

・想像力の豊かな子どもは、個人内での会話、語彙、計画立案、視点取得、柔軟性など多くの認知領域を成長させることができる。
・想像力の豊かな子どもは、感情の調整、対処、および制御に優れている。

想像する

想像力を使って学習体験を想像することができると、パフォーマンス自体を向上させることができます。素晴らしいスピーチを聴衆に届けるといったあなたの姿を想像するとき、心と脳で行っている行為はスピーチを練習している場合と同じかもしれません。研究によると、特定の行動をしている自分をイメージすると、実際にそれを成功させる可能性が高くなるとされています。

人間の脳は、物事を積極的に経験すること、そして学習したいことと「ほとんど同じような」経験をすることによって、素早く効率的に学習するように進化してきました。つまり、学習すべきものを手に入れるためには、直接何かをする必要はないということです。

人間が社会的に高度な生物であるという理由の一つとして、人間を取り巻いているものから学ぶことができるというものがあります。例を挙げるなら、バスケットボールのフリースローを放つこと［参考文献225］、体操のルーティンを習得すること［参考文献224］、ゴルフで難しいショットを打つこと［参考文献262］などの領域においてコーチは、選手を指導するときにイメージトレーニングをさせることによって大きな成功を収めています。新しい研究では、脳は動きを想像するだけで筋肉を鍛え、増強することもできるとされています。

ある洗練された実験を紹介しましょう。片腕の筋肉を鍛えることを想像しただけの生徒が、関連する筋肉群の筋力を有意に増加させていました。筋力に関連する脳の電位を測定したところ、彼らのメンタルトレーニングはフィジカルトレーニングと何ら変わらないことが証明されたのです。［参考文献230］

別の驚くべき研究では、ピアノを演奏したことがない二つのグループが、片手で弾けるメロディーについて簡単なレッスンを受けました。一つ目のグループは、ピアノを使って一日二時間、五日間にわたってそのメロディーの練習をしました。二つ目のグループは、自分がピアノの練習をしている姿をできるだけ正確に視覚化して、想像するだけでした。その結果、両グループの脳とも、指の動きに関連した脳の領域において構造的な変化を示したのです。また、想像していただけのグループのピアノ演奏能力も飛躍的に向上していました。［参考文献214］

これらの研究は、想像力が学習に大きな力をもっていることを示しています。想像力は生徒たちのなかで活用され、普段彼らが行っている教室の活動においても使われるべきなのです。

好奇心を活用する方法 15 世界を想像する

生徒たちは想像力を働かせて、複雑な話題を理解するために「ごっこ遊び」の世界に入ることができます。その方法の一つが「IEPC」と呼ばれるもので、これは想像する（Imagine）、練り上げる（Elaborate）、予測する（Predict）、確かめる（Confirm）の頭文字をとったものです。この方法は、画像が鮮明に添えられている場合、生徒が新しい教材をより簡単に学習できるという事実を利用したものです。［参考文献279］

ある中学校の先生は、食物連鎖や生態系について示した例が、生徒たちにまったく定着していないことを発見しました。そして、生徒たちに植物、動物、生態的地位を組み合わせた独自の仮想生態系をつくるように指示したことで、ようやく生徒たちはその概念を本当に理解することができたのです。仮想世界のなかでの関係性をマスターすれば、彼らは簡単に、現実世界の生態系がどのようになっているのかという理解へと飛躍することができるのです。［参考文献264］

私の同僚で、心理学者、人類学者のリチャード・ジマーが大学の講義で同じ方法を使いました。市民と社会が機能するために必要な構造について学ぶための足場づくりとして、彼は学生に対して火星を示しました。一（いち）から人間の居住地を開発できる場を学生たちが用意し、その学期を費やして、「想像」と「創造」に取り組めるようにしたわけです。

毎年、学生たちは前年のグループが思い描いた想像上の社会を土台として、その上に重ねていくという形で社会を築いていきました。このような経験によって、都市計画、教育制度、市民参加、法律、公共サービスなどとともに社会的責任といった面の複雑さを理解しようとする際、学生たちは実践的な架空のモデルをそれに反映させることができました。

より良く理解するために、現実世界の状況をモデル化して体験するといった多くの新しいシミュレーションゲームがあります。たとえば、「進化─知的生命のゲーム（Evolution：The Game of Intelligent Life）」というゲームでは、プレイヤーは環境や進化に対する動物の適応を導き、コントロールすることになります。また、「第三世界の農民（3rd World Farmer）」というゲームでは、プレイヤーが政治家の汚職、乏しい資源、自然災害という困難のなかで、どのように農家としてうまくやっていけるかを決定していきます。さらに「ウルフ・クエスト（Wolf Quest）」というゲームでは、プレイヤーはオオカミとしてイエローストーン国立公園に棲むということがどのようなものなのかについて学ぶことができます。そして、「エレクトロ・シティ（ElectroCity）」というゲームでは、プレイヤーがエネルギーと環境への影響という観点から自分たちの町を建設し、管理することになります。

これら以外にも、最高裁判所のある判事は、プレイヤーが実際の裁判を調査し、議論しなければならない「最高裁（Supreme Decision）」と呼ばれるゲームをシリーズで開発しています。

ストーリーテリング

与えられた星。私たちがつくる星座。つまり、星は宇宙に存在しますが、星座とは星の間に描く想像上の線であり、空がくれた読み物であり、私たちが語る物語なのです。

（レベッカ・ソルニット）[9]［参考文献265］

ストーリーテリング[10]は、人類の言葉のはじまりから続く、古くて身近な伝統技法です。教室におけるストーリーテリングは、想像力が活発になる活動となり、好奇心に満ちた教室にすること、また学習を向上させることに貢献します。物語は、それだけでは生徒に教えることができません。つまり、読み手が協力しなければならないのです。教師の仕事は、その協力関係をつくりあげ、読み手にとって意味のあるストーリーへと導き、そして読み手をそのストーリーに引き込むこととなります。［参考文献93］

興味への足場づくりに関する重要な要素の一つは、生徒が自分自身の個人的な、または身近なこととの関連性を見つける行為を授業において支援することです。それは、小説、映画、絵画における私たちの経験についても言えます。つまり、芸術や知的な追求は人々がそれらに共感できる範囲でのみ有効、というよりも、その範囲でのみ行われるのです。

小説の主人公は、私たちの姿をささやかな形で表現しようとしています。私たちは、彼らの痛みや勝利を感じ、作家が発見した、複雑でほとんど説明することができない微妙な人間の感情を具体的に表現するために用いた方法を読んで安心するのです。そして、最終的には、私たちはその特定の感情を経験し、説明することができるようになるのです。

ちなみに、神経科学者で中学校教師でもあるジュディー・ウィリス（Judy Willis）は、生徒を動機づけるためには、脳のドーパミンを利用しなければならないことを示しています。そして、それは何よりも生徒自身の興味によって活発になると言っています。

ウィリスは、中学生が数学に興味をもつためには、数学そのものが生徒たちに関係することでなければならないことを発見しました［参考文献299］。それが理由で、科学者の間では「研究は自分を探すことである」という表現が使われているのです。

私たちは、自分固有のものでありながらも、共有することができる経験については無限の興味をもっています。繰り返しになりますが、すべての動機づけの基礎は自分自身の生存なのです。

（9）（Rebecca Solnit, 1961～）環境問題や人権問題に取り組んでいることで知られるアメリカの作家です。
（10）語り手が、物語を聞き手に語ることです。

私たちの生徒はどこにいて、何に興味があるのでしょうか？　生徒たちに、自分が何者であるかという追究をさせ、彼らに知識を駆り立てることによってのみ、私たちはその問いの答えを知ることができます。

カナダ人の神経科学者であるレイモンド・マー（Raymond Mar）と、彼の勤務先であるヨーク大学の研究チームは、ストーリーテリングが脳に及ぼす影響を研究しています。最近、彼らは人間の社会的関係に関する一〇〇件にも上る実験結果を比較しました。

これらの科学者たちは、他人の考え方を理解するときに活性化される脳のネットワークが、物語を読んだり聞いたりするときに使用する脳神経のネットワークと大きく重複していることを特定しました。ある意味、私たちが物語を読んだり聞いたりするときに脳は、それらを現実の社会的体験のシミュレーションとして扱っているということです。［参考文献177］

これに関連した研究でマーたちは、未就学児が読んだ本が多いほど他者の視点を理解する能力が高いことを発見しました［参考文献178］。子どもたちに本を読んだり、ストーリーテリングをしたり、何かのふりをする遊びを奨励したりすることは、すべて子どもの社会的理解や能力に影響を与えることになります。となると、私たちにも、子どもたちが話を聞けるようにするだけでなく、自分自身の合理性や社会的スキルを身につけられるようにするためにエンパワーする必要があるということになります。(11)［参考文献116、163］

好奇心を活用する方法 16 協力してつくり出す物語

年少の子どもたちは、フレーズを繰り返したり、キャラクターに反応したりすることで物語に参加することができます。モー・ウィレムズが書いた絵本に登場するハトが[12]「ねえ、バスを運転してもいいですか?」と聞くと、生徒たちは大声で答えます。生徒たちが雨音の跳ねるようなジェスチャーや効果音を加えると、彼らは想像上の物語に没頭します。

ストーリーウィーヴィング（物語を紡ぎ出すこと）は、想像力や物語を使って好奇心をかき立てるもう一つの方法となります。ストーリーウィーヴィングでは、ある一人（時々、先生が担うこともある）が物語を開始するのですが、バトンを回しながら子どもたちが創作を重ねていくのです。

前述したように、これは「Todays Meet」のようなソフトウェアを使ってチャットルームでも行うことができます（九二〜九三ページ参照）。私のクラスでは、詩を学ぶ際にこれを行ってい

（11）社会的想像力は、日本の授業ではまだほとんど顧みられていません。しかし、とても大切なことなので、『言葉を選ぶ、授業が変わる』と『オープニングマインド』をぜひ参照してください。また、ストーリーテリングの学校教育における具体的な実践例は『退屈な授業をぶっ飛ばせ！』の第3章でたくさん紹介されています。

（12）『ハトにうんてんさせないで。』モー・ウィレムズ作／中川ひろたか訳、ソニー・マガジンズ、二〇〇五年。

ます。並んでいる次の人が、詩や進行中の物語の一部だけしか確認できていないとき、それらがどのように展開していくのかを見るのはエキサイティングなこととなります。そのため、用紙を折りたたんで、最新の行以外をすべて見えないようにします。また、神話や人気のある物語を再現することも、複雑な授業を理解するためには効果的な方法となります。[参考文献264]

ロールプレイを考えることで、あなたの読んだ物語について感情的に生徒たちを結びつけることもできます。役を演じることでその生徒は登場人物になるのですが、それと同時に、複雑な一連の相互作用として、物語のなかで各俳優の役割に関して協力をし、理解することもできます。一例を挙げれば、アメリカの司法制度についてレポートを書くだけではなく、子どもたちに役割(たとえば、判事、陪審員、裁判所の執行官)を割り当てて研究をさせ、実際の法廷場面を用意すれば説得力のある対応ができるようになるということです。[参考文献257]

好奇心を活用する方法 17 算数・数学の物語

教育哲学者のキエラン・イーガン(Kieran Egan)は、あらゆる知識に関する領域は物語の形式を使って教えられる、と信じています[参考文献80]。より抽象化され、生徒の日常の考えや感情が取り除かれたテーマが増えれば増えるほど、その科目を理解するためには物語の形式が必要となります。

算数・数学の分野において、入門的で大きな文脈を提供してくれる物語がいくつかあります。『数の悪魔』（ハンス・マグヌス・エンツェンスベルガー／丘沢静也訳、晶文社、二〇〇〇年）のような本は、数字の歴史と数字の理論における歴史を探究するための出発点として使うことが十分に可能です。

整数、数字の感覚、数の数え方に関する算数・数学の授業においてイーガンは、教師の最初の仕事は、生徒たちに十進法のもつ（ほとんど魔法と言えるような）素晴らしさを伝えることだと提案しています。数学の巧みさを明らかにすると、数を数えるといった私たちが何気なく扱っていることが、生み出された驚くべき事実に関連させて捉えることができるようになります。

数の感覚と数の数え方の違いを示すためにイーガンは、「多くの動物は数の感覚をもっているが、数を数えることができるのは人間だけである」ということを示す科学的な知見から学習をはじめることを提案しています。

たとえば、スズメバチの一種であるトックリバチは、雌が雄よりもはるかに大きいのです。母バチはどの幼虫が雄に成長し、どの幼虫が雌に成長するのかを知っており、雌の幼虫に与える餌の量を二倍にしています。授業においては、次に示した農家の穀物の物語を話すことで、固有の数の感覚と、より複雑な学習をした数え方との区別をはっきりさせることができます。

カラスが農夫の穀物を食べていました。農夫は、カラスを撃つことに決めました。カラスは納屋に巣をつくりました。しかし、農夫が納屋に近づくと、カラスは飛び去りました。そして、農夫が納屋を出ると、カラスは飛んで戻ってきました。

カラスをだまそうと思った農夫は、友人を納屋に連れていきました。農夫は納屋にとどまって、友人だけが出ていきました。しかし、カラスはだまされず、農夫が出てくるまで木にとどまりました。

翌日、農夫は二人の友人を納屋に連れていき、同じように農夫は納屋にとどまって、二人の友人が出ていきました。しかし、カラスは、やはり農夫が出てくるまで待ってから巣に戻りました。

さらに翌日、農夫は三人の友人を連れていきましたが、結果は同じでした。

次に彼は四人、そしてその次には五人の友人を連れていきました。五人が出ていっても農夫はとどまっていました。ようやくカラスは巣に戻り、とうとう農夫はカラスを撃つことができました。［参考文献80］

カラスにおける数の感覚は私たちとほぼ同じで、数が5から6になると正確には区別できなくなるのです(13)。これについては、素早く手を開け閉めして、手に持っているビー玉の数を当てても

らうことをイメージすれば理解できるでしょう。数が少ないと分かるわけですが、ビー玉の数が五個か六個を超えると、数えるために複雑な能力が必要になるということです。数を数えるために人間が開発した方法自体が、魅力的な物語となっているのです。

創造する

創造性とは、知りたいと思うこと、深く掘り下げること、二度同じものを見ること、匂いを嗅ぐこと、猫の話を聞くこと、間違いを消すこと、中に入ること、外に出ること、ボールを持つこと、穴を開けて中を見ること、角を切ること、太陽に当てること、砂の城をつくること、自分のキーで歌うこと、明日と握手することをいうのです。

（エリス・ポール・トーランス(14)［参考文献282］）

---

(13)　なお、イーガンはのちにこの事例の数を、「7以上が分からなくなる」と変えています（『想像力を触発する教育——認知的道具を活かした授業づくり』キエラン・イーガン／高屋景一、佐柳光代訳、北大路書房、二〇一〇年、四四ページ）。

(14)　(Ellis Paul Torrance, 1915～2003) アメリカの心理学者です。

創造性とは、想像を行動に移すことです。それは、見識、アイディア、芸術、デザインの実体です。心理学において創造性を扱った先駆者であるフランク・バロン（Frank Barron）によると、創造性の要素は、パターンを認識し、つながりをもち、リスクを取り、仮定に挑戦し、チャンスを利用し、新しい方法で見ることとなります。〔参考文献16〕

創造性には、意思決定と行動を起こすための拡散的思考（しばしば、制限や批判の恐れがない環境でアイディアをブレインストーミングするという形で行われます）と収束的思考（事実の統合、要約、解釈）の両方が含まれます〔参考文献264〕。非常に創造的な人々は、両方のタイプの思考を整理することと、それらの切り替え時を知ることが得意です。〔参考文献37〕⑮

創造的でイノベーティブな人々は、アイディアを混ぜてリミックスします。彼らはパターンを見つけて、それを分析し、新しいものの見方を発見します〔参考文献163〕。たとえば、成功しているアーティストやイノベーターは、多くの場合、それらの分野を開拓して型を破る前にも、その分野における専門家だったのです。パブロ・ピカソ（Pablo Picasso, 1881〜1973）のように、荒々しく非現実的な形と色で世界の人々やモノの表現方法を考えた芸術家でさえ、スペインでもっとも重要とされている伝統的な美術学校において古典絵画の技法を習得していました。偉大な作品や発見の歴史をたどると、ほとんどの場合、それらの作品や発見はそれまでに蓄積された膨大な経験によるものと言えるのです。〔参考文献287〕

子どもたちの学習（大人になってからの学習も）を支援するために私たちができる最善のことは、できるだけ多くの、多様で直感的な体験を提供することです。正規の教育について考えるとき、創造性の向上に向けた強固な基盤を築くためには、私たちが生徒に提供する経験の種類を広げる必要があります。

子どもたちが見て、聞いて、経験すればするほど可能性が広がっていきます。生徒たちのレパートリーのなかに、現実的な体験としての要素が多ければ多いほど、彼らの想像力はより豊かなものになります［参考文献287］。そして、元気で生き生きとした子どもたちの想像力が高まれば高まるほど、心の中にある事実が新しい組み合わせになっていく過程を見つけることになります。要するに、フレームワーク（枠組み）が新しい意味や新しい感情的色彩の獲得へとつながるのです。たとえば、物理、数学、歴史は、想像的な成長から切り離して学ぶべき学問ではありません。想像力はこれらの分野において成長しなければならないものですし、それによって子どもが手にする世界に関する理解は、豊かで意味のあるものとなるのです。［参考文献81］

最近、私は四歳と六歳の子どもたちを「メイカーフェア」というイベントに連れていきました。これは、草の根的に広がっているもので、テクノロジーにあふれたＤＩＹをする人たちの相互交(16)

（15）音楽関係の文脈でよく使用される言葉です。すでにあるものを編集して、新しいものをつくり出すことです。

流的な催事であり、展示会でもあります。それは、まさに想像力の頂点とも言えるものです。そこでは、個人のガレージやイノベーションを共有する場所（「ハッカースペース」と呼ばれています）から来た愛好家や高校生、そしてエンジニアリング会社などがそれぞれ発明したものを見せ、一緒に何かをつくろうと私たちを誘っていました。

メイカーフェアでは、設計図や知識、道具を共有し、アイディアについて話し、可能性を探ったり試したりするなど、オープンソースの温かみのある文化をつくりあげていました。そこでの創造は非公式なものであり、仲間たちが主導して行い、楽しむことと、それを自己実現すること以外の目的では行われません。

子どもたちと私は、暗い倉庫の中、ネオンで光るナイロンを膨らませてつくられた珊瑚礁が広がる水中世界において、煙のように息を吐き出す巨大なドラゴンが通りすぎるのを見て一日を過ごしました。また、自転車を漕いでエレキギターのバンドに動力を供給したり、ビー玉ほどの大きさのロボットが白い砂の入ったトレーの上に仏教の曼荼羅をつくっている様子を観察したり、自転車の空気入れを使って紙ロケットを天井に打ち上げる様子を見ていました。

私たちが経験した創造的な体験の多くは、ほかの親子と一緒に藁のドームをつくったときと同じく自然発生的なものでした。それは、純粋にグループで共有された考えから湧き起こったことであり、計画したからといって生まれるようなものではありませんでした。

創造性を刺激するという点では、仮想体験は現実の経験ほど強力なものではありません［参考文献260］。テレビで芸をする動物を見るよりも、サーカスに行って実際の芸を見るほうが創造性にとってはずっと価値があり、刺激にもなります。

サーカスでは、大きな音を聞いたり、匂いを嗅いだり、ほかの人の反応を見たり、周辺の文化を観察したり、群衆の興奮を感じたり、綱渡りをしている動物に紐がついていないことを知ったり、実際に餌が与えられている様子を見ることができます。一方、テレビ、映画、ビデオゲームは、ストーリーの大部分があらかじめ決められているので、直感的な体験ほどは想像力を刺激しません。

テレビ画面などの前で子どもたちが長時間過ごすと、想像力を使って遊んだり、発揮したりする機会が少なくなります。そのような子どもたちは、物語をつくるといった練習が減ってしまっているので、複雑な物語をつくることができません。そして、画面を見たあとに続けて遊ぶとき、見たその物語を真似るといったことがよくあります。このような行為は、彼らがもっている独自の創造力を奪っていることになります。

---

(16)　日本でも開催されています。『作ることで学ぶ――Makerを育てる新しい教育のメソッド』を参照してください。とくに学校での応用については、『あなたの授業が子どもと世界を変える』や『学校図書館をハックする』を参照してください。

ある重要な調査研究では、一〇歳から一二歳の子どもたちがテレビやビデオのストーリーを見続けると、想像力の豊かな話をしたり、書いたりする能力が著しく阻害されることが明らかになっています［参考文献21］。優れた教師は、本物の体験を提供し、知識を蓄積し、創造性を日常的につくりあげる場をつくって、子どもたちの好奇心を導くという手助けを行っています(17)。

好奇心を活用する方法 18　見つけたものを使って何かをつくり出す

散歩に行って、何かモノを集めます。焦点をどこに向けるかにもよりますが、自然の中のアイテムを探したり、掃除をしているときにごみ箱の中で宝物を見つけたりすることができます。また、地元の製造会社に連絡して、余ったものをもらい受けるか、町のリサイクル・センターが運営している交換ショップに行ってみるのもよいでしょう。そして、生徒たちに、自分たちが何をつくりたいのかについて予備調査を促してみましょう。

彼らは、機械や彫刻をつくりたいと思っているかもしれません。発見したものだけに材料を制限すると、それらからつくられるものに驚くことでしょう。インスピレーションを得るために、www.makerfaire.com や www.burningman.org のような美術作品の展示や、身の周りで見つけられるオブジェを使ったプロジェクトを紹介しているウェブサイトに生徒たちを訪問させてみるのもよいでしょう。

「ボックス・シティー」をつくりましょう！　一九六九年、美術教師だったジニー・グレイブズ先生と夫で建築家のディーン・グレイブズは、ボックス・シティーに関する最初の授業計画を思いつきました。イノベーティブで学際的なこのプログラムでは、普通の段ボール箱（どんな大きさでも、形でもOK。実際に使われていたものを再利用することができます）を使って、地域計画や建築デザインの実地体験を生徒たちにさせることになります。

生徒たちは、段ボールから自分たちの建物をつくり、基本計画を使って、地理、経済、環境、歴史、そして多様な文化を考慮に入れながら、それらの箱を組み合わせて機能するコミュニティーをつくりあげました。そのプロセスにおけるすべてのステップを通じて生徒は、私たちが住んでいる環境を理解するようになります。ボックス・シティーでは、規制、協力、必要性、起業家精神がミックスされ、コミュニティーは有機的につくられますので、構築された実際のコミュニティーが発展するようにもなっています。

生徒は模擬的なタウンミーティングを開催し、開発者、地方自治体の関係者、地域の住民代表、

---

(17)　このようなことが日常的に起こっている具体的な事例として、『だれもが科学者になれる！』、『あなたの授業が子どもと世界を変える』、『教科書をハックする』（第8章）をご覧ください。

環境活動家など、都市計画の決定に関係するすべての人々の役割を演じることができます。ボックス・シティーが目標としていることは、どうにもならないという状態のまま放置するのではなく、市民がプロセスに参加することによってエンパワーされたと感じてもらえるようにすることです。ボックス・シティーをつくることは、普通の場合であれば単に壊され、捨てられるだけの箱を使った活動を通して、生徒たちが自らの行動に責任をもち、他人や自分自身のことを考えるための支援となります。

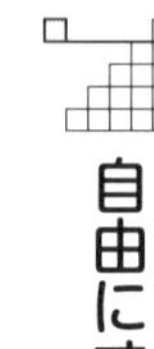

自由にする

子どもは創造する……秩序か無秩序か、混沌か調和か、美しさか醜さか、調和か暴力か。彼らは創造するのです。（デイビット・オアー[18]『第三の教師』［参考文献208］の序文より）

創造性を活性化させるには、「信じること」と「時間」が必要となります。スケジュールや枠組みから解放されることで想像力を広げることができます。空想は、創造的な目標を実現するうえで重要な役割を果たしています。なぜなら、集中と怠慢の間を行ったり来たりさせてくれるからです。［参考文献306］

同様に、創造的であるためには私たちは、積極的に気晴らしにふけるようにしなければなりません。創造性を活性化するための最良のアイディアは、「心の向くままにする」ことで生まれる場合が多いと言えます。

ある研究では、思考や課題に取り組んでいる最中ほど脳は活発に活動しているとされています。空想にふけっている人が、創造性を測るテストにおいて常に高いスコアを示すという事実は驚くことではありません〔参考文献261〕。作家や芸術家が、スケッチパッドやノートを持ち歩いているのはこのためです。彼らは、発生したり、驚いたりしたささいなことを書き留めたり、観察したりします。また、作曲家の場合であれば、夢から覚めた瞬間でさえ、頭の中に入ってくるメロディーを急いで書き留めようとします。みなさんご存じのシューベルト（Franz Peter Schubert, 1797～1828）は、バーのナプキンにメロディーを書いたほどです。ゆっくりと過ごすことに時間とエネルギーを投入することは、ほんの「はじまり」でしかないのです。〔参考文献144〕

心がリラックスすると、脳は静かで安らぎのある状態になります。大脳皮質の警戒的でクリティカルな思考から離れ、「アルファ波」と呼ばれる一種の電気信号を生成しはじめます。神経科学者は、この状態では、注意システムは私たちの内側に集中し、頭の中の静かな考えを聞くこと

（18）（David W. Orr, 1944～）環境教育などの分野で活躍するアメリカの研究者です。

ができるということを示しました。私たちの脳がアルファ波を生成しているとき、私たちは何かしらの見識を得る傾向があるということです〔参考文献154〕。そのため、静かに森の中を歩いたり、音楽にあわせてジョギングをしたり、温かいシャワーを浴びたりするとよいアイディアがたくさん出てくるのです。睡眠をとることでさえ、困難な問題に対する創造的な解決策を発見するためによい効果をもたらすことがあります。〔参考文献185〕

学習障害のある思春期の生徒たちと一緒に活動しているパティ・キーンは、きっとできないだろうなどと判断せず、創造性を奨励するために、「自分を書き手とは思えない人たちの創作グループ」という活動をはじめました。

キーンと三人の生徒たちは、自由時間の間、顔を突き合わせ、七分間瞑想し、七分間書き、その書いたものを読み（オプションとして、読まないという選択もできますが、そのオプションが使用されたことはありません）、気づいたことや感動したことに反応するといった活動を行いました。

その後、生徒たちと教師はそれぞれ一つずつ質問をしました。グループの全員（キーンを含む）が「書くことに障害を抱えている」と言われており、それが信じられていました。しかし、このように毎週、リラックスした空間で「ただ書いて」、その場に居合わせるという環境によって、深遠な詩や物語、エッセイ、そして韻を踏むといったことを彼らに促したのです。グループのメンバーはミーティングを続けることを選択し、「夏休みの間はSkype（スカイプ）を使ってミーティングができるか」と尋ねていました。

もし、私たちの人生や子どもの人生において暇な時間をすべて埋めようとしているならば、人間の創造性を信じていないということを意味することになります。一方、内発的動機づけを基本にしている学校での学習は、退屈や焦りを感じるときにこそ芽を出すような「種」を育てていると言うことができます。

生涯にわたって学び続ける学習者を目指す子どもたちに与えられるべき最大の贈り物は、リラックスするということを教えることです。これは、自分自身に焦点をあわせ、よりアルファ波の出る思考に身を投じる方法を確立することを意味します。実際、課題を次々に課したところで脳は、興味深い創造的なものが出現するような深い状態には到達しないのです。

好奇心を活用する方法 19　落書きをさせる

私たちの多くは、意識的であろうと無意識的であろうと、誰かの話などを聞いているときに落書きをします。落書きをするとリラックスできますが、それは同時に注意力と集中力を導くことになります。つまり、最適な覚醒レベルを維持し、目の前のすべきことに集中できるわけです。

最近の研究のなかに、ある女性が次のパーティーに誰が参加するのかについて長々と話しているボイスメールメッセージをグループの人々に聞くように求めたというものがあります。あるグループは、じっと座って話を聞くように指示されました。二つ目のグループは、それに耳を傾けながら落書きをしてもらいました。落書きをしたグループは直後に参加者の名前を挙げることができ、抜き打ちの記憶テストでは三〇パーセントも優秀な成績を収めました。[参考文献6]

授業中、生徒に落書きをさせてみてください。落書きノートを作成したり、話を聞いているときに落書きをさせることができます。落書きをしている間は何に注意していたのかについてよく考えてもらったり、落書きの内容を分析してもらいます。また、落書きの一つを発展させたり、それを向上するための付随的な芸術プロジェクトに展開することも可能です。さらに、落書きを組み合わせてクラスの壁画をつくることもできるでしょう。

即興で何かをする

疑わしいときは、自分を馬鹿にしてみなさい。素晴らしく創造的であることと、地球でもっとも愚かな者の振る舞いをすることとの間には、顕微鏡で見てやっと分かるくらいの線があるだけだ。そんな線があるから何だ。跳べ。(19)

（シンシア・ハイメル）

創造性が発揮されるためには自発的でなければなりません。最近の研究で、即興演奏中のジャズミュージシャンの脳を調べたというものがあります。彼らが発見したのは、自己表現とストーリーテリングに関連する脳の部位（「内側前頭前皮質」と呼ばれるところ）が即興演奏でも活性化されているということでした。まるで、ミュージシャンたちが自分たちの音楽で物語を語っているかのようでした！

物事を計画し、衝動をコントロールし、自分を愚か者にすることを妨げる脳の部分（背外側前頭前皮質）が即興で何かをするときには活性化されないという発見も、同様に説得力のあるものでした。一方、研究に参加したミュージシャンたちに、暗記メモリから正確な形で曲を演奏することを求めると、彼らの脳の衝動制御中枢が再び活性化されたと言います。［参考文献169］

どのような創造的な行為にも即興の要素があり、起こりうるすべてのことにオープンでなければなりません。それと同様に、熱心な学習者であることにもオープンさが必要です。質の高い教育で行われるすべての努力は、台本を学ぶのではなく、即興に近いと言うことができます。

生徒の創造性を育てるためにもっとも効果的な方法は、「よいお手本」になることです。子ど

(19)（Cynthia Heimel, 1947～2018）フェミニストのユーモア作家。この引用箇所は、一九八八年に刊行された『*But Enough About Me*』に記載されています。

もたちの創造性は、あなたが彼らに知識を伝えるときではなく、実際にしてみせるときに発達します。学生時代の一番記憶に残っている先生は、授業の内容を詰め込んだ人ではなく、知的なリスクを冒すことも自発的で、教室で頻繁に起きる、驚くような出来事に対応するような人ではなかったでしょうか。あなたが覚えている先生というのは、あなたの思考や行動のよい見本となった先生たちです。おそらくその人たちは、教育の内容をどのように考えるのか、また自らの想像力を使ってそれをどのように変形させるのかについて、教えることとの間でバランスを取っていたことでしょう。［参考文献268］

《まとめ》

・心と脳にとって、鮮明に想像することは実際に行うことと変わりがない。
・ストーリーテリングは古くからある非常に効果的な教育法であり、意味づけのテクニックである。
・物語を通して生徒は共感し、複雑さを理解するようになる。
・物語は、動機づけ、視点の獲得、理解を助けてくれる。
・創造性は、経験し、リスクを負い、物事を新しい方法で見ることから生まれる。
・生の経験は学習に重要である。

・構造化しないこと、自由にすること、リラックスすることで、創造的なアイディアが生まれる。

好奇心を活用する方法 20　どうしたらいいか教えて！

即興の創造性を解き放つための楽しい方法は、自分の世界の物事を新しい方法で見ることです。これは、「どうしたらいいか教えて！」という即興のゲームで行うことができます。幼い子どもたちは、自らの体を使って、「どうしたらいいか教えて！」という指示に反応することができます（例「靴ひもの結び方を教えて」、「新しい友だちにどのように挨拶するか教えて」など）。

小学校低学年くらいになると、さまざまな感情の経験という要素を取り入れることができます（例「甘いものの味を教えて」など）。その後、年長になると、より複雑な社会的・感情的反応に挑戦することができるようになります（例「仲間はずれにされた気持ちを教えて」、「恋に落ちる気持ちを教えて」、「からかわれる気持ちを教えて」など）。

これらの小さな寸劇は、クラスの前で静かに、あるいは言葉を使って行うことができます。それらは、個別に、またはペアで、あるいは小グループで行うこともできます。もちろん、練習をした洗練された形でも、その場で演じるといった形でも可能です。

好奇心を活用する方法 21 教室の創造的評議会

新しい思考やアイディアを生み出すための多様な専門的知識をもつ人々で構成される、仮想または実際の創造的評議会を教室につくります。創造的なつながりをつくるために広く配役を設定することは新しい考えではありません。トーマス・エジソン（Thomas Alva Edison, 1847～1931）は、まさにこのような理由から、人々を自分の創造的評議会に集めました。これは、多くの先見の明のあった人々や発明家、そして最近ではイノベーティブな企業によって実践されている手法なのです。

また、これは、私が教えるソノマ州立大学のハッチンス教養学部を設計したときの考え方でもあります。各教員は、異なる分野（社会学、文学、歴史、演劇、映画、人類学、心理学、哲学など）の専門知識をもっています。私たちが一緒になって学際的なテーマの講座を設計するとき、評議会のテーブルにいる多くの人々の視点が、コンセプトを思い描くための異なる方法を提供してくれるのです。

生徒たちに、過去と現在における先見の明のある人々、発明家たち、イノベーターたちで構成された創造的評議会のある教室を想像してもらいましょう。彼らは、支持したいマインドセットや立場を代表した人物となります。創造的評議会は、クラス全員が自分について学び、自らの長所を認識しているメンバーでいっぱいになるかもしれません。創造的評議会のメンバーになった人は、それ自体が学びとなります。おそらく、あるメンバーを擁護したり、特定の視点で必要な理由を論証したりすることでしょう。

創造的評議会のメンバーの一人を念頭に置いて、私たちはプロジェクトやアイディアについての新しい視点を確立するために、一連の質問や挑発をすることがあります。マリー・キュリー（Maria Salomea Skłodowska-Curie, 1867～1934）やトーマス・エジソン（Thomas Alva Edison, 1847～1931）、レオナルド・ダ・ヴィンチ（一二〇ページ参照）などといった創造的な先見の明のある人が部屋にいると想像してみてください。彼らの潜在的な反応や行動を想像したり調べたりすることで、彼らの知識を想像／創造的に活用することができます。

「〇〇〇は、どう思うだろうか？」、「〇〇〇は、この問題にどのように対処するだろうか？」、「〇〇〇は、私たちが何を忘れてしまい、その理由は何であると言うだろうか？」などの問いに対して新たな視点で貢献できるような奥深さと権威をもって答えるためには、創造的評議会のメンバーに対する理解を深める必要があります。また、創造的評議会のメンバーは私たちに精通している必要があり、彼らのマインドセットや仕事、そして生活への考え方とアプローチを知る必要があります。これらのよい見本に関してより深い知識を備えていれば、彼らが想像する指導性から何らかの見識を得ることができるかもしれません。［参考文献15］

要約

想像性と創造性は好奇心の表れです。想像力を使うことで、子どもは直接的な経験をすることなしに知識を得ることができます。遊びを通して、彼らは大きな概念をより小さな単位に分解し、それらを操作したり、探究したりすることができるのです。

空想上の遊びは、個人内の会話、語彙の発達、柔軟性、および自己制御を含む、学習のためのさまざまな機能を提供してくれます。直感的な創造的体験は、複数の感覚と脳のシステムを同時に活性化することになりますので、仮想の体験よりもはるかに学習に適しています。リラックスしている状態や空想している状態、即興で何かをしていたり、落書きをしていたりする状態であれば、脳の創造的な部分がもっとも活発になるのです。

要するに、物語は想像力を刺激するかぎり好奇心に満ちた教室にも貢献し、学習を促進することができるということです。喜びにかかわる脳の部分も、他人の視点を理解する脳の部分も、物語を聞くと活性化するのです。

第5章 質問することを支援する

心の中にある未解決のすべてに忍耐強く向き合いましょう。そして、問題そのものを愛するようにしましょう。……今すぐ問題に向き合うのです。今は解決策が分からないかもしれませんが、そうすれば、いつの日かきっと答えにたどり着くでしょう。

（ライナー・マリア・リルケ[1]『若い詩人への手紙』［参考文献235］）

質問することとは、好奇心に満ちた教室においてもっとも重要なことです。効果的でクリティカルな質問を育み、質問することを生徒に教えることは可能です。生徒たちが質問できるようにな

（1）（Rainer Maria Rilke, 1875～1926）オーストリアの詩人です。

るには教師の忍耐強さと信念が必要ですが、質問以上に生徒たちの考えていることを明らかにしてくれるものはありませんし、彼らの思考過程を変容させてくれるものもありません。

発達科学、認知科学、神経科学の研究によると、学習者にとっての絶対的で最良のシナリオは、単に教師の質問を考えてそれに取り組むだけでなく、好奇心をもち、自分自身の質問を育てることとなります。授業での思考を活かし、探究を促進し、問題解決への足場づくりをする方法は、できるかぎり多くの質問を生徒たちが考え出せるようにしていくことです。

「私たちの目標は、生徒たちが生涯にわたって学ぶための探究心と自立心を養うことです。この精神を生徒に育むために教師は、(2)思慮深い質問ができるようなよい質問者に生徒がなれるように、明確な探究の優先順位と思考の習慣を確立しておく必要があります」［参考文献240］

子どもたちの質問

質問は、「知らないこと」と「知りたいこと」からはじまります。ジャン・ピアジェ（一四〇ページ参照）は「知らない」と「知りたい」が混在した状態を「不均衡」と呼びました［参考文献219］。発達科学においてピアジェは、好奇心、探索、探究を駆動している心のスタンスへ子どもを導くものは、知らないことに対する不快感であるということを示しました。学習が、物事を探究し、意味づけをすることによって成り立っているのであれば、質問をすることは「学習に火をつけるもの」と言うことができます。

認知発達の特徴をよく表すものの一つとして、内面化される前に外に向けて表現されることによってスキルが身につくということがあります。その一例が、読むという行為を学ぶことです。私たちはまず、音とその組み合わせを学びます。次に単語を声に出して発音し、文章を声に出して読みはじめます。そうすればすべての過程を理解し、頭の中で静かに読めるようになります。

子どもたちは、自分の行動を計画するときも同じパターンで行っています。つまり、内的思考へと徐々に移行する前段階として、自己内発話（プライベート・スピーチ）を使ってある手順で自分自身に語りかけているのです（例「これをここに置けばいいんだよね」など）。同様に、好奇心と探究心をもつ人の反応は、時間が経過するにつれて即時的な反応から問いや探究へと移っていきます（たとえば、「今すぐこの陶器の花瓶に触りたい」という反応が少なくなり、「その磁器の見た目が好きです。どのようにしてつくったのでしょう。それは骨董品ですか？」という反応が増えるということです）。

（2）「思考の習慣」については、「Habits of Mind Central Park East Secondary School」と「Habits of Mind Coast and Kallick」で検索すると情報が得られます。訳者の一人である吉田は、とくに前者のほうが好きです。

好奇心が内面化されると、もはや直接、あるいは即座に何かを経験する必要がなくなります。そして、大人になると、ほかの状況、ほかの場所や時間、ほかの人々について不思議に思うようになっていきます。本を読んだり、ビデオを観たりすることによって新しい経験を想像することができ、世界は私たちに開かれ、探究することへと私たちを誘うようになるのです。

私たちは、子どもたちの膨大な質問能力に非常に慣れているので、何とも素晴らしい能力が組み合わされ、駆使されていることを当たり前のように思っています［参考文献163］。想像力について第4章で確認したように、質問することは幼児の感覚的な探究から生まれます。生まれつきの備わった反射行為が、何かを調べることを活性化するきっかけとなります。これが、より一般的な疑問につながり、それが物事をよく調べることにつながるのです。

子どもたちは、驚くほど好奇心が強い存在です。質問をすることは、脳が生まれながらに備えている能力と言えます。彼らにとっては、説明を求めることは食物や水を求めることと同じくらい、生きることと深く関係しているのです［参考文献110］。

子どもたちは、話せるようになる前に、身振り手振りを使って質問をします。肩をすくめたり、眉を上げたり、指をさしたりして、自分が興味をもっていることを周りの大人に伝えます［参考文献163］。話ができるようになったころから、子どもたちは会話のなかで問いかけるようになります。三歳から五歳の子どもが抱く疑問は、「よるごはんは、なに？」と考えることから宇宙の起源について尋ねることに至るまで、無限ともいえる範囲にわたっています。子どもは、自分の知らないことや理解できないこと、曖昧なことや矛盾していることに直面したときに、質問をすることで素早く情報を集め、世界について学び、差し迫った問題を解決するのです。［参考文献47］

子どもたちの疑問は、発達中の頭の働きを知るための手がかりとして記録され、研究されています。それらの研究の一つに、家庭にいる未就学児を対象にしたものがあります。一日中、録音機を設置したのですが、子どもたちは事実を求める質問と説明を求める質問を繰り返し、毎時間、平均で七六個の質問をしていたのです（母親がかわいそうになるほど、一時間に一四五個もの質問をした子どももいました！）。この結果をふまえて研究者たちは、「質問をすることは、子どもが子どもらしさを示す中心的な部分である」と結論づけました。［参考文献47］

好奇心を活用する方法 22　一〇〇個の質問をする

教室での話し合いの前に、あるテーマについて一〇〇個の質問を作成するように指示を出してみましょう。たとえば、あなたがロアルド・ダール（Roald Dahl, 1916～1990）の『チョコレート工場の秘密』（柳瀬尚紀訳、評論社、二〇〇五年新訳版）を読んでいるとき、生徒は次のように、物語の出来事に疑問をもつことからはじめるかもしれません。

「チャーリーの家族はどうしてあんなに貧乏だったの？」、「なぜ、ウィリー・ウォンカは工場を非公開にしていたの？」、「大人だけが金色のチケットを見つけていたらどうなったの？」

それから生徒たちは、「ウンパ・ルンパがルンパランドを恋しく思うことはなに？」、「もし、彼らが家に帰りたいとなったらどうなっただろう？」、「この話の教訓は何だろう？」というように、分析的な質問をするようになります。

二〇個や三〇個の質問が出てくるとアイディアが尽きて、とても創造的なものや極めて馬鹿馬鹿しいものが出てきたりもするでしょう。たとえば、「ほかの魔法の飴、たとえば永遠に舐め続けられるキャンディーのようなものがあったら何ができるかな？」などです。

子どもたちの質問が本当になくなったら、ほかの生徒とペアを組んで自分のリストと組み合わせ、どれだけ一〇〇個に近づけるかを試してもらいます。質問する習慣が増えれば増えるほど、子どもたちは心を伸び伸びとさせ、文章だけではなく、周りの人々にも質問するといったことに挑戦するようになるでしょう。

学校での質問

実際のところ、現代の教育方法が探究する神聖な好奇心をまだ完全に抑圧していないのは、まさに奇跡にほかならない。(3)

（アルバート・アインシュタイン）（一二〇ページ参照）

最近の研究では、学校はトップダウン型の組織であるため、学校に入学すると生徒が質問することをやめてしまうといったことが示唆されています。教師は、カリキュラムの案内や目標に向けた教育の一環として質問する傾向があります。そして、教育委員会は子どもたちに一連の枠組みを設け、その枠組みに必要な教育内容を盛り込むことが自らの責任であると考えています。そ(4)の結果、事前に決められた学習目標に達したかどうかを判断するためにテストを行うのです。(5)

当然のことながら、ほとんどの生徒は、質問をすることが教師の仕事であり、それに答えることが自分たちの仕事だと考えています。答えが正しければ、彼らは何かを学んだということになるのです［参考文献115］。しかし、欠けているのは、枠組み自体の探究、モノの見方、考え方、権力構造、そして何が問題であるかということに関する質問です(6)［参考文献206］。たとえば、次に示すものは、私の就学前の子どもと幼稚園児の子どもから生まれた枠組みを問う質問です。

（３）この引用箇所は、一九九五年に出版された『*The Essential Einstein*』に記載されています。

（４）アメリカでは休日の設定なども含め、公立学校の運営を任されるほど権利を与えられています。

（５）ここに書かれていることは、日本においては教育委員会よりも文部科学省のほうが強い責任をもっているでしょう。教育委員会は、基本的にその下請け的な役割を果たしており、学校や教師に至っては、ほとんど上からの指令に従っているだけとなっています。そうである必要はあるのでしょうか？

（６）これについてのよい質問が、『読書がさらに楽しくなるブッククラブ』（改訂増補版の八六ページ）で紹介されている「五つの考える視点」です。

「鳥は咳をする？」、「神が死んだらどうなる？」、「海を塩水にするというのは誰の考え？」、「歯で歯を噛むことはできる？」、「愛は血のようなもの？　愛を与えると、あなたの体が元気になるから」、「世界で一番重いものは何？」

発達心理学者のスーザン・エンゲル（Susan Engel）は、好奇心旺盛な未就学児が幼稚園に入園したときに起こったことに関して興味をもって調べました［参考文献85］。幼稚園に通い続けた彼女と彼女のチームは、園児たちがより多くのことを学ぶために質問をしたり、モノをいじったり、何かを開いてそれを見たり、興味のあることについてさらに学ぶためにジェスチャーを使ったりすることに気づきました。

幼稚園の教室では、好奇心に関するエピソードは、二時間の間に平均して二〜五回現れました。しかし、五年生になると自分で生み出した質問はなく、一回の訪問について平均〇〜二回のエピソードがあるくらいでした。言い換えれば、ほとんどの子どもたちは一つの質問もせず、何か新しいものを見つけるための活動にも参加していないという状態で、一日のうち七時間以上を学校で過ごしていたということです。［参考文献85］

子どもたちが質問をするのは自然なことですが、質問することをそのまま続けるかどうか、また子どもがもっている好奇心をどのように導いていくかについては、主に大人が子どもたちにどのように反応するのかによって左右されるということです。［参考文献267］

質問して探究する

私たちがもっている知識は質問の結果です。実際、質問することは、人間がもっているもっとも重要な知的ツールです。それならば、人間にとってもっとも大切な知的ツールを学校で教わらないということは不思議なことだと思いませんか？　繰り返します。人間にとってもっとも大切な知的ツールを、学校では教わっていないのです。[(7)]（ニール・ポストマン）

質問することは、さまざまなことに活用されていきます。さらなる議論の積み重ね、研究の促進、要約または振り返りの促進、集団的な知性への焦点化、集団が示す感情的な視点の創出、共有された文脈や共通認識の自覚、新しい知識への踏み台の提供、生徒の参加促進、会話の奨励、異なるコミュニケーション方法の提示、そしてコントロールする権利を生徒に譲ることによる主体的な行動に向けた手段の提供などです。これらの質問は、意味と知識を仲介するものとなります［参考文献197］。アルバート・アインシュタインは、かつて次のように述べました。

（7）『たった一つを変えるだけ』の二八ページを引用。一部変更。

「もし、問題を解決する時間が一時間あって、その解決策に人生がかかっているのだとしたら、私は最初の五五分間を適切な質問をするために使うでしょう(8)」

歴史上、先見の明のあった人たち(ジョナス・ソーク、ジェーン・グドール、スティーブ・ジョブズ、ヴァージニア・ウルフ、ピーター・ドラッカーなど)が、アインシュタインに似ている人物として挙げられます。彼らは、自分の見識を正しい質問をすることによって求めてきました。最近、ある研究者チームが、イノベーションと発見がいかに起きるのかについて理解しようとしました。彼らは、そのパターンを探すため、何百人にも上るテクノロジーの天才や発明家にインタビューを行いました。その結果は、これらの普通でない人たちには共通点がほとんどなかったのです。インタビューから浮かびあがった唯一の共通した特徴は、彼らのすべてが、素晴らしい質問をする能力に長けていたということでした。[参考文献77]

質問は、理解を可能にし、理解を反映するので、学習方法およびカリキュラムデザインの最前線に位置するものと言えます。生徒が発する質問は、生徒がすでにもっている考えの入り口ではありません。思考そのものの「種」なのです。哲学者のスコット・サミュエルソン(Scott Samuelson)も次のように述べています。

「質問すること自体が、私たちを変えるのです」[参考文献247]

たとえば、中学生が読んだ文章について質問することには、内容を集約し、メタ認知を使って明確なものと不明確なものとの境界線を見つけ、自らに内在する好奇心を引き出し、同時に思考を表現し、形成するという営みがかかわってきます。教師が「馬鹿げた質問などない」と主張するのは、生徒たちの質問が彼らの理解を進めていくということを意味しているからです。つまり、質問することで学習の実態が目に見える形になるということです。

私たちは話せるようになったから質問をしているわけですが、効果的な質問ができる人になるというのは難しいことです。それには時間と努力が必要です。そして、質問について学ぶ最良の方法は「質問すること」だと言えます［参考文献197］。これにより、生徒は教室での質問に対する自主性を示すようになり、積極的に学習することができます。

「質問の構えをすることを……習慣にしなければなりません。……質問すること自体は、質問する習慣をつくることほど重要ではないのです」［参考文献29］

ただ、生徒たちはみんな、質問することと質問に答えることに熟達する必要があります。

社会学者で、教育についても先見性をもっているニール・ポストマン（Neil Postman, 1931～2003）は、質問の仕方とつくり方に関する技術は教育における中心的な焦点の一つであるべきだ

（8）　これはアインシュタインによる名言とされていますが、実質的な証拠はないとされています。

と考えていました。知的で効果的な市民となるための基本は、生産的な質問をする方法を学ぶこと以外にないと彼は考えたのです。〔参考文献226〕

よい質問や効果的な質問をするためには、学習に対して創造的に取り組むような活力が要求されます〔参考文献197〕。その理由は、「質問することは、さらなる質問につながる行動を生み、その結果として、さらに大胆な探究につながっていく」〔参考文献145〕からです。

質問することの本質は、可能性を開くだけでなく、それを開き続けておくことです〔参考文献101〕。確かに、よい質問は魅力的なものと言えます。それが生み出す反応としては、まず楽しめるということがあり、その次に分析があります。子どもたちの好奇心が高まれば、具体的に調べることが必要となります。数学、物理、歴史などさまざまな科目のなかには、驚くべきことがたくさんあります。自分の疑問をかき立てる概念、仮定、思考スタイル（やメタ認知、または自分の質問づくりとそのプロセスを自覚すること）を理解し、それらを通して考えることによって生徒たちは、より広く、一貫した、統合的な視点を発展させるのです。〔参考文献206〕

研究データが、質問の発達が学習に非常によい効果をもたらすことを裏づけています〔参考文献72、74、146〕。質問することで、生徒はより積極的に学習に取り組み、認知プロセスを刺激し、思考の枠組みを明確にするようになります。さらに、生徒の質問を調べることは学習の重要な指標ともなります。実際、行動科学者らは、「コルブの経験学習[9]」と学習量についての調査で、生

徒の質問に関する能力と彼らのパフォーマンスとの関係を発見しました。［参考文献216、217］

小学校、中学校、高校と学校段階が移っていくにつれて生徒たちは、仲間や教師から質問することが疎まれるようになります。高校生がどのような質問をしているのかについて調べた最近の研究では、圧倒的多数が「締め切りはいつですか？」や「これはテストに出ますか？」といったように、「学校での出来事」に関するものに焦点が当てられていました［参考文献44］。より独創的で本質的な、純粋な知的好奇心が現れた質問はごく一部でしかありませんでした。

教室には、自信をもって質問をし、リスクを冒し、物事の流れを止めることを恐れず、間違うことも恐れない、頭のきれる、声の大きい生徒の集団がわずかにいます［参考文献280］。教師が話し合いを中心にして授業を行っているような教室でも、このような生徒は稀な存在となっています［参考文献72］。中学生や高校生は、授業中にほとんど質問をしません。一般的には、教室での会話の八〇パーセント以上が教師の話で占められています。授業時間のほとんどをかけて教師の散漫な説明と生徒が尋ねていない質問への回答を行っていることによって、受け身の生徒を生み出してしまっているという問題があります。［参考文献97］

（9）（David Allen Kolb）組織行動科学者。「体験学習」ともいう。経験→振り返り→気づき（概念化）→試行（応用）という四つについて、これらを循環するサイクルを経験学習のモデルとして捉えたものです。

教師が生徒に対して話すことは、教室で何が起こるのかについて教師がコントロールする主要な方法となっています。教室での会話は、教師がクラス全体、または特定の生徒に質問をし、正しい（少なくともよい）答えを期待するという定型的なパターンに従ったものとなっています。(10)

逆に言えば、予期せぬ好奇心からの質問によって流れが中断された場合は、教師はすぐさま答えを出して、流れを元に戻すようにコントロールする傾向があるということです。［参考文献293］

私たちが深い学びを推進させていくためには、生徒が質問するといった光景を教室の中心に据える必要があります。では、生徒に思考力を高めるような質問をさせるためにはどうすればよいでしょうか？　また、学校で質問するように生徒を促す条件とはいったい何でしょうか？

科学教育とカリキュラムを研究するチャールズ・ロップ（Charles Rop）教授は、学校で質問する生徒を調査した際、これらの質問に興味をもち、次のように説明しました。

❶質問は、話し合いの内容に何らかの形で関係していた。
❷質問は、生徒の好奇心に起因していた。
❸質問は、提供された、または予想されたカリキュラムを超えて、個人的な質問を追求する試みであることがはっきりした。

彼が発見したのは、退屈だから質問をしたという生徒がいたことでした。

ポールという生徒は、自分自身に挑戦して、要求されたこと以上のことをしたいと思っていました。そして、「私たちはその一部を手に入れ、それをやり遂げました。そして、これから階段をさらにかけ上って、さらに先へと進みたいのです。……私たちは、より多くのことを望んでいます」［参考文献240］と述べたのです。

別のカートという生徒も、「私たちは満足していません」と言ってそれに同意しました。彼は、宿題をしたり、テストのために暗記したり、実験レポートを書いたりするのはとても簡単だと説明しました。そして彼は、自分自身と教師に挑戦し、「なぜ、このように機能するのか。また、なぜこのように動作しないのか。原子を半分に分裂させて光のエネルギーを保存したり、エネルギーを取り出してこのテーブルを爆破したりすることができないのはなぜか？」というような、より深い概念を本当に理解したかったのです。しかし、教師の反応は「それだけではうまくいかない」というもので、カートは納得できませんでした。［参考文献240］

---

(10)　これを「ＩＲＥ」ないし「ＱＲＥ」と言います。教師と生徒との一般的なやり取りのことで、教師による問いかけ（Initiate ないし Question）、生徒による応答（Respond）、その応答に対する教師の評価（Evaluate）のそれぞれの頭文字を取っています。日本においても、教師の発問が重視されるといった傾向があります。これについての詳しい分析は、『言葉を選ぶ、授業が変わる！』（第６章）を参照してください。なお、生徒が積極的に質問をし、教師による発問を見直すための『質問・発問をハックする（仮題）』を現在翻訳しています。

別の高校で化学を学んでいるジェフは、ある化学の問題についてスタンダードで必要とされている以上のことを知りたいと思ったのですが、教師は「授業が終わってから話そう」や「それについてはあとで説明しますね」などと言って、その質問に対する答えを先延ばしにしていました〔参考文献240〕。ジェフと彼のクラスメイトは、このような教師の対応に非難を浴びせたのですが、教師からは、「当初の授業計画になかったことを説明するために時間を割くことができません」という答えが返ってきました。教師は、学年の間に教科書全体をカバーするように教育委員会などから圧力をかけられているからです。

また、理科についての質問をするときにも、生徒たちはお互いに口をつぐみました。クラスメイトが、中断することなくスムーズに学習を進めたいと思っていることに生徒たちが気づいたからです。その理由の一つは、教科書をすべて終わらせることができないとしても行われることが決まっている次のテストでよい点を取りたかったからです。要するに、質問することは貴重な授業時間を浪費することになり、それによってテストの成績を下げてしまう可能性があると感じていたということです。

生徒たちは違う形の授業になって欲しいと思っているのですが（彼らは知的成長に関心があるのです！）、彼らの個人的で知的な質問は、教室の中にほとんど、あるいはまったく存在しておらず、学業をうまく進めるために学校は存在していないということになります。彼らは深く学びたいと思っているにもかかわらず、学習の本質を無視した、とにかく決まりきったことだけを行うシステムで教育されているのです。彼らには、次の試験、次の授業のための教材をとにかく知らなければならないという必要性だけが存在しているのです。［参考文献240］

理科の先生たちもまた、純粋な好奇心と探究心を活用して教えたいと思っているのですが、生徒に害を与えてしまっていることに罪悪感をもちつつ、専門分野の主要な内容をカバーしないと非難されるとも思っています。また彼らは、ハイ・ステイクスな州や国家による能力試験(11)において、生徒がどのような成績を収めたかについても責任を問われることになっています。

トービン(12)は、学習や教室における「勢い、スムーズさ、グループの協力を維持したいと考える教師は、学習内容について質問したり、自分の考えを表明したりするなど、授業に積極的に参加しようとする生徒を制限することがある」と説明しています。［参考文献280］

《まとめ》

・質問することは学習に火をつける。

(11)　入試や卒業試験など、受験者に重要な結果をもたらすテストのことです。

(12)　(Kenneth Tobin, 1944〜)アメリカで活躍する、西オーストラリア生まれの教師教育研究者です。

・質問することで、私たちは「今ここ」以外のことについても探究できる。
・子どもたちは、貪欲に質問する生きものである。
・学校に入学すると、子どもたちの質問が途切れてしまうことがよくある。
・質問は思考を可能にし、思考に反映する。
・生徒たちは、自分の質問が学校では過小評価されることが多いと感じている。

その一方で、質問を中心としたカリキュラムを設計する際には、生徒が本来もっている疑問を押しつぶしてしまうのではなく、内発的動機づけと探究心を成長させていくことが求められます。子どもたちに愛されている小説『赤毛のアン』（L・M・モンゴメリー／村岡花子訳、講談社、一九七三年など）のなかで、新しい教師が町にやって来て、生徒たちに質問するようにすすめたとき、それまでのしきたりが頭に浮かびます。アンは感激し、すぐに夢中になってしまいます。

「ミセス・アランって、まったくすてきよ。（略）あたしたちのクラスの受け持ちよ。すばらしい先生だわ。先生ばかりが質問するのは公平じゃないと思うって、すぐ、いいなさったのよ。それこそ、ちょうど、あたしが、いつも考えていたことですものね、マリラ。なんでも、すきなことを聞いていいっておっしゃったから、あたし、とてもたくさん聞いたのよ。聞くことにかけては、あたし、得意なんですもの」［参考文献195］（前掲書、一九八ページ）

確かに、好奇心がもつ何かを変化させる力は、質問に駆り立てられ、理解しようとする生徒がいるダイナミックな授業の基盤となります。質問を刺激したり、生徒に質問の意味を尋ねるように、その質問についてクリティカルに振り返ったりすると、相手の好奇心を刺激することになります。［参考文献97］

よく調べること、好奇心をもつこと、不思議に思うこと、体系的に探究して実験すること、質問すること、そして答えを求めることは、学習するための本質的な要素となります。これらは、授業において私たちの主要な関心事であるべきです。これらの初期条件が満たされていれば、学習を抑制してしまうのにもかかわらず、無駄な努力を二度とする必要がなくなるのです。

好奇心を活用する方法 23　オブジェクト学習

「幼稚園の父」としてよく知られているドイツの教育者フリードリッヒ・フレーベル（Friedrich Wilhelm August Fröbel, 1782～1852）は、一八四〇年代、園児の学習を導くために制限のないオブジェクト(13)や園児が操れるものを与えるといった方法で早期教育に革命を起こしました［参考文献53］。オブジェクト（晶洞石(ジオード)のコレクション、時計の部品、アンティークの道具、貝殻など）は、

(13)「具体物」と訳せるかと思います。

質問を生成する手段としても、授業内容を理解する手段としても使用できます。それらを使って好奇心を刺激すると、園児たちは自然な質問が生じる立場に置かれます。目の前にある机の上で、何か新しいものや変わったものを見ると、「これは何だろう？　何をするのだろう？」と思わずにはいられないのです。

このようにオブジェクト学習では、自らの質問を引き起こし、調べるといったように、新しい情報を発見するための手助けとなるものを使います。教師が自由な形式で質問したり、オブジェクトそのものに焦点を戻したり、探究することで生徒たちは自らの答えへと導かれるのです。要するに、オブジェクト学習は、生徒たちによって新しい理解が形成されるといった道をたどる学び方と言うことができます。［参考文献1］

各テーブルの中央にオブジェクトを配置するだけで、オブジェクト学習をはじめることができます。その一例として、鳥の羽について学習する理科の授業を紹介しましょう。

授業の目標は、鳥の種類によって羽の特性に明確な違いはあるかということです。とくに、それぞれの鳥の羽が餌を手に入れるためにどのように適応しているのかについて発見できるように、生徒を導くことです［参考文献1］。クラスのなかでペアをつくり、各ペアにコレクションのなかから羽を割り当てます。生徒たちは本物の羽を扱うのが大好きで、それを観察したり記録したりして楽しみます。羽の重さ、長さ、幅、色を記録する必要があります。

次に、自分たちに割り当てられた羽は、どのような種類の鳥のものなのかを予想し、その鳥と確信する具体的な理由を考えるように指示します。クラスに予想を提示すると、ペアはさらに質問したり、次のステップに役立つ提案をすることでしょう。さらに、羽や鳥について答えたくなるような質問を一〇個作成するように指示します。彼らは自分たちの羽を調査し、それが何という鳥のものなのか、彼らの発見を裏づける証拠を使って特定します。［参考文献１］

もし、質問を作成する段階で生徒が答えを見つけられなくなったり、不安になったりする場合には、「鳥の羽は全部同じですか？」、「羽の大きさは鳥の大きさにあっていますか？」、「あなたが持っている羽は鳥の習性について何を教えてくれますか？」、「あなたが持っている羽はほかの羽とどのように違うのですか？」など、誘導するような質問をして生徒を手助けします［参考文献１］。ただし、答えを教えるということだけは避けてください。この授業では、質問をして探究するプロセス自体がもっとも重要な部分であるということを忘れてはいけません。

質問のフレームワーク――拡散的思考

子どもたちは、私たちが普段当たり前だと思っていることについて尋ねるのが大好きです。大人はルールを義務のようなものだと考える傾向がありますが、子どもはそのような責任や義務についてはほとんど知りません。そのため、大人が当たり前だと思っていることに対して子どもたちは不思議に思うようになり、ほかの人たちが見過ごしている奇妙さや可能性に気づくのです［参考文献206］。このような能力は、思考そのものの基礎と枠組みを疑問視する能力へと変わっていくことでしょう。

子どもたちが考えたり、気づいたりしたことのなかには、大人には分からないことがたくさんあります。私たちは、それをいじりまわす前に、それを理解しようとすることによって彼らの考え方を知ることができます。毎日一緒に過ごしていても、子どもたちの理解力には驚くはずです。一見すると一致しているように思える現実感でも、子どもたちの見方を尋ねるだけで大きく違っていることが分かります。

「おばあちゃんは、同時に二か所にいることができるの？」、「空想上のものには、感情があってもいいかな？」、「誰が地球をつくったの？　つくったのはキング牧師？」などといった質問は、私の娘であるソニアの世界が、いかに境界がなく、神秘的で、オープンな場所であるかを明らかにしてくれます。

父親のサヒル・ロイは、机の上にあるパズルを見つめていました。三列に九個の点が打たれていて、それらを四本の線でつなぐように指示されていました。四〇分間、彼はそれを見つめ、余裕だと感じていましたが、鉛筆を紙から放さずに一筆書きでしなければならないというルールを見ました。「そんなの無理だ！」と言ったとき、六歳の息子ラハルが部屋に入ってきました。「パパ、ここからはじめて」とラハルは言ったのですが、その鉛筆は（九個の点でつくられる正方形の）「枠の外」にまで進められたのです。ラハルは、矢印のようなイメージをもちながら五分で四つの短い線を引き、パズルを解いたのです[14]（次ページの**図1**参照）。

もちろん、父親が考えもつかなかったこの答えを、「なんと馬鹿馬鹿しいことか！」と思うでしょうが、父親は勝手につくりあげてしまっていた枠組みに自分が縛られていたことを恥ずかしく思っていました。

子どもたちは、問題を解決するために、大人よりもイノベーティブで創造的な方法を使う可能性が高いのです。なぜならば、子どもは大人よりも柔軟に学ぶことができるからです。彼らは抽象的な物事の間に存在する関係を素早く発見し、そのルールを適用して、まったく新しい出来事について推測することができるのです。

四歳の子どもと大人を対象に、どの物体が反応を引き起こしているのかを解明し、そのパターンに基づいて新しい物体を分類するように求めた実験があります。四歳の子どもは、過去の経験

（14）ここで紹介されている回答は四本の一筆書きの回答ですが、なんと、それよりも少ない本数で九つの点をカバーする方法があります！　分かった方は、pro.workshop@gmail.com まで連絡ください。

図１　９個の点と４本の線のパズルと枠の外を使った解答

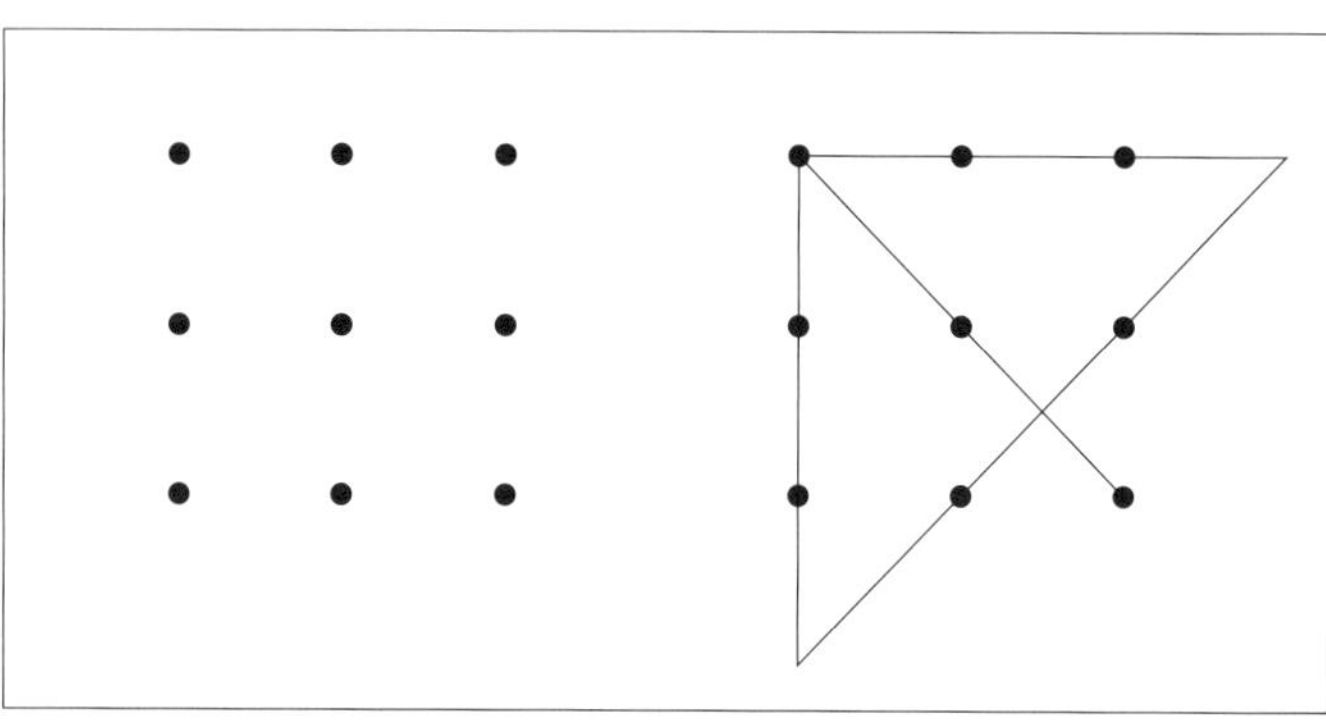

に反する因果関係や原則を学ぶことに優れていたため、分類については大人よりも有意に優れていました。

子どもたちは、新しい情報、さらには直感に反する情報までも素早く吸収し、意思決定のレパートリーにそれを組み込むことができます。また、自分の考え方を非常に滑らかに更新して、モノの見方ややり方を理解することもできます。確立された考えが少ないほど、領域を超えた柔軟性が高くなるということです。

皮肉なことに、子どもたちがあまり知らないという事実が、子どもたちをより（少なくとも、より先入観のない）学習者にしているということです。このような子どものこの柔軟性は、子どもの学習を特徴づける「大胆な探究と驚異的なイノベーション」の根底に存在していると言えます。［参考文献174］

さらに子どもたちは、問題に対して、創造的で、普通ではなく、台本にない解決策を見つける能力においても大人より優れています。子どもという異端の思考者は、問題の範囲を再構成したり、拡大したりして、それを新しい方法で見たり、明らかではないかもしれない関連性をつくったり、論理を超えて解決策に到達したりして、「不可能を夢見る」ことさえあるのです［参考文献43］。彼らの問題に対する順応性は、実現不可能なことを楽しい現実にさえしてくれるのです。

メイカー（つくり手）やクリエイター、イノベーター、アーティスト、そして世界を大きく変える人たちが共通にもつ特徴として、拡散的な思考形態というものがあります。彼らは人為的な限界を超え、失敗するリスクを冒してでもイノベーティブなアイディアを思いつきます。

拡散的思考の興味深い点は、大人の世界では高く評価されているにもかかわらず、学校では教えられていないということです。たとえば、三三種類の業界にいる何千人ものＣＥＯを対象にした最近の調査では、成功のためにもっとも重要な要素となるのは拡散的思考であるとされていました［参考文献213］。子どもたちは、生まれながらにして拡散的思考を行う存在なのです。

今や古典となった一連の研究のなかで、システム科学者のジョージ・ランド（George Land）は一〇〇〇人以上の子どもたちに拡散的思考のテストを行いました。このテストはＮＡＳＡの科学者やエンジニアの選抜を支援するために彼が行ったものと同じで、「ジャガイモとニンジンはどこが似ていますか？」や「ペーパークリップの使い方はいくつありますか？」といった自由回答式の質問が用意されていました。［参考文献160］

回答のオリジナリティーをスコア化した結果は次のようになりました。

三歳から五歳の子どもたちでは、テストした子どもたちの九八パーセントが最上位層でした。これは、彼らが「創造の天才」と呼んだレベルです。しかし、まったく同じ子どもたちを五年後にテストをしたときは、この最上位層に位置づけられたのはわずか三二パーセントでした。さらに五年後には、最上位層に入ったのはわずか一〇パーセントだったのです。また、二八万人以上の大人が同じテストを受けましたが、最上位層のスコアを獲得したのはわずか二パーセントでした。［参考文献201］

拡散的思考についての実験に関してですが、核心を突く設定として、幼稚園児のチームとハーバード大学MBAの大学院生チームが競い合い、調理していないスパゲッティ麺、ひも、テープ、マシュマロだけを使って、できるかぎり高いタワーを制限時間内につくるということが行われました。

MBAの学生は分析的に問題を計画し、アプローチする傾向がありましたが、彼らの考えた構造が崩壊したとき、再建するだけの時間は残っていませんでした。一方、幼稚園児たちは、すぐに組み立てることでより効率的に時間を使いました。彼らは最初からうまくやろうとするよりも、はるかに多くの試行をしたのです。さらに幼稚園児たちは、自分たちのミスからリアルタイムで学んでもいました。［参考文献24］

スタンフォード大学のサットン教授（一二三ページ参照）が指摘したように、もっとも成功を収めた思考者（科学者、作曲家、芸術家、作家）はもっとも多くの失敗を経験するのですが、それは多くの試みを行うからです［参考文献273］。彼らの努力が頻繁に成功しているといった証拠はほとんどないのです。彼らは、単純により多くの試みをしているだけなのです。

《まとめ》

・子どもたちは、大人が見逃してしまうような細部や可能性に気づくことがよくある。
・問題を解決するために、子どもたちは大人よりも拡散的思考を用いる傾向が強い。
・大人の世界では高く評価されている拡散的思考だが、学校で教えられたり、認められたりすることがほとんどない。
・もっとも優れた思考者や問題解決者が常に成功しているわけではない。彼らは、たくさんの試行をしているだけである。

好奇心を活用する方法 24　理解するためにモノを破壊する

社会的、技術的なイノベーターであり続けてきたグーグルの教育部門は、子どもたちに、世の中では何がつくられ、それがどのようにデザインされているのかを教えることを目的として「破壊センター」を設立しました。そこでは、物理や環境管理、廃棄物管理についても学びます。

この破壊センターの実験室では、子どもたちが拡散的思考のスキルを駆使して、土鍋、セラミック製のイルカ、一九九〇年代のコンピューターのキーボード、時代遅れのリモコンなど、粉砕すべき物体を選び出します。その後、選び出された物体はガラスケースに入れられ、さまざまな手段で破壊されます（グーグルは、子どもたちにプラットフォームの上に飛び乗ってもらい、二枚の金属プレートに圧力をかけてアイテムを潰すように指示していましたが、それらを箱に入れて何か重いもので押しつぶすだけでもかまいません）。

透明な箱があれば、破壊するところを撮影して、スローモーションで再生します。または、あとで検査するためにトレーの上に破片を集めます。他の実験室での経験と同じく、破壊センターの実験室でもバックグラウンド調査を行い、仮説を立て、科学的原理を統合し、データから得られた証拠に基づいて、先に立てた仮説的な理論を修正する必要があります。しかし、従来の科学実験室の課題とは異なり、その直感に反する拡散的な性格のために、破壊センターの実験室は子どもたちにとって無限の興味深さを維持するものとなっています。そのため、用意したものを壊して理解しようとする試みが引き起こされる可能性は高いと言えるでしょう。

質問の練習

> 抑も児童は活気ある疑問者として学校に入るものである。然るに学校に於ては此好奇心の飢渇を満さずして彼等の要求もせざる知識を詰め込み、発問を許さずして只答のみを求める。そこで彼等の折角の知識欲は麻痺して僅かに感受し得るのは最も強き一定の刺激のみになる。（略）斯くの如き児童の日々汲々として求むる所は自己の真に要求する真理にあらずして、只教師の要求を満足せしむべき言語及行動に過ぎないのである。(15)
>
> （エドウィン・カークパトリック［参考文献147］）

私たちは、生徒が本来もっている好奇心と学習を、正規の教育の間ずっと結びつけておくことができるでしょうか？　不幸なことに、受け身の生徒に教師が情報を与え、その情報を受け取った生徒がそれを吐き出すような「銀行型教育」［参考文献98］が、ほとんどの生徒を支配している

---

(15)　この邦訳は、『児童研究の原理』（谷本富校閲、日田権一訳、目黒書店、一九一〇年、二三四～二三五ページからですが、訳者によって新字体に改めたうえルビを振りました。

と想定されます。生活の場において熱中することが好奇心のプロセスであるのと同じく、教育現場での熱中は探究のプロセスにあると言えます。私たち教育者は、子どもたちの好奇心を、学習方法や学習プロセスに導くことを目標としなければなりません〔参考文献206〕。質問することは、そのプロセスの重要な部分なのです。それらは、特定の学習内容を超えて、転移可能な思考の習慣（向学心）を身につけることの大切さを示しています。

しかし、私たちは、学習者の創造性と物事を見極める力に関しては褒め称えますが、変革的思考とクリティカルな思考の原動力となる「質問する」という営みについては学校でほとんど教えられておらず、報われることさえありません。(16)

幼稚園から高等教育まで、質問は教師によってなされるという傾向があります。多くの場合、これらの質問は生徒に考えてもらうため、あるいは心を開いて目の前の学習内容を分析するためにつくられています。最善となる教師の質問は、自分の思い込みに異議を唱え、かかわりあい、統合し、より大きな対話に参加するよう生徒たちを促すことです。また、教材を調べるための創造的でクリティカルな方法をモデル化することもできるでしょう。

とはいえ、仮にもっとも刺激的な教師の質問であっても、あらかじめ決められた道筋に沿って生徒の思考を導くという役割を果たしているだけという場合もあります。そのような質問は、最終的に正解（もしくは、少なくとも特定の適切な思考の枠組みのなかでの正解）を引き出すように設計されているだけなのです。

「本物の質問」には、答えを出す以上のことが含まれています。それは行動のパターン、つまり私たちがどうあるべきかということであり、新しい道を切り開き、当たり前だと思われがちな前提に異議を唱えるということです。

質問者になった生徒は、「私たちは、なぜこのことをこのようにしているのか？」［参考文献24］と疑問を抱くようになるでしょう。習慣的に質問をしている人には、「詩、絵画、音楽、あるいは文章、数学的記述、科学実験などに向かい、研究するための新しい方向を見つけ出すといった能力」［参考文献300］があります。もし、私たち教育者が深く永続的な生徒の学習（創造性、イノベーション、批評精神などの習慣につながることを含む）に興味をもっているのであれば、生徒に対して、興味深い質問をするという最初のステップを踏んでもらう必要があります。

私たちの最終目標は、生徒自身が質問を展開し、明確にする方法を教えることです。そして、生徒たちがそれに取り組んでいる間、それにかかわる周辺のことすべてについて私たちも質問することです。[17]なお、もっとも力強い学習は生徒が質問するときに可能となりますが、それにはいくつかの理由があります。

---

(16)　五七ページの訳注（9）を参照してください。

第一に、生徒が質問をすると内発的な動機が刺激されます。自分自身に対する誠実な質問（本当に知りたいと思っているもの、考えずにはいられないもの）をすることで、行動への欲求や内発的動機づけを活発にします。研究によると、生徒自身が質問するときにのみ、本当の意味で探究する領域に達するとされています。〔参考文献49〕

第二に、生徒が質問をすると脳の前頭前野（ぜんとうぜんや）(18)が活性化されます。前頭前野は質問とクリティカルな思考を組み合わせたものに関係しているところで、探究の根底を支えるものです。〔参考文献120〕

第三に、質問する人は誰でも力をもつことができます。生徒が質問すると、教室の社会的な力学はトップダウンからボトムアップに変わります。教師主導の質問は、生徒たちに調べられるのはどの範囲までなのかを暗黙のうちに知らせてしまうほか、教室の中にトップダウンの力学を生み出してしまいます。権力をもつ者が言説を用意しているとき、それらは知識範囲の制限となり、しばしばそれに気づかないことさえあります。〔参考文献96〕

実際、ブラウン大学の教授であるデニー・パーマー・ウルフ（Dennie Palmer Wolf）が学校での質問に関するエピソードを記録したところ、教師は質問する権利を独占する傾向があり、選ばれた明るくて特権的な生徒にのみ権力を委譲(19)していることが分かりました。〔参考文献300〕

サンフランシスコのブライトワークス高校のような探究を中心に設計されたオルタナティブ・スクールでは、標準的なカリキュラムが、「あなたは、何を面白いと思っていますか？」などの質問で構成されています。このような質問によって構成されているカリキュラムですが、驚くほど少数の高校生しか受けたことがありません［参考文献112］。生徒独自の質問を作成することで、生徒はより創造的に学習に取り組むことができます。それはまた、さらなる質問を生み、より多くの探究的な行為を生み、可能性を広げ、その状態を維持するのです。［参考文献197］

第四に、生徒が質問をするとき、彼らはアイディアや概念を操作し、それを記憶します。情報を記憶するということは、知識を構築することと同じではありません。学習に関してたとえれば、テストで役立つ事実やヒントは教室の外に出るとほとんどの場合役に立たないということです。

質問は、本質的に活発なものです。私たちが質問を形づくり、明確にしなければならないとき、手元にある情報を使って私たちは何かをするように求められます。つまり、それを応用して考えるということです。学習には研究と個人的な探究が含まれているわけですから、実際に「すること

(17)　この点を拡張しているのが『質問・発問をハックする（仮題）』ですので参照してください。なお、「本物の質問」という表記が二一一ページにありましたが、教師の発問の大部分は「偽物の質問」と言わざるを得ないため、このような表現になっています。その理由は、このあとにある「自分自身の誠実な質問」ではありません。

(18)　記憶や感情の制御、行動の抑制など、さまざまな高度な精神活動を司っている「脳の中の脳」とも呼ばれている重要な部分です。

(19)　https://www.sfbrightworks.org/ を参照してください。

と」を通して展開していくものだと言えます。[20]

ジョン・デューイ（一六ページ参照）は、「純粋に不審な事態についての感情が或る人の精神を捉へるとき（その感情が如何にして生起したかは別問題にして）その精神は、内部から触発されるが故に、敏活であり探究的である」[21]［参考文献67］と述べています。私たちは、学校で自分たちが不思議に思ったことを覚えていて、その疑問をずっと考え続けているのです。

生徒の質問は、彼らがすでにもっている考えの「のぞき穴」ではありません。彼らの質問は、思考そのものの「種」なのです。たとえば、中学生が自分の読んだ文章について質問することは、内容を総合し、自分にとって明確なことと不明確なこととの境界線を見つけ（すなわちメタ認知して）、自分自身が本来もっている好奇心を引き出し、同時に考えを述べたり、形成したりすることになります。ある一節についての質問は、その生徒の新たな理解を可能にするだけでなく、それ自体を反映しているのです。

作文教育には、生徒が進んで「学ぶために書く」ことをしたり、発見したりするという伝統があります。[22]また、生徒が質問をしながら自分の考えを明確にし、それを展開させるような「学ぶために質問する」といった伝統も必要となります［参考文献211］。実際、より完成された思考ではなく、質問だけを使って生徒たちにブレインストーミングをさせると、想像力は堰を切ったようにあふれ、アイディアは創造的になり、破壊的になり、遊び心のある可能性に満ちたものになる

のです。［参考文献24］[23]

私たちが調べているテーマについて生徒に質問をするだけでは、生徒たちの知的能力がどのようなものなのかほとんど分からないでしょう。生徒がする質問は、彼らが特定の文章や経験から

---

(20) この方法を教科指導に当てはめたのが、ライティング・ワークショップとリーディング・ワークショップおよびそれらの他教科への応用です。これらでは、「作家になる」、「読書家になる」、「科学者になる」、「数学者になる」、「歴史家になる」＝「国語する」、「科学する」、「数学する」、「歴史する」アプローチをとっています。関連情報は、https://sites.google.com/site/writingworkshopjp/teachers/osusume および『だれもが科学者になれる！』、『教科書では学べない数学的思考』、『歴史する（仮題）』で得られます。

(21) この引用は、デューイの一九〇九年の著作、*Moral principles in education*（『教育における道徳原理』）からのものと原典ではされていますが、実際のデューイの著作を確認すると、一九一〇年の*How We Think*（『思考の方法』）からの引用ではないかと思われます。ここでは、『思考の方法』（ジョン・デュウイー／植田清次訳、春秋社、二七五ページ）を、新字体に改めて用いています。

(22) 残念なことに、このよい伝統は今の日本の教育では見ることができなくなっています。『教科書をハックする』のなかには、「学ぶために書く」（と「学ぶために読む」も）のタイトルを設けて、たくさんの具体的な方法が紹介されていますので参照してください。

(23) これそのものが拡散的思考のもっともよい方法と言えるかもしれません。この点については、質問づくりの分かりやすい方法が紹介されている『たった一つを変えるだけ』が参考になります。

理解したことだけではないのです。彼らの質問は、展開している学習過程の多くの側面を表面化させてくれます。たとえば、彼らが何を分かりたいと思っているのかについての明確なアイディア、彼らのなかで分かる必要があるというところまで膨らんでいないアイディア、分かるためにどんな活動をすればいいのかという方法、そして究極的には自分自身との個人的な会話など、生徒たち自身による質問は彼らの仮定、枠組み、現実を明らかにしてくれます。彼らは、自らのバイアスや教師としての私自身のバイアスを暴くのです。彼らは私に、何が当たり前のことで、何ができるのかということを見せてくれるのです。［参考文献211］

質問することは、生徒たちの学習を私に明らかにしてくれるだけでなく、彼らの学習と思考を彼ら自身に明らかにします。言い換えれば、彼らのメタ認知を高めるということです。メタ認知とは、自分自身の思考について考える過程のことです。メタ認知によって学習のプロセスを理解し、自分のものにすることは、学習そのものを推進することにもなります。［参考文献209］

自分の理解について自問自答しながら本を読む子どもは、そうでない子どもよりも理解力が高いものです［参考文献244、283］。同様に、理科の教科書に書かれている文章を説明したり、異議を唱えたりすることを習慣にしている生徒は、時間の経過とともに理科の原理をより良く理解します［参考文献46］。要するに、質問することはメタ認知のための効果的なツールであるということです。なぜなら、質問は学習者としての生徒自身にとっても、学習プロセスを導いていく存在としての教師にとっても、学習を可視化するからです。

《まとめ》

・好奇心をもって質問することは、脳に学習を促すことになる。
・探究は、教育の主要な焦点であるべきである。
・学校では、質問の仕方を教えることがほとんどなく、生徒がした質問が報われることすらない。
・質問する人は誰でも会話力をもっている。ただ学校では、教師があまりにも多くの質問をしてしまう傾向が強い。
・もっとも効果的な学習は、生徒が質問するときに起こる。

学習にとって必要となる最良のシナリオは、教師がする質問を考えてそれに取り組むだけでなく、生徒自身が質問できるようになることです。生徒自らの質問が学習を促進させたとき、より効果的に知識を構築し、優れた質問能力を学び取ることになります。このような機会を利用して、生徒はさまざまなタイプの質問を作成し、自分にとってもっとも意味のある質問とその理由を特定し、それらを効果的に使用するための戦略を立てるようにします。［参考文献242］

好奇心を活用する方法 25 「質問づくり」

生徒の熱意と好奇心を刺激しようと必死になっている教師たちは、生徒の創造性と問題解決能力を解き放つきっかけや質問を見つけようとしているため、すでに負担が多くなっている仕事量をさらに増やしています。より効果的な方法は、生徒に質問させることなのです。

教育者で活動家のダン・ロスステイン[24]とルース・サンタナ[25]は、六段階からなる生徒主体の質問技法である「質問づくり」を作成し、それを徹底的にテストしました。最初に教師は、生徒自身の質問の出発点となる焦点化したテーマまたは話題である「質問の焦点」を出します。効果的な「質問の焦点」は、「細胞の内部」、「数学の不安の解消」、「自然とは何かを定義する」などといったような新しい考え方を促し、刺激することになります。次に生徒たちは、三人から五人のグループに分かれ、以下に示す簡単なルールに従って約五分間、質問づくりを行います。

❶できるだけたくさんの質問をする。
❷質問について話し合ったり、評価したり、答えたりしない。すべての質問を正確に書き出す。
❸意見として出されたものは質問に直す。

次に、生徒たちは質問を改善します。これを行うための方法として、「開いた質問」と「閉じた質問」との比較をするために時間を費やす、というものがあります。これらのタイプの質問には異なる機能があり、両方とも有用であることを生徒に伝えます（「開いた質問」は、「なぜ？」または「どのように？」ではじまる傾向があります。一方、「閉じた質問」は「はい」か「いいえ」ないしごく短い回答で答えられるという傾向があります）。

質問を改善する段階では、生徒は各質問を「開いた質問」または「閉じた質問」として評価し、いくつかの「閉じた質問」を「開いた質問」に、「開いた質問」を「閉じた質問」に変更するといった練習をします。たとえば、「学校にいる間に、私たちのプロジェクトに取り組むための時間はありますか？」という「閉じた質問」は、「どのような時間帯が、プロジェクトに取り組む自由時間としてもっとも効果的ですか？」といった「開いた質問」に変更することができます。［参考文献242］

次に生徒は、優先順位の高い質問をリストから三つ選択します。生徒たちは、授業のテーマや扱う問題にあわせて、もっとも関心のある質問、もっとも重要な質問、教材を説明するのに役立つかなどの「質問の焦点」にもっともふさわしい質問を選択することになります。選択をしたあ

(24)　日本では、これらを「発問」と呼んでいます。
(25)　『たった一つを変えるだけ』の著者です。

とには、その選択の論理的根拠を示す必要があります。そして、生徒と教師は協力して、優先順位の高い質問をどのように使用するのかについて計画します。授業の最後、生徒は自分が学んだことは何か、それをどのように学んだのか、さらに、それをどのように使うのか、といったことについて振り返ります。〔参考文献242〕

ボストンの高校で人文科学を教えているリン＝セ・ピート先生は、「質問づくり」で大きな成功を収めました。彼女は「拷問は正当化できるか？」を「質問の焦点」にして授業をはじめました。ある生徒のグループは拷問を定義し、その意味と限界を理解することに質問を集中させました。別のグループは、「質問の焦点」に焦点を当てました。どのような状況で拷問を用いるべきか？　もっと具体的に言えば、なぜ拷問が効果的なのか？　ということです。

生徒たちは、質問を変えることができるので自信をもって質問し、自分で問題解決する方法を見つけられたと報告していました。彼らは、自分たちの質問を使って議論し、討議し、評価し、優先順位をつけるという経験をしました。言い換えれば、この高校生たちは、自分たちが知りたいことを自分たちで決めていたということです。〔参考文献242〕

「質問づくり」のプロセスについて、歴史教師のローリー・ガーグラン先生が次のように述べています。

質問づくりは生徒たちに是非やってほしいことでしたが、その方法を私は知りませんでした。これまで、生徒たちがレポートを提出したとき、彼らにもっと考えてほしい点を私は余白に書き込んでいました。でも、質問づくりは、生徒たちが自分の書いたものを見て、私が書き込んだような質問や、私が考えもつかなかったような質問を自分でつくれるようにしてくれたのです。［参考文献242］（『たった一つを変えるだけ』二〇ページより引用）

ソクラテス式の方法

本当に教育を受けているかどうかを決定するのは、保持された事実、取得可能な知識、あるいは実証可能な能力だけではありません。真に測られるべきものは、思慮深い好奇心の精神と、それを支えるための しっかりとした探究習慣の発達[26]にあります。

（チャールズ・J・ロップ）［参考文献240］

(26)「探究習慣の発達」を分かりやすい言葉にすると、「探究のサイクル（知りたい→調べる→考える／意味をつくる→発表／共有）を生徒が自分で回せるようになること」です。『だれもが科学者になれる！』（一六ページ）を参照してください。

質問することのもつ永続的な力を理解するためには、およそ二五〇〇年前のアテネ（ギリシャ）に戻る必要があります。「ソフィスト」と呼ばれる旅する学者たちが町から町へと渡り、裕福な若者を教育しました。彼らは、若い貴族たちに優秀さと美徳を教えているのだと主張し、授業料を要求しました。ソフィストは議論に勝つことに長けていると考えられており、彼らの教育様式は、生徒に専門知識を与えるというものでした。［参考文献270］。

これとは対照的に、革命的な哲学者であり教師でもあった古代ギリシャのソクラテス（BC469?～BC399）は、自らのことを理解の達人としてではなく、真理の発見に向けてともに努力している生徒と同じく質問者として接しました。彼の教え方は、歩き回り、人々を非公式の対話に参加させるというものでした。彼は、自分は何も知らないと主張し、その謙虚さによって人々は警戒心を緩めたのです。

ソクラテスは、生徒たちが自分で考え、より深い真理を探すのに役立つような質問をしました。彼は、よい質問をすることで生徒自身が問うことを促し、思い込みを解きほぐし、生徒たちに考えさせ、彼らの見識と見方を再考させることに長けていました。つまりソクラテスは、人々に自分の考えについてもっと深く考えるようにさせたわけです。彼の目標は、人々を独断的な眠りから目覚めさせ、不確かな領域に向き合い、真理を探すことでした。［参考文献20］

ソクラテスの議論は、決定的な知識が教える側の人から得られないという点においては異例とも思える教授法でした。学習の成果は、具体的な内容ではなく、生徒たちが自分の目の前で見たものに疑問を投げかける傾向が強まったということにありました。皮肉なことに、ソクラテス自身は何もしなかったわけですが、彼の生徒たちは非常に活発になるという奇妙な効果がありました。ソクラテスは自らを、「他人の考えを白日の下にさらす知的な助産師」と表現しています。〔参考文献270〕

彼は謙虚な探究者の役を演じ、さらには無知を装うことまでしました。ソクラテスが生徒との真の平等を表現したことによって、彼らはエンパワーされたと感じました。生徒たちは、指導者の論理や考えに疑問をもつこと、そして自分自身に疑問をもつことに対しても自由に振る舞ったのです。その結果、教師も生徒も、自分の考えや議論を、より強力で一貫性のある理論にまとめることができました。〔参考文献270〕

今日では、このソクラテス式の問答法は、生徒が協働して行う思考や自主的な学習に参加し、個人や集団として何が真実であるのかについて明らかにするための場を教育者がつくる際に用いられています。ソクラテス式の授業では、教師は専門家や権威ある者といった役割を果たしません。その代わりに、もっとも理解をもたらし、何が重要であるかを明確にし、見識を得ることができる方向に導くといった役割を果たします。〔参考文献266〕

ソクラテス式の問答法は、さまざまな方向で思考を追求するために使用できる、規律のある質問です。つまり、複雑な考えを探究し、物事の真理に到達し、問題を明らかにし、思い込みを明らかにし、概念を分析し、既知のものと未知のものとを区別し、思考の論理的な意味に従うような質問なのです〔参考文献215〕。ソクラテスは、すべてのもの（とくに自分がもつバイアス）に疑問を投げかけることによってクリティカルな思考と知識に到達できることを示したと言えます。

ソクラテス式の授業は、質問ではじまり、質問で終わります。最初の段階では、質問は理解のためのものであることが多いのですが、その後、より深い質問が出てきます。参加者自身から発せられる、クリティカルで純粋な質問です。

それぞれの授業が終わりに向かうときの質問は、考えをまとめること（たとえば、「何がハイライトでしたか？　大雑把になってしまったところはどこでしたか？」、「私たちは今、何を理解していますか？　私たちがまだ理解していないことは何ですか？」）や、対話のプロセスそのもの（たとえば、「誰の声が聞こえてきませんでしたか？　それはどうしてですか？」）に焦点を当てる必要があります。〔参考文献296〕

《まとめ》

・古代ギリシャの哲学者ソクラテスは質問することに長けていたので、生徒たちは自らの思い込みに異議を唱え、深く考えるようになった。

・ソクラテス式の授業では、教師は知識を与えるのではなく、クリティカルに考え、すべてのことに疑問をもつような対話によってグループを導いている。
・ソクラテス式の授業は内容と見識を掘り出すが、対話のプロセスについての振り返りも含めるべきである。

好奇心を活用する方法 26　五つの「なぜ」を使って教室の問題を解決する

五つの「なぜ」は、日本の発明家である豊田佐吉[27]が開発した、議論に基づく問題解決のための方法です。考え方はとても単純です。何かがうまくいかないとき、私たちは往々にして誰かのせいにしようとします。しかし、より好ましい方法は、それを学習の機会と捉え、状況を掘り起こすために探究することです。その問題について質問をしたり、対話したりすることは、問題の根本的な原因を把握し、私たちの理解を深めるのに役立ちます。この方法は、人が悪いわけではなくプロセスが悪いのだ、という考え方に基づいています。［参考文献24］

たとえば、あなたの生徒のほとんどが授業の準備ができておらず、課題とされていた本を読ん

---

(27)（一八六七～一九三〇）トヨタグループの創始者です。

でこなかったことが明らかになったとします。怒ったり、抜き打ちの質問をして追い詰めたり、罰を与えたりするのではなく、五つの「なぜ」という質問をすることによって、なぜこのようなことが起きているのか、そしてそれに対して何ができるのかが判断できるようになります。


問　題　生徒たちは本を読んできておらず、授業の準備ができていない。

なぜ？　彼らには、ほかの教科でも課された宿題が多すぎた。

なぜ？　先生たち全員が、同じタイミングで中期的な大きなプロジェクトを割り当てていた。

なぜ？　保護者への公開授業が近づいていて、生徒たちが十分な活動を保護者に見せられるようにしたい、と教師たちが思っていた。

なぜ？　保護者には具体的な成果を見せる必要がある。

なぜ？　保護者と教師の面談は一〇分しかなく、子どもたちがどのように学んでいるのかについての微妙なニュアンスの違いを知るには十分な時間ではない。

提案された解決策――保護者と教師の面談時間を三〇分に延長する。教師たちに対して、主な課題の締め切り日を共有できるカレンダーを作成して記入するように推奨し、生徒が授業で出された課題に取り組めるように、より大幅なスケジュール調整ができるようにする。[28] 自ら行う振り返りと自己評価を含むポートフォリオ評価を実施し、子どもの学習を単なる作品ではなくプロセスとして保護者が理解できるようにする。[29]

要約

質問することは、好奇心においては特筆すべき事柄となります。これにより、生徒は自分の思考を発見し、構築し、明確にすることができ、知性の炎を上げることができます。質問するという行為は、脳の重要な思考部分としても知られる前頭前野（二一二ページ参照）を活性化します。

---

(28)　近年訴えられている概念である「カリキュラム・マネジメント」の手法としても取り上げることができます。ただ、先生が勝手に書いているだけではあまり効果は期待できません。重要なことは、これらのスケジュールも生徒の主体性を大事にした形で計画されるべきだということです。

(29)　作品主義やテストに代表される成果主義で評価することは、日本の学校教育においては根深い考え方と言えるかもしれません。私たちは、プロの画家や俳人などを育てようとしているわけではありません。活動のなかで生徒たちがした工夫をいかに見取ることができるのかが重要です。『成績をハックする』および『一人ひとりをいかす評価』を参照してください。

質問することで生徒はより深く学習に取り組み、複雑な概念やアイディアの内部操作（つまり記憶）を促進することができるのです。

幼い子どもたちは、質問するチャンピオンと言えます。二歳から三歳までに、好奇心の強い子どもの場合、一時間に何百もの質問をすることが知られています。しかし、彼らが正規の学校に入学すると質問回数が急速に減っていきます。その理由は、質問するのは教師である、という歴史的な先例のためです。

もし、私たちが拡散的思考と創造的な問題解決を支援したいというのであれば、正規の教育を通じて質問することを教え（『たった一つを変えるだけ』で紹介されている「質問づくり」を使って）、子どもたちに報いる必要があります。ソクラテス式の授業での議論は、生徒を質問や協働に引き込むためにはベストと言えるものであり、幼稚園から高等教育までの学習を考えるうえで効果的な方法と言えます。

結局のところ、自分自身が本当に問いたい質問をすること、さらにまた質問すること、それを洗練すること、そして考えることは、生涯学習への道を進むためには不可欠となるステップだということです。

第６章　時間をつくる

ここですべての教育のもっとも重要で、もっとも有用なルールをあえて説明しましょうか？　時間を節約するというのではなく、浪費するということです。

（ジャン・ジャック・ルソー）［参考文献243］

私たちは、何かにとても追われていることに気づきました。二歳児ですら、来年入所する保育園で過ごす間、ずっと座っていられるように練習をしています。また、保育園にいる子どもは幼稚園での成功に向けて準備をしています。小学生は、毎日のように、中学生になったときに味わう本当のプレッシャーについて聞かされています。もちろん高校生は、よい大学に入るために能力を身につけて成績を上げなければなりません。そして、大学の学部生は、大学院進学や医師の国家試験、法科大学院などに向けて必要とされる経験を積むといった時間を過ごしています。

あなたの成績が非の打ち所がないもので、次のステージへの準備ができていなければ、成功は望めないというのが一般的な通説となっています。また、学校における時間は、やらなければならないことがほとんど無限にあるといった状態です。教師は、学習指導要領に対応するすべての授業計画を実施して、学習成果として当初の目標を達成する必要があります。準備時間は週に四〇分しかないのに、次週の授業計画を提出しなければならないのです。

幼稚園児たちは、カボチャの工作プロジェクトを完了させ、引き算のワークシートをこなし、読書仲間と話し合い、おやつタイムかサークルタイム（輪になって全員が話し合う時間）に移るように求められるまでに一〇分の猶予が残されているだけです。そして中学校では、教育委員会の評価とスタンダードテストが三日後に開始されますが、周期表、シェイクスピア、分数といった単元がまだ完了に近づいていないという状況となっています。

「私たちは永遠に時間が不足している」という神話は、現代の支配的な文化を表していると言えます。このことは、試験やテストに生徒が合格するための準備として、理解を築くよりも内容をこなすことを優先しなければならないという教育者の先入観につながっていきます。数字として見える成果を出すことが、ゆっくりと時を過ごし、純粋に物事に没頭することよりも優先されているのです。［参考文献186］

生徒に本を読んであげるなど、私たちが大切にしていることを行っているときでさえ、私たちはチャンネルを次々と変えるように次のことを進めるための準備をしています〔参考文献247〕。しかし、次々と移行するということは、とくに幼い子どもにとっては、脳の注意システムに非常に大きなストレスを与えることになります。教室での猛烈なペース（例「さあ、おやつの時間だ！」、「さあ、掃除の時間だ！」、「座って算数の勉強だ！」、「体育の時間まであと五分！」）は、子どもたち自身が悪いと思っている「集中力の欠如」を蔓延させてしまうように、子どもたちを追いやっているのかもしれません。

学習者のコミュニティーとして学習に取り組みたいと思うなら、私たちは計画から逸脱し、よりゆっくりと、より良く学習者を育むことを意識し、今日一日しか生きられないとした場合に生まれるような、本物の理解プロセスを学ばなければならないのです。

アーノルド・ローベル（Arnold Lobel, 1933～1987）の絵本『ふたりはいっしょ』〔参考文献171〕（三木卓訳、文化出版局、一九七八年）では、かえるくんは美しい庭を造っていて、がまくんはそれにとても感動しつつも少し嫉妬して、同じものを自分も造ってみたいと思います。

かえるくんは、がまくんに種を与えると、がまくんはすぐにそれを植え、水をやり、庭を完成させようと計画します。がまくんは座って、まいた種が成長するのを待ちます。がまくんは行ったり来たりして、種に向かって大声で「大きくなあれ」と言いはじめます。がまくんはイライラしながら歩き、さらに種に向かって「大きくなあれ！」と叫んでいます。大声を聞いたかえるくんが急いでがまくんのところにやって来て、がまくんに優しくこう言います。

「かわいそうに　たねたちは　おっかなくて　大きく　なれないんだ」

がまくんがすべきことは待つことなのです。がまくんは種を優しく育てる必要があります。そこでがまくんは、種のためにバイオリンを弾き、物語を読みはじめました。また、詩を朗読し、雨が降ると一緒に座っています。そして、がまくんが疲れてぐっすり眠ったちょうどそのとき、種が少し育ってきている様子が現れはじめます。

がまくんと同じように、私たちは急いで成果を求めるようなモデルを変えて、生徒の成長を助けるために、生徒自身のリズムに耳を傾ける必要があります。

最近の研究によれば、州や国が示す大量のカリキュラムに対応しなければならないというプレッシャーと相まって生じてしまう厳しい時間の制約を教師が経験しているため、有意義な話し合いや生徒の知的な取り組みが制限されていると示唆されています［参考文献204］。ある幼稚園の先生が次のように述べています。

「子どもたちは、毎朝二〇分ほど遊びに来てくれます。今年は、多くの朝において、ゆっくりと生徒を見てきました。彼らはとても熱心で、協力的に遊んでいたので、私はアシスタントに、このような時間を一日中続けられたらいいな、などと言ったものです。残念ながら、州の基準に沿った学習内容を詰め込まなければならないため、子どもたちがゆったりと遊べる時間としては、一日がはじまる前の一〇分から一五分ほどしか割けません」

ほとんどの教師は、生徒を自由な会話に参加させ、質問することや好奇心を掘り下げ、教え方や内容に柔軟性をもたせたいと思っていますが、その柔軟性が教師にジレンマをもたらせています。学校で定められたカリキュラムから離れて二週間を価値あるものにしたことについて、その日の終わりにカリキュラムの内容が扱われていないと責任を問われた場合、彼女はそれをどのように正当化することができるでしょうか［参考文献304］。生徒たちの成績が芳しくなければ、彼女は自分の仕事さえ危うくしてしまうことになるのです。

もし、私たちが学ぶことの原点に立ち返って、脳がどのように学習するのかを調べ、好奇心に満ちた教室をつくる方向に目標を再設定することができれば、急ぐことが深い学びへの道ではないということが分かるでしょう。たとえば、二五年にわたるリテラシーの研究では、生徒に読む本の選択権が与えられ、本に夢中になる時間が与えられると読書レベルが急上昇することが示されています。［参考文献10］

最近、私は教師を対象にした調査を行い、「もし、あなたが自分の学校をつくることができ、学問の自由と制限のないリソース（資源）をもっていたとしたら、最初に学校生活の何を変えたいですか？」と尋ねました。その結果は、驚くべきものであると同時に、社会科学の分野ではほとんど聞いたことのないものでした。

回答者のうちの一〇〇パーセント、つまりすべての教師が、もし力を与えられたなら、変えたい三つのうちの一つとして「時間」を挙げました。教師たちは、授業時間を長くしたり、一日に学習する教科を一教科にしたり、思慮深い振り返りのための静かな時間を設けたり、授業計画が何を意図しているかに関係なく、物事の成り行きを自由に決めることができるようにしたいと話したのです。

幼稚園の先生であるリア・アマル先生は、「外で過ごす時間を増やし、複数の感覚機能を意識したカリキュラムの時間を大幅に増やす」と言っていました。また、四年生を担当しているスーザン・ラックル先生は、「すべての時間割を排除して、子どもたちが興味をもったときには、授業を拡大するために余分な時間を設定するだろう」と話しています。そして、高校で数学を教えているラトーヤ・ハミルトン先生は、「生徒たちに一日の過ごし方を決めてもらい、それぞれの目標を自ら決めたスケジュールで達成することに責任をもってもらうようにしたい」と言っていました。(1)

時間との関係

新人教師にとっての一般的な懸念の一つに学級経営があります。教師になろうとしている私の教え子たちは、さまざまな集中力をもっている二七人の子どもたちを、いったいどのようにして、問題を起こさないようにまとめあげればよいのでしょうか？　一日を分刻みでスケジュール設定することは、この問題に対する完璧な解決策のように思えます。

聖アウグスティヌス以来[(2)]、「悪魔は暇人に手を伸ばす」と言われてきました。しかし、好奇心には暇／時間が必要です。暇な時間は、私たちを活動や目標から遠ざけ、すべきことを放棄させて、自然発生的に現れる謎を追究するものとなります〔参考文献163〕。しかし、もし探究と夢中で取り組む文化をつくり出すことができれば内発的動機づけが高くなり、子どもたちが誤った行動をしてしまうという問題も取り除くことができるでしょう。好奇心に満ちた教室は、驚きと流動

（1）これらの夢を、少しずつ実現に向けて歩みはじめた実践例が『あなたの授業が子どもと世界を変える』のなかで豊富に紹介されています。

（2）（Aurelius Augustinus, 354～430）。ローマ帝国時代のキリスト教の神学者です。ローマ・カトリック教会の理念を確立させたとされています。

性、そして開放性に依存しているものなのです。

ある調査で、非常に意欲的な高校生たちにとっては、授業時間という枠が彼らの自発的な探究を妨げているという報告がされていました。〔参考文献240〕

ジェフという生徒のように、授業のペースが遅すぎると感じている生徒もいました。彼は、「物理の授業すべてが前年に扱った資料の復習であった」と不満を述べました。ジェフは難しい質問をして知的なハードルを上げようとしたのですが、教師とクラスメイトから抵抗を受けてしまいました〔参考文献240〕。彼の教師たちは、自分たちが設定した課題で進めようとしていたようです。そして、クラスメイトは、ジェフの質問に時間を割くと今度の試験に出るところまで授業がカバーされないのではないかと心配し、彼を避けたのです。

提供されている以上のことを望んでいる熱心な生徒は、しばしば「先送りされる」ことになります。これは、教師が学習内容を詰め込むのに忙しくて、真の質問をはぐらかしているということを意味します。

先送りの例として、「これについてはあとで説明します」とか「ああ、今、それを説明する時間がありません」と言われることがありますが、やる気のある生徒からすれば、自分の質問が不適切であるとか、（文化的な慣習によると）質問そのものが、生徒の思う課題よりも常に優先されている教師の課題を超えていると解釈しています。

この調査に参加していたカートという生徒は、教師はいつも時間が不足しており、膨大な量の学習内容をカバーするために、すべきことをとにかく続ける必要があることを理解している、と言いました。さらにカートは、生徒たちの真の興味を引き出すような時間はないと、次のように言っていました。

「先生たちは時間に追われているので、とにかく決められた学習内容を消化しなければならないのです。先生たちは、『やることがたくさんあるので、先に進む必要があります。ぜひ、その学習内容に触れたいのですが……実はこのコースは、単年度ではなくて二年間の継続授業とすべきなのです』などと言っています」［参考文献240］

同様に、数学と科学のＡＰ課程(3)に関するアメリカ科学財団とアメリカ教育省による最近のレビューには、ほとんどのＡＰ課程は理解を犠牲にして、あまりにも短期間に多くの情報を詰め込んでいたという報告が掲載されていました［参考文献130］。好奇心を優先させるために、私たちは速度を落とし、真に探究するための時間と空間をつくらなければならないのです。［参考文献240］

（3）　一一七ページの訳注を参照してください。

《まとめ》

・急ぐことは、深い学びへの道ではない。
・子どもの脳の注意システムは、短い時間で学習する事柄が次々と移り変わっていくことでストレスになる場合がある。
・生徒たちが真剣に取り組んでいる場合、教師が感じる学級経営上の懸念は減少する。
・退屈さがストレスにつながることもあるが、退屈を乗り越えることは生徒だけでなく教師もエンパワーされることになり、創造性を誘発する。

学習環境を変える

真の学習は、かなり多様なペースで進んでいきます。好奇心は蚊のようなもので、興奮してアイディアから次のアイディアへと飛び移っていくようなこともあれば、同じところをゆっくりとさまよっていることもあります。

真の好奇心から生まれる深い学びは学習者からはじまるものであり、決して強制によって生まれるものではありません。好奇心は、焦っている状態ではうまくいきません。教師がスピードを落とせるようにエンパワーされ(4)、不思議に思う気持ちと好奇心をもつ時間を生徒に与える必要があります。

私たちはまた、常に好奇心と質問をもっている生徒たちに、時間と自由を操ることができるだけの手綱を与えなければなりません。私たちは、知識への欲求が高まっている状態のなかで、それらが存在できるようにしなければならないのです［参考文献256］。決まった形のない学習プロセスをどのように記録し、また、結果よりもそのプロセスを優先させるためにはどのようにすればよいのでしょうか？

ここで私たちは、さまざまな指導形態のなかで、より大きな時間枠と自由を強調するという教育モデルから教訓を得ることができます。小児科医であり、教育学者でもあるマリア・モンテッソーリ（Maria Montessori, 1870～1952）は、教育モデル(5)を開発する前、何年にもわたって子どもたちを注意深く観察しました。モンテッソーリのもっとも興味深い発見の一つは、子どもたちの活動内容が頻繁に変更されると、ある一つの活動を継続的にするよりも疲れが大きくなるということでした。つまり、ギアを切り替え続けるのは大変だということです。

(4)「常に時間がない」と言わざるを得ない状況に置かれている教師に、単に「スピードを緩めなさい」と言っても何の役にも立たないので、教師がスピードを落とせるようにエンパワーする必要があります！

(5)「モンテッソーリ教育」と呼ばれている教育法で、「自己教育」を基本原理とするものです。

また、長い時間一人で子どもたち自身のペースで活動すると、集中力と取り組みのレベルが急上昇したとも言います。休憩を望んでいる子どもたちのために休憩を取る自由はありましたが、それは自己選択でした（一方、外部から休憩のタイミングが決められている場合は、その休憩によって子どもたちが疲れ切ってしまい、めちゃくちゃなものになる可能性があります）。

モンテッソーリ教育で数か月を過ごした三歳の子どもは、挑戦しがいのある活動を選択し、目の前の課題に集中し、活動のサイクルを完了し、ほかの活動をしている人の邪魔をすることなく休憩をしたほか、このサイクルを繰り返すことができました。

学習プロセスに関するモンテッソーリの詳細な文章によると、これを実現するためには最低三時間、継続した授業時間が必要であるとされています。子どもたちを継続して観察しながらモンテッソーリは、「集中のオン、オフの切り替えが起きるたびに子どもは完全に変容しはじめ、より穏やかに、より知的に、より拡張的になった」［参考文献194］と記録しました。授業において二〇分間のスパートをかけたとしても、真の学習と発達を実現することはできないということです。［参考文献167］

子どもたちは活動を中断されそうになっていることを知ると、やりがいのない「忙しいだけの活動」を選択し、最悪の場合は仲間の邪魔をすることになります。さらに悲劇的なことに、その中断が近づいていることを子どもたちが知らない場合は努力を要する厳しい活動を選んで夢中に

なりますが、それを中断されたときは不意打ちを食らったように感じ、活動は頓挫してしまいます。［参考文献167］

教師は、各方面からの要求を満たしながら、より長い時間を、子どもたちの活動としてひとま、、、とまりにすることをどのように許容するのでしょうか？　これが可能になるのは、教え方と学び方に対する考え方を変えたときだけです。モンテッソーリによれば以下のようになります。「私たちの目標は、単に子どもに理解させることではありません。……子どもの想像力に触れて、心の底から子どもを奮い立たせることです。無関心な生徒ではなく、熱心な生徒を私たちは望んでいるのです」［参考文献194］

彼女は、「子どもは、自らが学んだすべてのことを好きになるべきである」［参考文献194］という信念をもっていました。学習する教材と指導法が自立した学習者を念頭に置いて注意深く設計されておれば、子どもの知識への欲求と教材の自己修正能力が「真の教師」となり、大人は学習プロセスの仲介者として子どもと教材を出合わせるだけとなります。ある調査報告によると、都市部にある公立のモンテッソーリ学校の子どもたちは、「認知的／学問的尺度」と「社会的／行動的尺度」において、従来の学校の子どもたちよりも著しく成績がよかったとされています。

とくにモンテッソーリ教育を受けている五歳児は、書き言葉の認識、音声の解読、算数の問題解決能力、実行機能の能力といったような、小学校に入るために準備しておく必要のある能力が高かったと言います。彼らはまた、心の理論、(6) 社会的認知、教室の倫理と正義、肯定的な共有された遊びという各尺度についてもより良い結果を示しました。

モンテッソーリ教育を受けている一二歳の子どもは、洗練された文章構造、創造的な物語の書き方、前向きな対人関係スキル、学校コミュニティーへの参加意識において、同世代よりも優れていました［参考文献168］。単に、子どもたちの学習に時間を費やすこと、また時間的なプレッシャーを避けるということがこれらの結果に関係しているのかもしれません。

スロースクール

教育者のなかには、本物の学習は時間に縛られて行われるものではないということに気づきはじめている人もいます。同様に、真の好奇心は、発作的にはじまり、成長し、予測不可能な飛躍を遂げます。子どもの発達に関する専門家であるロバータ・ゴリンコフ（Roberta Golinkoff）とキャシー・ハーシュ＝パセック（Kathy Hirsh-Pasek）は、子どもを教えることに関するもっとも大きな誤解として、「速くすることのほうが優れている」と「すべての瞬間が大切である」という二つの考え方があるとしています。［参考文献106］

研究結果が示すように、子どもたちはリラックスしていて、統制がとれていて、急いでいないときにもっとも学ぶということは明らかです。同じように、ハーバード大学の学部長は新入生たちに対して、とにかく勉強に時間を費やすのではなく、毎日何事にも縛られていない時間をつくることでゆっくりとした学習の道を進むように、とアドバイスを送っています。また彼は、次のようにも述べています。

「空っぽな時間は埋めるべきものではありません。４×４パズルにおいて、ピースのない空の箇所がほかの一五個のピースを動かすことを可能にしているように、空っぽな時間はあなたの心にあるほかのものを創造的に再配置できるようにしてくれるのです」［参考文献165］

かつては機械のような精密さと効率で知られていた日本の教育制度も大きく変わり、生徒の自由な時間が大幅に増えました。日本の文部科学省の寺脇研官房審議官は、「子どもに勉強しろ、勉強しろというだけの現行制度は失敗しました。際限なく勉強することは、過去にはうまくいきましたが、もはやそのような状況ではありません。……子どもたちに考える時間を与えたいのです」［参考文献130］と述べました。つまり日本の教育者は、想像力に乏しく、秩序だった学校シス

（６）他者の心を理解する能力を指しています。

テムによって規律ある労働者を生み出すことはできるが、将来的な問題解決者やイノベーターは生み出さないということ気づいたのです。(7)［参考文献99］

ファストフードチェーンのスピード、効率、利便性によって文化的な品位が失われていくことをスローフード運動が問題視してきたように、スロースクール運動は、数値で表現でき、合意されたもので評価されるといった、すでに決められている内容と順序による性急な教育実践を避けています。［参考文献130］

知識や能力を提供し、コストを削減し、リソースを標準化し、退屈な台本やルーティンに教師を駆り立てるのではなく、スロースクールでは、予測不可能な人生の問題に対して創造的に対処して、繊細さと複雑さを増しつつある世界に取り組みます。それによって、本物の好奇心をもつ個人として成長するための能力を教師や生徒に身につけさせようとしています。

三個の特大ハンバーガーを食べるよりも天然のサケの切り身を一枚食べるほうが満足感が得られるように、生徒たちは五〇州の州都を暗記するよりも、アレクサンダー・ハミルトンが連邦政府樹立のために立ち上がった理由を理解するほうがより満足感が得られるでしょう。(8)

生徒が時間をかけて（単に学習内容を「カバー」することにとどまらず）ニュートン（Sir Isaac Newton, 1642～1727）の質量と力の概念が何を意味するのかを理解し、抽象的な優雅さと文化的な側面においてニュートンを理解することができれば、アルゴリズムはスムーズに理解されるはずです［参考文献130］。要するに、性急さを求めない学校では生涯にわたる好奇心の種がまかれるということです(9)。

好奇心を活用する方法 27　ペースを混ぜたり個別化したりする

三〇人の生徒がいる教室で、個別化したり、多様なペース配分を実現するためにはどうすればよいのでしょうか？　学習をデザインする際、子どもたちの多様な知性や気質、性格の違いを考慮に入れ、一日を構成する時間帯のなかでハイペースとローペースを使い分けたり、ハイペース

---

(7)　ここで言及されているのは、平成一〇年版（高等学校のみ平成一一年版）学習指導要領への改定の際に議論された、俗に言う「ゆとり教育」に関することです。ここで評価されているように、理念としては思考力の育成が目指されたものと言えますが、実際の授業が大きく変わったのか、また学習した子どもたちが思考力の伸長を達成したのかに関しては別問題となります。そして、そのあとに巻き起こった「学力低下」という嵐のなかで、「ゆとり教育」は遠い過去のものになってしまいました。子どもたちに考える時間を与えられるような教育のあり方は、今も課題として残っています。

(8)　(Alexander Hamilton, 1755～1804) アメリカ建国の父の一人とされている、独立戦争でワシントンの副官として活躍した人物です。

(9)　こうした学校の代表例としてフレネやサマーヒルが有名ですが、まだご存じない人はサドベリー・バレーも参考にしてください（『遊びが学びに欠かせないわけ』の第5章）。

があっている人とローペースがあっている人に向けた選択肢を提供すればよいでしょう(10)。

より多くのことを求める生徒のためや、集中する時間を伸ばすことができ、どんどん次に進むエネルギーをもつ生徒のために方向転換を奨励することができます。たとえば、ある生徒が、一日中何かに取り組むことを必要としている、または望んでいるとします。これは悪いことでしょうか？　このような例は、効率を求めるような産業的で、成果についての説明責任を必要とするような学習モデルの場では悪いことと判断されるでしょう。言ってみれば、社員がその日の仕事量を上司から肩越しに見られているようなものです。

しかし、これは学習が起きる（豊かになる）方向とは真逆のものなのです。お分かりのように、それは大人がうまく仕事ができるやり方とは正反対のものです！

退屈と不快感へのアプローチ

失敗が好奇心をかきたてる際に重要な役割を果たすように、退屈もまた重要な役割を果たしてくれます。「必要が発明の母」ならば「退屈は創造の父」です。これは、何もない空のスペースから予期せぬものが現れるということを表しています。

ドイツの哲学者マルティン・ハイデッガー（Martin Heidegger, 1889～1976）は、退屈は変革的で創造的であり得るという見解を提示しました。彼は、退屈が時計という時間の枠組みから私たちを連れ出して外側へと遠ざけ、その代わりに「地平という、視覚化されるものにつながる」時間の全体性に入れてくれると述べています。［参考文献121］

時間との関係における私たちの特徴を挙げると、一秒一秒が満たされていることを望む傾向がとても強いと言えます。私たちは、沈黙や活用されていないデッド（使い道のない）スペースなど、人生のあらゆる瞬間が何かによって満たされていないという状況を恐れるといった傾向があります。バス停で待っている間に、スマートフォンの着信履歴、電子メールやテキストメッセージをチェックしてしまうようにです。

私たちは、神経質に時間をエネルギーで満たします。また、何事についてもペースの速いマルチタスク社会に慣れています。「スピード、簡単さ、絶え間ない活動、即座の満足、洗練されたエンターテイメント……それらは、何も予定されていないような多くの瞬間に対する許容度を下げてしまう」という私たちの文化となっています。［参考文献21］

私たちには、ペースを落とす必要があります。私たちの生徒や子どもたちは、このような切迫

---

(10)　具体的な選択肢の提供の仕方については、『教育のプロがすすめる選択する学び』および『ようこそ、一人ひとりをいかす教室へ』を参照してください。

感を受け継いできました。急ぐことは産業的であり、生産性の高い教育モデルと関係しています。そうではなく、禅の精神に近い形の教室を想像してみてはいかがでしょうか？　イギリスのある教育研究者は、絶え間ない活動に対する文化的期待が子どもたちの想像力における発達を鈍らせていることを発見しました。［参考文献22］

子どもたちは、活動や娯楽、授業、そして画面を見ることによってすべての時間を埋めるのではなく、立ち止まってじっと見るという時間が必要なのです。自分の考えについて思考をめぐらせ、自分に密接な世界を知るためには、静かでひっそりとした時間が必要なのです。退屈なときというのは非常に創造的な状態になれる時間空間であり、内部刺激の発達を促します。退屈しているからといって外に出ていくのではなく、不快感を抱えてただ座っているだけでも環境を探究することになりますし、心の内面を発展させ、問題に対する見識が得られるようになるのです。

多くの大学レベルの課程と同じように、私が教えている授業では学生（彼らの多くが教師になるための勉強をしています）と私は三時間かけてテーブルを囲み、互いに質問し、対話し、挑戦し、励ましあい、刺激しあっています。

何年も前に私は、授業の時間枠に関するおかしな現象に気づいていました。会話が終わると、ぎこちなく不快な沈黙が続くということがよくあります。ファシリテーターとしての私の仕事は、教材に目を移したり、新しい質問を引き出したり、議論しているテーマにつながりをつくったりすることになります。しかし、早く介入してしまうと、私の議題が優先されはじめるというリスクが生じることになります。

私は何もしないで、学生たち自身が新しい見地に気づくように挑戦してもらっています。みんな早く外に出たがって、時計を見ながらそわそわしはじめます。そんな様子を見ていると耐え難いこともあります。しかし、数年前、授業の間は学生に寄り添うことを私は約束しました。

時間はとても貴重なもので、深い対話の機会はとても少ないものです。そこで私は、授業の間はずっと、何があっても学生と同じようにしていることにしたのです。すると、驚くべきことが起こりました。授業がいつ終わるのかと考える不安から解放されると、平和な新しい学習ペースが訪れたのです。そして驚くべきことに、新しいアイディア、新しい見識、深い思考が生まれはじめたのです。

さまざまなジャンルで才能を発揮しているミーラ・サイアル(11)にとっては、鉱山の村で過ごした子ども時代の孤独やするべきことのない状況が、高齢の隣人とともに時間を過ごしたり、天気の

---

(11)（Meera Syal, 1961～）イギリスのコメディアン、作家、劇作家、歌手、ジャーナリスト、プロデューサー、女優です。イギリスでもっとも有名なアジア人の一人です。

パターンを観察して図表化したりすることにつながりました。そして、もっとも重要とされたことは、日記を書くことに時間を割くという人生を見いだしたことです。このような自由な状態は、時間を埋めるために私たちが何かをするといったことによって生み出されます。

同じように、神経科学者のスーザン・グリーンフィールド（Susan Greenfield）にとっても退屈は、物語をつくりあげたり、絵を描いたり、地元の図書館で何時間も過ごしたりすることにつながりました。［参考文献22］

子どもの想像力豊かなストーリーテリングの研究も同様のパターンを示しており、もっとも想像力が豊かな子どもたちは、自分自身の直接的な経験をもとにストーリーテリングを行っています。経験を積むためには、そのための時間を空けておく必要があるということです。

退屈と格闘したり、退屈を超越したりすることは、あらゆる困難や複雑さと同じくらい学習に効果を発揮します［参考文献38］。イングランドのフリースクールであるサマーヒル・スクール（五五ページ参照）では、退屈、ストレス、怒り、失望、失敗など、個人の発達に伴うさまざまな感情を学習目標として、それらを子どもたちに経験させています。その指導法の鍵となる部分は、退屈と焦りを起こし、それを超越させることです。

サマーヒル・スクールでの指導法の有効性に関する研究は、退屈と動機との間に複雑ではあるが統合されている関係があることを示唆しており、退屈は「変化への合図」として理解されています［参考文献23］。同様に、動機づけに関する研究では、最初は退屈だと思った活動にこだわることを奨励されると、子どもたちの興味は、熟考、空想、および代替物の想像を通して燃えあがっていくことが示されています。［参考文献56、58］

おそらく、もっとも重要となる点は、テレビやテレビゲームのような刺激的な経験でダラダラと時間を埋めてしまうと、観察、振り返り、同化(12)といったような内向的な活動機会を奪ってしまうということです。私たちは、子どもたちが自ら娯楽を発明したり、発展させたりする機会を奪い去っているのかもしれません。それは、本質的に創造性と想像力の構成要素を奪うということにつながります。［参考文献22、23］

退屈な課題を与えると、生徒に好奇心が芽生えることがあります。彼らは、自発的にそれをもっと面白くなるように装飾しはじめるのです。一例を挙げると、ある五年生はより面白くするために、与えられた課題に対して書くべき量を意図的に増やしました。「もし、一文を書きましょうと言われたら、私はもっとたくさんのことを書いて、もっと面白くなるようにします」と、この五年生は言っていました。［参考文献190］

---

(12)　文学体験のなかで、登場人物になりきることをこのように言います。

別の例も紹介しましょう。七年生の男の子たちが、生きたカメの世話をするために必要とされる理科のプロジェクトに取り組んでいました。カメたちと一緒に時間を過ごしはじめると彼らは、斜面をつくったり、レースを開催したりして、このプロジェクトをもっと面白くしようと考えました。［参考文献232］

好奇心を活用する方法 28 学校のある日における時間の枠を緩める

私が五年生のとき、先生が手術を受けたために四週間教室を離れていました。プロクター先生という若くてエネルギッシュな人が、その代わりとして私たちの先生になりました。プロクター先生は大胆不遜にも教科書を捨て、毎日の大半を子ども向けの小説を読んで過ごしました。『秘密の花園』、『五次元世界のぼうけん』、『赤毛のアン』、『クローディアの秘密』といった本を彼女が読んでいる間、私たちは机を動かしてその周りに集まりました。スケジュールにこだわらないことの爽快感や、プロクター先生が大胆な舵取りをしているという別世界において、すべての時間が止まっているような感覚を今でも思い出すことができます。これらの本は今でも私のお気に入りとなっていますし、この四週間は、小学校時代においてもっとも記憶に残る出来事となっています。

好奇心に満ちた教室をつくるために教師は、予期せぬことが発生するような方法で日々のスケジュールが構成できるようにエンパワーされなければなりません。また、生徒のなかから興味のあるアイディアが出てくるようにもしなければなりません。イタリアの都市と同じ名前である「レッジョ・エミリア」モデル[13]では、授業計画で「創発的カリキュラム」と呼ばれるものが使用されており、リアルタイムで修正されていきます。

レッジョ・エミリアの教室では、（通りの向こう側で建設計画が進んでいることなど）生徒が何かに気づいたときや、（三〇センチの雪が積もることなど）何か最新の出来事が起こったとき、または（友人間の対立など）学習の好機が生じたときなどは、授業計画を放り出してもかまわないのです。

生徒たちが今ここで体験し、感じていることよりも重要で興味深いこととは何でしょうか？　時間の枠が厳しすぎると、生徒たちは「学校は退屈で、休みは楽しい」を合言葉にしてしまいます。学校は自分たちのものではない、あるいはもっと悪いことに、学校で自分たちが行っていることは他人を喜ばせるためのゲームでしかないと判断してしまうと、彼らの好奇心は消滅してしまうことになります。

（13）イタリア発祥のもので、主に保育・幼児教育の分野で知られている、自主性、協調性を育むためのプロジェクト活動重視のアプローチです。

フロー状態

プロジェクトに没頭しすぎて、周囲が暗くなったことやお昼ご飯を食べていないことに気づかなかった、というような経験はありませんか?

歴史家によると、ミケランジェロ（Michelangelo di Lodovico Buonarroti Simoni, 1475~1564）はシスティーナ礼拝堂の天井画を描いている間、休むことも食べることもせず、疲れ切るまで働き続け、目を覚まして疲れが取れるとまた没頭するといったように、来る日も来る日も仕事をしたと言います。活動中におけるこの極端な集中状態は「フロー」と呼ばれることもあり、しばしば明快さ、自信、時間感覚の喪失、落ち着き、強い意欲、そして満足感を伴うことになります。

多様な活動（たとえば、視覚的な芸術、スポーツ、音楽、チェスなど）におけるフロー状態の感覚は、高いパフォーマンスの客観的な測定値と深く関係しています。フロー状態にある人は、ほかのことに関するすべての認識を失う可能性があります。なぜなら、彼らの注意力が、努力をしているという意識がなく、目の前の活動に集中しているからです。［参考文献51］

強い集中力と努力を必要としない状態を同時に経験するというのは、一見矛盾しているように思われますが、高められた強制されない状態は独特の生理学的パターンをもっていますので、ポ

ジティブな感情と高い集中力の間に生じる相互作用のようにも考えられます。［参考文献65］

フロー状態では、心配事や目の前の活動に対して注意を払うだけの余裕がないという単純な理由で、問題やストレスがなくなります。日本古来の武道の達人によれば、「気にならない状態」（思考を妨げることなく、精神的に超越された動作に移ること）が理想だと言います。確かに、スキーやマウンテンバイクなど、複雑な身体動作に夢中になっているときは、登山道のコブや岩に注意を向けた途端に転んでしまうものです。一方、自らをフロー状態にするだけで「山と一つになる」ことができるのです。それは、古代中国の詩人李白（りはく）（七〇一～七六二）が「独坐敬亭山（ひとりけいていざんにざす）[14]」と雄弁に語った状態と同じかもしれません。

では、教師はどのようにすれば、学校でこのような凄まじいまでの没頭、楽しみ、興奮状態を子どもたちのなかに生み出すことができるのでしょうか？

幼稚園教諭のリア・アマル先生は、園児たちが「金曜日のおとぎ話」というイベントで重要なリテラシーを身につけながらフロー状態に入っていく様子を見てきました。最近では、園児たちがキャラクターや設定、筋書きなどを吟味し、倫理的なジレンマについてもじっくりと議論をしています。そして、おとぎ話に合わせて絵を描いたり、工作をしたりしています。

（14）原典では、"We sit together, the mountain and me, until only the mountain remains." とされています。

ある活動で園児たちは、さまざまな色の画用紙と城の輪郭が描かれた紙が与えられ、それに色をつけたり、切り取ったりしました。とても熱心に、とても静かに、そして猛烈に活動をしていたので、アマル先生はその日に予定されていたほかのことをすべてやめて、そのまま活動を続けさせました。この活動は一日がかりとなりましたが、彼らは制作物に誇りをもっていました。アマル先生は次のようなコメントをしています。

「私が教えはじめたころは、このようなことは決して起きなかったでしょう！　多くの教師は、一日に詰め込むべきものが多すぎると感じており、自分が一歩下がって、園児に学習の主導権を握らせるということを忘れがちです。その日は、ほかに予定されていた活動をすべてキャンセルしましたが、パニックは起きませんでした！」（二〇一五年六月二六日の私信より）

園児たちは、リテラシー（クリティカル・リテラシーによる理解）、細かな運動の能力（色つけ、切り取り、貼りつけ）、数学的な能力（形状、対称性、空間構成）、計画、そして話し言葉の伸長に時間を費やしたのです。フロー状態を内発的動機づけと組み合わせて、一日のより良い使い方を計画しようとすることは決して簡単ではありません。

教室でフロー感覚を育てるためには、時間と私たちとの関係を変える必要があります。私たちは時計を見るのをやめて、授業時間の使い方に関して、自らがどのように感じているのかについてはっきりとさせなければなりません。短い時間でテーマを度々切り替えるのではなく、子どもたちがプロジェクトやスポーツゲーム、読むことに没頭できるようにする必要があります。つまり私たちには、中断、目標の恣意的な変更、そしてスピーカーから発せられるような雑音などに関して、最小限に抑える方法を見つける必要があるということです。

ウィリアム・エアーズ（一二ページ参照）は、教室での中断をコントロールすることを「創造的な反抗」と表現し、その小さな抵抗活動が優秀な教師であるための鍵だと言っています。

ある日、校内放送が生徒たちの学習を遮ってしまいました。一日においてそれが七回流れたとき、なんと彼はドライバーを取り出してスピーカーを分解し、ワイヤーを切ってしまいました。その後、校内放送が機能していないことを知らせるために、生徒を職員室に派遣したのです。ちなみに、それを修理するために三年かかっています。〔参考文献11〕

演劇、オーケストラ、スポーツ、生徒新聞の執筆といった課外活動において生徒たちが最良となるフロー体験を報告している理由は、これらの活動においては情報に触れるものが不自然なものではなく、自然なリズムに従うことが多いからです〔参考文献51〕。どうすればそのようなフロー感覚を授業でつくり出すことができるのでしょうか？　もしかすると、時計や締め切りをなくすことが解決方法となるかもしれません。

より広いスパンで学び、より広い視点で考える必要があります。乳児が最初に固形食を食べはじめると、その食事が散らかることがあるために親はしばしばパニックに陥ってしまいます。小児科医は、乳幼児の親に「心配することはない」と言います。子どもが一日に何を食べたかに焦点を当てるのではなく、子どもが一週間にわたって摂取している栄養に注目する必要があるのです。このことは、学習者にも当てはまるでしょうか？　より長い時間をかけて、より広い成果を考えてみたらいかがでしょうか？

自由が与えられた状態で遊ぶことは、フロー状態の典型と言えます［参考文献52］。心、体、手、脳が、どこに行っても途切れることのない機会を与えられ、遊んでいる子どもたちは無限の実験的かつ想像的な方法で自らの環境をコントロールします。結果や成果は考える必要のないものとなり、時間についての感覚も消えていきます。ホームスクーリングをしている親の一人が、「子どもたちがフロー状態になる様子が非常によく見られる」と述べていました。

子どもたちが深い活動を行い、集中している状態として、友だちとグラフィック小説を書く、ボードゲームをつくる、ストップモーション・アニメーションをつくる、どこかで見つけてきた素材で人形の家をつくる、コンピューターゲームをプログラミングする、クラシックカー「シボレー」の一九七五年型のカマロの復元、といった行為を挙げることができます。

《まとめ》

・途切れることのない長い時間が好奇心を開花させる。

・私たちは退屈やぎこちなさを否定する傾向があるが、それを乗り越える方法を生徒が学ぶことは重要である。
・空想、想像、落書きなどの他愛もない時間は好奇心のサポートになる。
・フロー状態を生むためには、その定義からも分かるように、子どもたちを急かしてはいけない。

私たちが犯してしまう最大の間違いは、「活動」が終わったときにだけ遊べるようにすることです。教育学教授であるスーザン・エンゲル（Susan Engel）が五年生の理科の授業において、古代エジプト人がピラミッドを建設する際に必要とされた巨大な石を運ぶために、車輪を使うという「実践的な」単元を行っているときの話をしています。

子どもたちには段階的な指示が与えられ、あらかじめ決められた結論（ダボ(15)を車輪として使うと、板を引っぱるのがより簡単になるという発見）に向かって導かれ、ワークシートに記録することになっていました。あるグループがワークシートと説明書を捨てて、本格的で、遊び心のある実験をしようとしました。彼らはこの装置に興味をもち、バネ測りを取り付けたバーのさまざ

(15)　木材を接ぐときに使う、棒状の小さな木片です。

まな使い方をテストしていたのです。その様子を見たパーカー先生は、「分かりました。もう十分です。それを試してみるための時間を休み時間に提供します。今は理科の時間ですよ！」と、皮肉抜きに叫んでいました。［参考文献85］

好奇心を活用する方法 29 より長い時間のまとまりを週のスケジュールでローテーションする

多くの場合、構造化された時間のまとまりは、クラスで実行したい活動のタイプに対して短すぎます。[16] 実験を完遂するために理科の実験では二時間分をとることがありますが、文学の授業はどうでしょうか？　また、数学の授業ではどうでしょうか？

一部の教師は、一日一教科という案を主張しています。また、ある教科が別の教科よりも優遇されないようにするために、ローテーションが可能で、より大きなまとまりとしてスケジュールを組む必要がある、と主張する教師もいます。数学のある先生が次のように述べています。

私が教えている授業の長さは五〇分で、私たちはいつも時間をオーバーしてしまい、あとの授業を担当している先生がとてもうろたえています。私たちは、授業がはじまって三〇分ほど経ってからようやく本領を発揮することが多く、終了時間に生徒が夢中になっている活動を中断しなければならないことがよくあります。

私は数学を実践的な活動として教えており、ゴムセメントと綿棒を使った四次元の正八胞体のモデルをつくるといった活動を中断しなければなりませんでした。抽象的な概念を具体的な創造物に移すことには試行錯誤を伴うというケースが多いのです。

また、生徒が何だかの活動を首尾よく完了できたら、探究するための質問を別に考えたり、ほかの何かを見つけて理解を広げたりするように私は指示したいと考えています（たとえば、「正八胞体を三次元で表現する方法はありますか？」など）。決められた時間に授業を終えなければならないとき、このプロセスは中断となり、次の授業時にその活動を再開することが困難となります。

要約

好奇心は、急かされるようなペースでは芽生えません。学校生活において厳しい時間的な制約があると、有意義な活動への取り組みや話し合いが制限され、最終的には生徒の発達が妨げられ

(16)　あなたは、時間割がどうしてできたのかご存じですか？　いったい、誰にとってどのような状況でつくられたものだと思いますか？　時代は大きく変わっています。『シンプルな方法で学校は変わる』（「時間割は、与えられるものではなく、つくり出すもの」）を参考にしてください。

ることになります。教師は、大量の学習内容を短期間でカバーするという非現実的な教え方にしばしば悩まされています。一秒ごとに情報を詰め込まなければならないというプレッシャーは、想定外の発見が生まれる可能性を減らすことにつながります。知的な飢えよりも学習内容を優先するという行為は重大な過ちとなります。

ほとんどの教師が、その日をどのように進行するかについて決定する時間と自由を求めています。予期せぬ学習の好機が現れたために学習計画を破棄することになったとしても、それを求めています。スロースクール運動やモンテッソーリ・メソッドのような進歩的な教育モデルは、生徒や教師が好きなだけ取り組めるようにすることでともにエンパワーされ、予測困難な問題にアプローチして学習する場合に役立ちます。生徒たちに好奇心を本当にもってもらいたいのであれば、調査し、質問し、驚き、発見するための時間を十分に与えなければなりません。(17)

(17) この点について、理科という教科で具体的に紹介されている本が『だれもが科学者になれる！』ですので参考にしてください。https://business.nikkei.com/atcl/NBD/19/culture/00060/

第７章
好奇心の環境をつくる

もっとも効果的な教育は、たくさんの素敵なもののなかで子どもが遊ぶことである。
（プラトン）[1]

教室の文化を好奇心モードに変えるためには、習慣を変えるだけでなく環境も変えなければなりません。驚くようなことではありませんが、学習が行われる物理的な環境は、好奇心を育て、維持するうえにおいて強力な要因となります。好奇心を育む環境をつくるためには、教室を新鮮

（1）引用元について、プラトンによる著書『国家』に記載されているものと捉えられているようですが、厳密にはよく分かっていません。

な目で時々見回し、その空間に潜んでいるメッセージを再検討する必要があります。

・この教室の設定は、どのように独創性と発見をサポートしているでしょうか？
・静かで落ち着いて活動ができ、集中できる時間が長くなるような、生徒が異なる心のもち方で過ごせるさまざまな空間がありますか？
・生徒が一緒に活動したり、特定のプロジェクトをしたりするために形を変えることのできる場所はありますか？
・学習のために、自由に使える材料は供給されていますか？
・視点や明るさが変えられるような場所はありますか？
・もし、子どもたちがその空間に入るとしたら、彼らは親しみやすさやオウナーシップ（自分の場所だという所有意識）をもてるでしょうか？［参考文献53］

教室の環境を慎重に設定することで、子どもたちに「場所の感覚」、つまり周囲の人々や場所、自然の世界に触れて、そこから何かを感じ、心が成長するような機会を与えることができます。呼吸をしている空気と同じように、私たちが時間を過ごす物理的な環境設計については見えないことが多いものです［参考文献305］。しかし、教室という空間は、私たちの思考や感情、そして行動にさまざまな影響を与えます。すべての環境は、空間を使用する人々の価値観や考え方、お

よびそこで行われる活動についてメッセージを発信しています。〔参考文献53〕

空間は、創造性と創意工夫、責任と思いやり、あるいは逆に消極性や規則を遵守することを要求します〔参考文献125〕。子どもたちは年間約一三〇〇時間を校舎や教室の中で過ごしているため〔参考文献59〕、多くの教育関係者は、教室という空間は親や教師と同じくらい生徒に影響を与えると考えています。そのため、教室環境を「第三の教師」と呼ぶことさえあります。(2)〔参考文献272〕

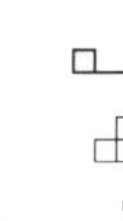

学習環境のアフォーダンス

私たちは世界をデザインするけれども、世界もまた私たちに影響を与え、私たちをデザインする。

（アン・マリー・ウィリス）(3)〔参考文献298〕

一九五〇年代、知覚心理学者のジェイムズ・ギブソン（James Jerome Gibson, 1904～1979）が視覚の研究をはじめました。とくに物体や行動を目にしたとき、目の網膜にある光受容体がい

（2）残念ながら、日本においてはこの捉え方はまだ皆無のような気がします。もし存在していたら、あの典型的な教室風景を葬り去る方向で動き出せることになるでしょう。ちなみに、「第二の教師」は何だと思いますか？

（3）（Anne-Marie Willis）オーストラリア人。現在はカイロにあるドイツ大学のデザイン理論の教授です。

かにして即座に光の情報を知識や理解へと変換しているのかについて研究しました。彼は、環境が知覚に与えるものを捉えるために「アフォーダンス」(4) という用語をつくり出し、生態心理学の領域を開拓しました［参考文献104］。この研究から、価値と意味は環境の構成とレイアウトのなかにおいて直接知覚可能であるため、環境が学習者に何を提供するのかについて考慮する必要があると分かりました。

物理的な空間のアフォーダンスは、好奇心をかきたてるという点で重要な意味をもちます。少し考えてみてください。何もないスペースから、アイディアやイノベーション、好奇心、疑問を膨らませる方法はあるでしょうか？　また、人の目を引き、他人の活動からインスピレーションを得るという興味深い場所は、どのようにイノベーションを表面化させるでしょうか？

好奇心は子どもの学習と発達において不可欠な要素ですので、「細胞のような教室とチャイムだけが聞こえるようなデザインモデル」から学校を完全に転換し、私たちにとって理想的な学習環境とはどのようなものであるのかについて考えはじめる必要があります。

そのような学習環境とは、人がのぞくことのできる空間のようにオープンで、共同作業に向いているような環境でしょうか？　それとも、狭くて居心地のよい環境でしょうか？　あなたは、部屋にどれくらいのモノがあるべきなのかと考えはじめているかもしれません。では、部屋の各エリアをどのように配置すべきでしょうか？　そして、それらは何をアフォードしてくれるでしょうか？　壁に飾るものは何でしょうか？　スペースについては、どの程度の柔軟性が必要でしょうか？　そのスペースは、誰がオウナーシップをもっていますか？[5]　最後に、好奇心に満ちた教室がアフォードするというのは、具体的にどのようなことでしょうか？

空間をうまく利用すれば、学習者は深く有意義な取り組みができるようになります。生徒たちはすぐに空間が提供しているものを感じ、そのメッセージを受け取ります。たとえば、生徒の席をグループではなく個別に座らせることで、個々人の活動を通じてもっとも学べるという考え方を表すことになります。また、成績の順位によって生徒をグループ分けすることは、階層と権力についての物語を伝えることになります。もし、子どもたちが自分自身の葛藤に対処することで利益を得られると信じるなら、そのような機会に出会う方法として、テーブルには椅子ではなくてベンチを置いて交流の促進を図ることでしょう。［参考文献53］

好奇心に満ちた教室を設計するときには、その空間で生活し、利用する人々に敬意と感謝を込めて行います［参考文献40］。教室の棚でさえ、思慮深く配置すれば、自然豊かな散歩道で見つけた石のコレクション、半分しか完成していないパズル、続きを待っているプロジェクトのように、

（４）　環境が、人間や動物に対して与える価値や意味のことです。たとえば、ボタンを見ると押したくなるのは、ボタンが私たちに押すことを「アフォードしている（行為を誘っている）」ということになります。

（５）　その場で起こることや配置されるものの主たる責任者は誰か、という意味です。

その空間で起こった学習のアーカイブ（保存場所）に変えることができるのです〔参考文献272〕。たとえば、レンガの穴に入れたハサミ、幼児教室でトウモロコシの粒が入ったボウルの中に置かれたペイントブラシ、高校における国語の授業で虹色に色分けされた本など、珍しくて刺激的なものを見せてあげれば収納するものがアートになります。

空間を構成するということは、それらを美しくする行為となります。壁、床、窓、棚など、平らな面を多く用意すれば、子どもたちは授業での成果や宝物を、どこに、どのように展示するのかについて、それぞれが独自の方法で創造的に考えるようになります。〔参考文献66〕

レッジョ・エミリア（二五三ページ参照）の教育モデルでは、事実上、すべての教室の展示物は生徒の活動によってつくられたもので構成されています。それらの展示物は、その背後にある学習経験の物語を伝えるために使用されています。子どもたちがプロジェクトに着手するとき、教師はそのプロセス全体の学習段階を注意深く記録します。これは、共有された学習空間で起こったことの証として提示され、展示されています。

複数の物語は、生徒のポートフォリオ、写真、ビデオ、文書パネル、図面、立体構造、または文字によってまとめられます〔参考文献272〕。このような資料は、後輩のプロジェクトのために保存されると同時に、人間と環境、教育といったことに関する歴史も反映することになります。とくに難易度の高いプロジェクトを完了したあとは、教室を一般に開放された展示室にして作品を紹介する機会を生徒に与え、学校外の人を招待するということもあります。

マサチューセッツ州ナティックのウォルナットヒル高校には、生徒の完成作品を単に展示するだけでなく、そこに至るさまざまな段階を見せることに注力している教師がいます［参考文献125］。これは、学習過程の価値が最終成果と同じくらい重要であるということをコミュニティー全体に知らせるための方法となっています。(6)

教室を設計する際は、建築と同様、形式（外見）は機能に従うべきです。自分の教室の配置を考える際には、優先事項を伝えるだけでなく、学校や授業全体の基礎となる考え方を明確にする必要があります。ボストン芸術アカデミーでは、ミッキー先生らが学校の価値観を反映するように意図的な壁のデザインを施しました。訪問者は生徒の作品の間をウロウロすることで、目標、ルーティンの説明、感動的な名言を見つけることになるでしょう［参考文献125］。デューイ（一六ページ参照）が主張したように、教育で行われる活動は自由であるべきだとあなた方が信じているならば、創造的な方法において、使用するのに便利な材料を手に入れることができ、配置換えに対応できるような移動可能な家具を手に入れることでしょう。

（6）　生徒にとっても、その活動が上手な友達が、どの段階でどのような工夫をしているのかを捉えるための手がかりとなります。また、このように学習過程を展示するという方法は、生徒のモチベーションを上げることにもつながると考えられます。

モンテッソーリ教育を標榜する学校では、教室の構成を慎重に選択し、壁に色をつけたり、ポスターを貼ったりしないようにしています。提供する教材は、人工素材のものではなく、すべて天然の資源からつくられたもので、穏やかな環境をつくり出すといった必要があります。もし、あなたの授業がルドルフ・シュタイナー（八六～八七ページ参照）の「自然との調和」という考え方に共鳴するなら、時代を超越した手づくりの工芸品と落ち着いた色の家具を提供することになるはずです。［参考文献53］

刺激的な空間は、探究とクリティカルな思考の増加につながります。問題解決、探究、および真剣に集中した活動を促すために、そのエリアにはデザイン的に面白い家具と頑丈な補助椅子を備える必要があります。交流をするように求める協働学習のときは、この空間にはより快適な座席配置と可動式の椅子が必要となります。さまざまなタイプの椅子を使うだけで興味が増し、生徒同士の関係をつくるといった機会が広がります。［参考文献305］

教室空間では、生徒たちに話しかけて好奇心をもたせましょう。たとえば、小さな鏡を教室の周りにあるユニークな場所に置いたり、日光が当たるところの側にプリズムを置いたり、質問を書いた白い紙を置いたりします。生徒を驚かせ、積極的に参加させ、周囲の環境に反応させ、予想外の方法で見ることができるようにするとよいでしょう［参考文献272］。すべての共有空間で創造性とエネルギーが刺激されると、それらは増殖していくことになります。都市研究活動家であり作家のジェイン・ジェイコブス（Jane Jacobs）は、「人生は、人生を引きつける」と述べています。［参考文献137］

その一方、雑然としたコーナーや壁、棚、カウンターなどは混沌とした感覚を与えます。子どもたちは美的な情報に非常に敏感なので、雑然として散らかった空間だと気が散ってしまい、学習が困難になります。

幼児教育の教授であるパトリシア・ター（Patricia Tarr）が見識豊かな「壁について考える」という記事を書いているのですが、そのなかで、過度に装飾された教室環境で過ごしている幼児の立場に立って、視覚的な慌ただしさが子どもの集中力に対してどのような影響を与えるのかについて検討しています。

隅にある小さな椅子に座っていると、一九種類の装飾された波の形をした境界線が、壁に沿って並んだ掲示板を区分けしている状態が目に入りました。掲示板には、たくさんの単語、クラスのルール、カレンダー、アルファベット、数字、形、色、アニメに出てくる多くの人物や動物が並んでいて、それぞれにメッセージがつけられています。少なくとも五〇個は、まるでU字のような馬の蹄(7)の形をした笑顔を浮かべていました。

また、聖パトリックの祝日の飾りに使う動く彫刻は、明るい色で塗られた虹と、子どもたちの頭上の天井から垂れ下がっている黒い線によってつくられていました。虹、レプラカーン[(8)]、そして金の壺が私の目の前で揺れていました。［参考文献275］

ターは、これらの掲示物によって伝達される暗黙のメッセージについて疑問をもち、使い古されたステレオタイプのようなメッセージは、子どもたちが本物の、生きた学習体験から生まれる表現を沈黙させてしまうのではないかという仮説を立てました。

《まとめ》

- 好奇心は、特定の場所や空間で育っていく。
- 空間を工夫して配置することは、指導目標を達成するための強力な要因となり得る。
- 好奇心に満ちた教室をつくるためには、細胞のように区分けされ、チャイムだけが聞こえるような学校のイメージを転換する必要がある。

好奇心を活用する方法 30　空間について意識的になる

好奇心に満ちた教室を設定するということの一部として、学習環境を通して伝えたい特定の価値を決定するということがあります。このプロセスを開始するには、学校の各教室を実際に見学するか、インターネットでいろいろな教室を見学するとよいでしょう。そして、空間を利用したさまざまな例をできるだけ多く見つけるようにしてください。たとえば、異なる学年段階、異なる文化、異なる建物の教室を探してみましょう。探した画像や空間が目に入るたびに、次のような質問を自らに問いかけてみてください。

・もし、空間が話せるとしたら、それぞれの教室は何をあなたに伝えてくれるでしょうか？
・もし、あなたがその教室を表現するフレーズ（モットー）を想像しなければならないとしたら、それはどのような言葉になるでしょうか？

この空間を使う生徒の学年を想像してみましょう。生徒の視点から、生徒の声で、最初に教室に入ったときに感じるこの空間に関することを以下の文章で表現します。想像上の生徒のために、あなたが空所を埋めてこの文を完成させてください。

「この教室は、〇〇〇〇〇〇〇であるため、△△△△△△です」

（7）アイルランドにキリスト教を広めた聖パトリックの命日に由来するカトリックの祭日です。
（8）アイルランドの伝説の妖精です。

教室の主要な色、音、光、におい、温度を設定します。座席の設定には、領域重視型（個々の席が生徒によって所有されている空間のタイプ）と機能性重視型（特定の活動ごとに柔軟にアレンジできる空間のタイプ）があります。また、教師と生徒のかかわりが増す「活動ゾーン」のようなものがあるかもしれません。［参考文献127］

教室のこの部分を何と呼びましょうか？「第三の教師」として空間の役割に気づくことができれば、好奇心に満ちた空間づくりへの決定を下すことができます。これは同僚と行う素晴らしいエクササイズとなり、創造的な教員研修のテーマとしてうってつけのものとなるでしょう。

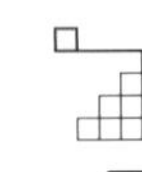

アクティブ、そしてダイナミック

好奇心はアクティブなものです。私たち人間は、ダイナミックな環境のなかで複雑に脳を発達させ、進化させてきました。実際、人類が地球上で生きてきた時間の九九パーセントは、外で食料を探し集めたり、天敵を避けたり、さまざまな場所を移動して過ごしてきたと言えます。その当時は、生き残るために注意を払う必要があったのです。その結果、私たちの脳は、変化する環境のなかで最適な働きをするように設定されました。［参考文献114、189］

実際、子どもたちは起きている時間のほとんどを動くことに費やしています。走ったり、ジャンプしたり、転がったり、遊んだり、宙返りをしたり、レスリングをしたりすることが、子どもであることを意味しているとも言えます。子どもの体、代謝、骨の構造は、一日中活動するように設計されています［参考文献136］。子どもたちをじっとさせて、ソワソワしないようにするのではなく、子どもたちの動きや行動を、集中力を養うために必要な前提条件として取り入れるような学習空間を設計しなければならないのです。

ダイナミックで可変的な空間は好奇心を生み出します。［参考文献210］しかし、一旦教室の配置が決まってしまうと、多くの場合めったに変更されることはありません。慎重に下した教育的な決定に基づいて教室の配置をするというよりも、机のサイズに基づいてグループの大きさを決定したり、すでにあるレイアウトに従って教えるといった傾向が多いのではないでしょうか。［参考文献184］

一方、最近のある調査研究によると、より効果的な学習空間をつくるために定期的な教室の修正・変更を行っている教師は、イノベーティブな指導法を使い、同僚と協力する傾向が多いということが分かりました［参考文献27］。同じように、教室のある場所から別の場所にモノを移動したり、予期しない方法で材料を使って遊んだりすることを奨励されている生徒は、より複雑な問題解決能力や創造的な思考力を示していました。家具の配置は、学習の仕方に大きく影響するということです。

ボストン芸術アカデミーの美術教師であるベス先生は、粘土に関する単元を行うときと絵画に関する単元を行うときとでは、まったく異なる配置で美術室を設計しています。彼女は、さまざまな視点、社会的集団、材料の利用などといったことをふまえて教室を変化させているのです［参考文献125］。また、同じ美術教師であるジム先生は、生徒が活動に入る前に空間を決定しておくことを避けています。彼は、生徒たちにスツールを手に取らせて、学習するための視点を生徒に選ばせて、絵を描く場所を確定させる前にいくつかの場所を試してみるように、と促しています。何か物事を揺さぶりたいときには、場所を変えたり、心や体を使って新しい環境が探せるような、余裕のある空間づくりが重要となります。

好奇心を満たすための空間を設計するときには、一日のなかで、その空間が子どもたちの学習のペースをどのように変化させられるのかということに注意する必要があります。ペースを落としたいときのことを考えて、小部屋をつくったり、廊下に家具を置いたりすることで、速い流れを止めて休憩できる場所をつくることができます。また、寛げる隠れ家や遊び場をつくることもできるでしょう。生徒自身が学習空間に属していると感じ、その空間が自分のものであると感じるようにするべきです。そして、必要となれば、広くてオープンなところから狭くて安全なコーナーに行けるようにしましょう。

人間は、多くの可能性を秘めた姿勢や態度を自らが取ることのできる環境でこそ活躍できるものです。今日、好奇心と創造性を重視するプロフェッショナルなワークスペースでは、社員が床に横たわったり、ソファーの背もたれに座ったり、エクササイズボールに乗ったり、部屋の中を歩き回ったり、建物の梁で懸垂したりすることができるエリアが設定されています。自由に動き回れるということは、思考力、とくに創造的で拡散的な思考力を支えることにつながります。スタンディング・ワークステーション（立って仕事をする）は、姿勢をよくするだけでなく、よりイノベーティブな思考を促進するという理由から現在流行しています。(9)

さまざまなスタイルで考えるために、体の向きもいろいろなものを混ぜ合わせる必要がありま す。私の夫であるロブは、初めてスタンディング・ワークステーションを手に入れたとき、これに気づきました。アイディアを出したり、同僚とブレインストーミングをしたりするのであれば、立っている状態が一番です。しかし、コンピューター・プログラミングのコードを書くときなど、より分析的に考える必要がある場合は座っているほうが効果的であると言っていました。

また、教室内で生徒の体を動かす方法を見つけることもできます。たとえば、空きスペースを確保したり、誰のところだとは決められていない空席を用意したり、さまざまな高さの席を用意したりするのです。(10)［参考文献73］

（9）著名な作家のヘミングウェイも、立って執筆していたことが知られています。

（10）このようなデザインを意識してつくった学校がアイスランドにあります。https://www.youtube.com/watch?v=-lVsYx8iy3s の最初から九分ぐらいのところを見てください。

自明となっていない、教室の空間をダイナミックにするための方法を考えてみてください。子どもが教室に入るときに靴を脱ぐことがありますが、これは、自らの状態を変えて学習モードに入っていることを物理的に思い出させるためなのです。

ニューヨークの写真家マルティナ・デランシー（Martina Delancy）は、幼い子どもたちを撮影することを専門としていますが、動揺している被写体を落ち着かせ、カメラの前でリラックスさせるテクニックを偶然発見しました。子どもたちをある場所から別の場所に移動させることが、写真に収めるための鍵となったのです。

彼女は、一つの面が五〇センチ四方もないくらいの木製の立方体を開いた状態でつくり、それを柔らかい白い毛皮で覆いました。動揺している子どもたちは、まるで乳児がうずくまっているかのように、その空間に安心感と居心地のよさを感じます。撮影に訪れた家族は、小さな空間の中でリラックスして、心から微笑んで行動している幼い子どもたちを見て驚きました。

また、教授であり、対話センターの所長でもあるマーガレット・アンダーソン（Margaret Anderson）は、学生たちに人種差別、性差別、文化的暴力などの難しい話題について心を開かせ、議論させるために教室空間を徹底的に変えました[11]。個人的な偏見や周りに存在している文化的な偏見に向き合うことは、学生にとっては非常に難しいことでした。アンダーソンは、自分が本当に望んでいたのは、学生たちをまったく異なるモードにして、つくりあげられた硬直化したものの見方を開き、彼らのガードを下げることだと気づいたのです。

アンダーソンによる対話スペースは、椅子や机ではなく、三人以上の学生が一緒に座ることのできる大きなビーンバッグ（ソファー）で埋め尽くされています。ビーンバッグに座ってセミナーを行うことで、教室における彼らの存在感が大きく変わりました。


ビーンバッグは、あなたがどこにいるのか、誰であるのか、誰が責任者なのか、誰が力を握っているのか、といったことを即座に変化させることができます。ビーンバッグに座っていると、これまでのような標準的な反応ではなくなります。典型的となるタブーな話題は、人を緊張させて不快にさせたり、他人から聞いた意見や反応を予測可能な方法で繰り返したりするものです。しかし、対話センターのビーンバッグでは、学生たちの心はまったく違ったものになるのです。

教室空間は非常に異質な状況であり、衝撃を与えたり、エネルギーを与えたりします。これは挑戦への招待状なのです。不思議なことに、学生たちは小さな子どもたちが快適な状態

（11）　近年、教室で注目されはじめた「哲学的対話」（まだあまり知られていない『最高の授業』で紹介されている「スパイダー討論」や、二二一〜二二四ページで紹介したソクラテスの授業、そして『生徒指導をハックする』のサークルも）では車座になって座ることが重視されていますが、そのこととも関連していると言えます。

になるのと同じく、自意識から解放されます。時には、目を閉じて後ろに寄りかかることもありますが、その行為からインスピレーションを受け、思慮深く口を開きます。彼らの体と思考は緊張しておらず、緩んだ状態となっています。彼らは人の隣に座り、肉体的に楽になることで、タブーとされるテーマにも慣れることができるのです。

この空間は柔軟で緩いものですが、そこにいる学生たちに異なる視点をもつことをいとわない、相反する姿勢を共存させることになります。ビーンバッグは、学生たちの心を閉じ込めるのではなく、開いたままにしてくれるのです。

（マーガレット・アンダーソン、私信、二〇一五年九月二三日）

《まとめ》

・私たちの環境は、「アフォーダンス」と呼ばれる、豊かで質感にあふれた、意味のある情報で満たされている。
・環境は、特定の反応を生徒たちにアフォードする（特定の反応を引き出す）。
・好奇心は活発なプロセスである。好奇心を大切にする空間は、ダイナミックな環境であり、あらゆる姿勢や動きを受け入れることができる。
・学校のスペースは、さまざまなペース、姿勢、配置、掲示物などに対応すべきである。

サンフランシスコにある中学校と高校では、カフェテリアを生徒中心のダイナミックな空間に再設計したことで、子どもたちの食べ方、ひいては学習する準備に関して革命的とも言える変化が起きました。多くの大都市の教育委員会と同じく、サンフランシスコ統一教育委員会に属する生徒の半数以上が、昼食の値段を減額してもらえたり、無料にしてもらえたりする資格をもっています[12]。しかし、管理職と教師を何十年も悩ませてきたのは、毎日、きちんと昼食を食べる生徒の割合が少ないという事実でした。

健康的な食べ物が脳の機能や認知においてどれほど重要かは誰もが知っていることです。サンフランシスコの教育者たちは、この問題を解決するために、デザイン会社の「IDEO」[13]に相談しました。すると、原因となっていたことは、空間が停滞していることによって生じるさまざまな問題だったのです。［参考文献271］

この問題を解決するために「IDEO」のデザイナーたちは、生徒たちに何が重要かを尋ねることからはじめました。彼らが昼食を食べているとちょうど休憩時間となり、年下の生徒たちが入ってきました。流れ作業、非効率、一つのサイズですべてをフィットさせるモデル（お金を節

(12)　所得の低い世帯から通学している生徒たちであることを意味します。
(13)　ティム・ブラウン、デビッド・ケリー、トム・ケリーらの存在で有名な世界屈指のデザイン会社です。彼らによる邦訳も多数あります。

約するために、雰囲気と環境を犠牲にしている場所になっていること）は、ダイナミックとは正反対と言えるものです。長い目で見れば、このようなモデルは、無駄にする食料や栄養不足で欲求不満に苛まれている生徒に対処するため多くのお金がかかることになります。

デザイナーたちによって、カフェテリアには柔らかな照明とアンビエントな音楽が備えつけられ、生徒には、列に並んで過ごすのではなく、円卓に座って家族のような食事スタイルがすすめられました。現在では、野菜から順番に、家庭のような形式で食事が提供されています。ある料理を食べ終わると、カートに乗せられた次の料理が提供されます。カートで食べ物がやって来るという方法は、最初に盛ってある皿のものを食べ終わるように仕向けることになります。それぞれの生徒には、テーブルキャプテンとしての役割が与えられています。パッケージから食べ物を取り出してボウルに入れるなどといったちょっとした工夫で、食べる量が大きく変わりました。デザイナーの一人が次のように回想しています。

「私たちは、これまでのカフェテリアで出されていたものとまったく同じ料理を出しました。しかし、生徒たちはみんな、『これは同じ料理ではない』と言っていました」［参考文献271］

大人と同じように、生徒たちはオウナーシップとパワーがもてる空間を求めています。「ＩＤＥＯ」は、カフェテリアのアートワークから座席まで、すべてのデザインを生徒たちに任せました。中学生たちは、単なる食事場所ではないカフェテリアを求めていました。彼らは、友だちとソファーで寛ぎ、本を読んだり、宿題ができるといった活動の拠点を求めていたのです。そこで「ＩＤＥＯ」は、生徒たちが自動販売機や移動式のカートで事前につくられた食事をラウンジエリアで楽しむといったシステムを設計しました。

生徒たちは機動性を求めました。また、生徒たちはキャンパスを離れて別の場所で食事ができることを求めていたので、「ＩＤＥＯ」は出欠申告システムをつくり、生徒たちがカフェテリアで食事をするかどうかをキッチンに知らせたり、事前に食べたいものが注文できる「ＲＳＶＰシステム」(14)を開発したり、食べたものの味が評価できるようにもしました。このように、彼らをエンパワーすることはカフェテリアのデザインにおいて重要な部分を占めたのです。［参考文献271］

好奇心とオウナーシップを育てる最初の目標の一つは、生徒と教師の地位を平等にすることです。好奇心に満ちた教室に入ると、誰が教えていて、誰が学んでいるのかを見分けることが難しいかもしれません。イノベーションは、このような平等のうえに成り立っているのです。

上司や教師が教室の一番上に立っていると、生徒たちは考えを共有することをためらうように

（14）　ＲＳＶＰとは、招待状によく使用される言葉です。フランス語の Repondez s'il vous plait（お返事ください）の頭文字をとってＲＳＶＰと言われていますが、ここでは、カフェテリアが招待状を出す側、生徒が出欠の返事をする側と捉えられるでしょう。

なります。「ボスが気に入らなかったらどうしよう?」という思いが、常に彼らの心の中にあるからです。物理的な関係を再構成することは、参加が本当に歓迎されるという強力なシグナルになります。その結果、優れたアイディアがオープンになり、発展することができるのです［参考文献73］。教室環境を意図的に変えはじめると、アイディアとコラボレーションを高めてくれるものとそうでないもの、そして創造性を高めてくれるものとそうでないものが明らかになります。

好奇心を活用する方法 31 生徒に教室を設計してもらう

子ども向けの本『ローラとつくるあなたのせかい』（ひろまつゆきこ訳、BL出版、二〇一六年）の作者であるローラ・カーリン（Laura Carlin）は、子どもたちに「もし、あなたが自分だけの世界をつくっていたら、それはどのように見えるだろうか?」と尋ね、子どもたちが見ているものからスタートし、自分の想像力で世界をつくり、その指示と質問を使って無限の可能性のある世界を開きます（例「家はレンガで建てますか、それともゼリーで建てますか? それは地面にありますか、それとも木の中にありますか? お店にはスーパーヒーローのための封筒やお菓子、靴が売られていますか? 電車で街へ行きますか、それとも恐竜で行きますか?」）。

私たちは物理的な現実や資金を思い浮かべて考えてしまいますが、子どもたちには想像させ、自分たちの空間をデザインさせることで可能性を開いていくべきです。空間が活動に与える影響に注意を払い、生徒たちが学習に責任をもつようにしたいのであれば、彼らに活動を支える環境を構築するための権限を与えるべきです。実際に使う人が教育と学習の空間設計にかかわれば、生徒と教師に利益をもたらすことになります。これは、教育を受け身で捉えず、主体的になることを奨励することにつながりますので、生徒を再び学習に参加させるという素晴らしい機会となります。［参考文献183］

スペースを設定する際の細かな点をすべて考慮したい、という衝動に駆られるかもしれませんが、できるだけそれは少なくするようにしてください。オープンスペースは、予期しないニーズを特定し、吸収し、対応するための緩衝材としての役割を果たします。物理的な変更が容易になるように、モジュール式で移動可能な家具やディスプレイを使用します［参考文献73］。教室のコーナーやエリアを何も決めない状態にしておき、授業の一環としてそのスペースを設計するようにします。たとえば、地理の授業で選択した国の石膏マップを作成したり、算数・数学のリレー(15)のために、力を合わせて問題を解いたりするスペースにします。プロジェクトの準備段階では、物理科学の予備実験と同様、教室設計を課題の準備や計画段階に組み込んでください。

(15)　アメリカでよく行われています。合図とともに部屋の反対側に用意された算数・数学の問題を解きに走り、解けたらスタート地点に戻って次の生徒にバトンタッチします。これを繰り返し、多く正解したチームの勝利です。

このことは、メタ認知だけでなく、学習プロセスについても注意深く考えることを促します。チームでもっとも効果的なスペース設定について提案をまとめ、その提案をグループに提示します（たとえば、小さなホワイトボードは家具のレイアウトを模倣するのに最適なツールです）。各グループが投票して、実際に採用するデザインモデルを決定します。課題が完了すると、生徒は自分たちのデザイン観点から、何がうまくいき、何がうまくいかなかったかを評価します。

フロアで地図をつくったほうがよかったでしょうか？　それとも、小さなテーブルでするほうがうまくいきましたか？　生徒全員が大きなテーブルについていたら、コラボレーションはもっと簡単だったでしょうか？

こうすれば、教室は突然ハッカースペース(16)やワークショップに姿を変え、次の実践的なプロジェクトに興奮を与えることになります。

一人ひとりが空間の管理者であることを前提にすると、各人がそれを気にするようになります。同時に、それが機能していない場合、生徒は状況を変える力を感じることになります［参考文献73］。教室が新しい方法で使われるようになると、新たなニーズが生まれます。適応させるだけの余地を残してください。創造的な人はいつも驚くようなアイディアを生み出しますが、子どもはみんな創造的であることを忘れないでください。スペース(17)は、予測不可能なアイディアや創造を支援し、整理し、展示するために変える必要があるのです。

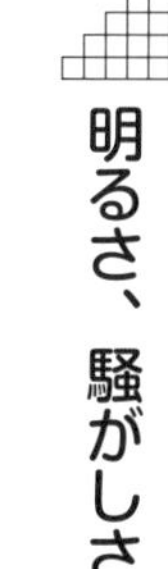

明るさ、騒がしさ、暗さ、静かさ

学習環境を刺激しすぎないようにすることで、学習者の好奇心を呼び起こすことができます。学習者は、感覚を通してすべてを吸収します。色、音、煩雑さが多すぎると、創造性や驚きを育むような思考の深さや集中した状態から遠ざかってしまいます。一方、好奇心を駆り立てるために、教室にエネルギーや電気を供給する必要が生じる場合もあります。

好奇心に満ちた教室では、音響に留意する必要があります。音楽は、生徒を活気づけることや落ち着けることができるため、話すことや聞くことによい効果を与えます。多くの研究によると、若い学習者は成人よりも騒音の影響を強く受けており、音声認識、リスニング、記憶、読解、筆

---

(16)　ハックラボ（hacklab）やメイカースペース（makerspace）、またはハックスペース（hackspace）とも呼ばれます。一般的にはコミュニティーとして運営するワークスペースで、多くの場合はコンピューターやテクノロジー、科学、ディジタルアート、またはエレクトロニックアートなどに対して共通の興味をもつ人々が出会い、グループを形成したり、協働したりすることができる場所です。

(17)　このあたりの学校や教室の姿が臨機応変に変わる様子が『教科書をハックする』の第8章に描かれていますので参照してください。授業の仕方と深く関係していることが分かります。

記の各作業においてそれが現れるとされています〔参考文献148〕。同時に音楽が、生徒の学習と注意力を確立し、望ましい雰囲気をつくり出し、想像力を高め、期待感を高め、記憶力を向上させ、緊張を和らげることにプラスの影響を与えることも分かってきました。〔参考文献35〕

ボストン芸術アカデミーの教師は、生徒が自由に立ち寄りながら進行中のプロジェクトに取り組むことができるオープンスタジオの期間を設けています。このような期間は、社交的な話題であふれており、ポピュラーな大音量の音楽と組み合わせるのにもっとも適しています。このアカデミー（高校）のジム先生は、生徒がエネルギー補給を必要とする午後に陽気な音楽をかけています。静かで穏やかな集中力が必要とされるプロジェクトでは、複雑なジャズがそれをソフトにサポートすることが可能なのです(18)。〔参考文献125〕

教師が音楽を使用して生徒に学習体験をさせたり、記憶したりできるようにする一つの方法は、学習活動のサウンドトラックを作成することです。サウンドトラックが、精神的、肉体的、感情的な関心を高めてくれます。情報がリズムや韻に含められると、音楽的要素がそれらを思い起こすためのきっかけとなります。

たとえば、クリス・ブリューワー先生は、社会科のクラスでBGMとしてネイティブ・ミュージックをかけ、ジョセフ酋長が残した言葉を引用したり、彼の部族がカナダへ旅したときの有名な一節を読んでいます。このような「ネズパース族の最後の自由の日々」の紹介は、生徒のムードをそのシーンのものに変えることができるため、感情面でも強く記憶に残ることになります。

電流について教えているブリューワー先生は、レイ・リンチ（Ray Lynch）の『Celestial Soda Pop（天界のソーダ・ポップ）』などのニューミュージックをかけて、流れる電気を生徒たちの体を使ってロールプレイしています。一部の生徒には静止した中性子と陽子として振る舞ってもらい、ほかの生徒が動く電子として振る舞います。そして、（バッテリーのように）「自由電子」を加えると電流が流れます！　レイ・リンチの陽気な音楽が生徒たちを動かし続け、想像上のシナリオをよりリアルで楽しいものにしています。［参考文献35］

音と同様に、子どもたちは光や色のニュアンスにも非常に敏感です。好奇心に満ちた教室には、適切な照明と可能なかぎりの自然光が必要です。

一九七〇年代、学校を造った建築家は、近視眼的な決定を下し、視覚的な障害を取り除き、子どもたちが活動に集中できるように、小さな窓しかない教室やまったく窓のない教室を設計しました。しかし、ほとんどの人にとっては、外とつながりのない空間は閉ざされた感覚が生み出され、不安を増大させてしまいました。要するに、刑務所のように感じてしまった子どもたちは、

(18)　日本では、掃除の時間にＢＧＭをかけている学校が多いようです。その効果を考えてみると、学習の場に導入してもいいのでは、という気になるかもしれません。

学習よりもそこから逃避することに重点を置くようになったということです。

また、学習には自然光が重要であることも分かってきました。私たちの脳は自然光のある環境のなかで進化してきました。人工光の波長は長いものとなっていますが、体内時計のシステム（覚醒と睡眠のパターンを支配しています）はより短い波長に反応して、それが天然のホルモンであるメラトニンを抑制し、セロトニンを介して覚醒を刺激するのです。［参考文献88］

半世紀近く経った今、建築家たちは窓をなくした一九七〇年代の主張とは正反対のことを支持しています。もちろん、結果がそれを物語っています。生徒の気を散らすのではなく、自然光は実際に生徒の集中を助けてくれるのです［参考文献91］。カリフォルニア州、コロラド州、マサチューセッツ州の生徒二万人を対象にした最近の研究では、自然光で教室を照らした場合と人工光に頼った場合とを比較したところ、自然光の教室で学ぶ生徒のほうが標準テストの点数において二六パーセント上回っていました。［参考文献124］

別の研究では、窓のないオフィスで働く人々と窓のあるオフィスで働く人々が比較されました。その結果、窓のあるところで働いている人は、一晩にほぼ一時間多く眠っていることが分かりました。また、睡眠の質が高く、睡眠障害も少なかったのです。さらに身体的な問題も少なく、有意に高い活力と日常生活における満足度を示していることが報告されています。［参考文献31］

「日光にあたることがオフィス労働者に及ぼす影響の大きさは顕著です。日勤のオフィス労働者の生活と睡眠の質は、将来のオフィス・デザインをどうするかはともかく、現在のオフィスのままであっても、光の露出と照明レベルに重点を置くことによって改善されるかもしれません」

このように話すのは、ノースウェスタン大学の神経科学博士の候補者であり、上記の研究論文［参考文献31］の共著者であるアイヴィー・チュン（Ivy Cheung）です。このことが子どもたちにどのように影響を与えるのか、想像してみてください。

均一な照明は、学習空間の設計者が考え直しはじめているもう一つの重要な基準です。時代遅れとなっている学校建築の仕様や基準は、流れ作業に適した、均一な明るさを要求する傾向があります。しかし、知覚の分野における最近の研究では、自然光のスペクトルにより近いより広い光が、より幸福で健康的な学習空間をつくることを示しています。［参考文献91］

マサチューセッツ州のウォルナットヒル高校で美術教師をしているジム先生のように、一回の授業中に、特定の課題や活動によって照明を変えるという先生もいます。ジム先生はシェードを引っ張ったり、スポットライトを使用したり、小さな白いライトで窓のシェードに線を引いたりしています。これによって部屋の雰囲気が大きく変わり、生徒たちに異なる態度や認識をもたらせることになっています。［参考文献125］

一方、英語教師のサナ・ファザール先生は、照明の明るさを下げたことで、生徒たちが複雑な文学議論について心を開くようになったことに気づきました。このような照明空間によって、より穏やかで知的な、遊び心のある考え方に切り替えられると高校生が感じる、親密なカフェのような環境をつくり出したのです。映画『いまを生きる』(19)で生徒たちが出会う隠れた洞窟のように、単に輝きを和らげるだけで、ファザール先生の生徒たちのように抑制感を和らげることができるのです。ほかの分野の教師も、学習に影響を与える光をぜひ活用してほしいものです。

物理的な環境の質は、生徒の学習と成績に直接影響を与えます〔参考文献78〕。サルフォード大学建築環境学部のピーター・バレット(Peter Barrett)教授らは、七校の七五〇人以上の小学生を対象として、読むこと、書くこと、そして計算の発達に与える影響について年度を通して調査しました。その結果、生徒の参加と学習の進捗度は、部屋の色、空間の柔軟性、環境の複雑さ、そして照明にもっとも影響を受けていたことが分かりました。〔参考文献14〕

《まとめ》

・好奇心は、創造的なコラボレーションをしているときに高まる。さまざまな人数の生徒が集えるスペースを用意する必要がある。
・物理的な空間は、「舞台上の賢者」がいるような従来の階層構造を破るように変えていくことができる。
・学習環境は、感覚を過剰に刺激してはならない。

・音楽は多様な雰囲気をつくり出すことができ、好奇心をそそる素晴らしいツールである。
・適切な照明、とくに自然光は、人間の機能と学習の両面において最適である。

好奇心を活用する方法 32　雰囲気の融合

特定の授業をデザインするときには、それがもっともうまく機能する物理的、直感的な空間を想像するようにしてください。たとえば、三年生を教えるエンリケ・フローリア先生は、生徒に折り紙を教えることで分数を指導しています。折り紙を折るタイミングになると、机をギュッと集めて、彼は指示をささやきます。部屋の中の静けさが、細心の注意を要する穏やかな活動であることを生徒たちに教えているのです。

ゆっくりと慎重に体を動かすことが、ツルやフクロウの折り紙を完成させるための道となります。もし、廊下で高校の哲学の話をささやかれるとどうなるでしょうか？　あるいは、関心のある分野に基づいて、教室の四隅にあるホワイトボードの周りに小さな可動式のキューブを配置し

(19)　一九八九年のアメリカ映画です。ロビン・ウィリアムズ主演、ピーター・ウィアー監督。第六二回アカデミー賞で脚本賞を受賞しました。

て円をつくり、そのなかに小論文の最初の草稿を並べるとどうなるでしょうか?

日本の伝統文化である茶道が、居心地のよい、静かな空間や狭い場所で行われるのと同じく、時には音楽のボリュームを大きくしてすべてをクリアにして、創造的なアイディアを得るために最適な環境をつくりましょう。あなたが演奏できる、または流すのにふさわしい音楽はありますか? その音楽は、あなたのクラスに対して、自由になってはしゃぎ回ってもいいときなのか、じっとしているべきときなのかを知らせることになります。たとえば、歴史のロールプレイであれば、当時感じられた雰囲気をつくり出すことが含まれます。

部屋を狭くしたり、不気味にしたりする必要はありますか? いい意味での逸脱は、空間を遊び心のあるものにします。私たちが知っているように、遊びは子どもたちが学ぶ最良の方法です[参考文献182]。たとえば、クッションを使ってつくられたような要塞やテントですが、それは「面白い」というささいなことのためだけにあるわけではありません。スペースが遊び心のあるものになれば、ロールプレイが自然に続いていくのです。

好奇心を活用する方法 33 外での学びを生み出す

好奇心に満ちた教室では、「天気が悪いなんてことはない、服が悪いだけだ」というノルウェー人の古い格言を称えることになります。休み時間や春の完璧なうららかな日の午後に野外を予約する必要はありません。また、野外でしかできない散歩や観察などといった授業を予約する必要もありません。どこでも同じように、簡単にできる授業のために教室を明るく照らしてみましょう。

図形についての授業では、生徒たちに、自分自身の体を使って大きな正方形、円、楕円形をつくってもらいます。それらが完全な形に構成されるのにどれくらいの時間がかかりますか？　いくつかの音楽を流せば、新しいフォーメーションやマーチングバンドのスタイルで行進することができます。分数の比較について学習するときには、生徒をグループに分け、その三分の一か四分の一を取り除きます。彼らは、本能的にイメージすることができますか？

子どもたちは、自然現象や自分の周りの世界に興味をそそられます。屋外にいることで、神経系を進化させてきた光、色、音、反射、運動といった感覚刺激がもたらされます。彼らは、世界がどのように機能しているかについての理論を検証するために、注意深く観察し、行動を起こす機会を必要としています。そのような機会の例として、鳥が通り過ぎるときに立ち止まり、見上げて耳を傾けることや、遊び場となっている芝生の一区画内に生きている小さな生態系を記録することなどが挙げられます。［参考文献53］

木の下に座って詩や物語を読みましょう。ベンチで読書仲間と読み合えるようにしましょう。遊び場のさまざまなところで一緒に物語を書きましょう。寒いときは暖かいコートを着て、歌を歌いながら歩いてみましょう。幸運なことに、校庭のある学校で教えているのならば、教室の中に閉じこもっているのではなく、教えるための空間として校庭を使ってみましょう。

私たちの学校が「要塞」になったのは、生徒、教師、保護者、そして地域に住む人々のエンゲイジメント（およびコミットメント）のレベルが低かったからです(20)［参考文献132］。教育のイノベーターは、教師に「学校の壁を取り壊す」ことを求めているのです(21)。

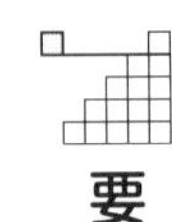

要約

好奇心を育成するためには、教室空間が学習者中心となっていなければなりません(22)。私たちの脳は、環境の変化に対応して進化してきました。そのため、光や音だけでなく、ペースや姿勢を変えることで好奇心を刺激することができるのです。私たちが学習者として複雑さを反映するような教室環境をつくりあげることができれば、一つの形態ですべてを賄うような万能型の教室空間は消え去り、生徒がオウナーシップをもつ「学習ラボ」や「好奇心探究センター」に変化するかもしれません(23)。［参考文献269］

最終目標は、ユニークであることによって好奇心を喚起する空間をつくることです。生徒たちがある場所を特別だと感じるときには、連鎖的な影響が現れるでしょう。単に楽しい場所であるだけでなく、生徒たちは共有空間に誇りをもつようになります。誇りにはオウナーシップが伴い、オウナーシップは所属意識を生み出すのです。［参考文献73］

---

(20) エンゲイジメント、対象に対する興味関心、そしてコミットメントの関係を上手に表している表が、『あなたの授業が子どもと世界を変える』の三一ページに掲載されていますので、ぜひ参考にしてください。

(21) まさにこのテーマで書かれた本が『教育のプロがすすめるイノベーション』ですので、ぜひご一読を！

(22) 学習者中心という考えは、戦前から存在しました。そして、現在も重視されているところです。しかし、教室や授業が本当に学習者中心となっているのかについて、私たちは絶えず自らの営みを振り返らなければなりません。

(23) 『学校図書館をハックする』には、図書館を「図書館工房」に変えるという提案が含まれています。学校のすべてとは言いませんが、多くが転換する時期に来ています。まさに、『あなたの授業が子どもと世界を変える』の第10章のタイトルのように「生徒が学校にあわせるのではなく、学校が生徒にあわせるべき」ときなのです。

おわりに――教える際には何が大切かをしっかり見極める

あんた方は勉強すべきよ、もちろん。日によってはうんと勉強しなくちゃいけないわ。でも、日によってはもう内側にはいっているものをたっぷりふくらませて、何にでも触れさせるという日もなくちゃいけないわ[1]。

古代の神聖な儀式では、仏教の僧侶たちは数日から数週間をかけて、幾何学的な形や霊的な象徴を含む「曼荼羅」と呼ばれる円形デザインのなかに、何億色もの砂を苦労して敷き詰めていきました。曼荼羅は、通常、幅が数十センチあり、その制作には最大で三〇時間もかかります。僧侶たちは、砂粒が息で動かないように特別な呼吸法を習得しています。

曼荼羅は、それをつくるために働く人々と、それをつくるために細心の注意を払っていた過程を目にする人々を癒すと考えられています。僧侶たちは、色や柄を汚してしまう可能性があるので、小さな金属製の漏斗（ろうと）を使って内側から外側に向かって仕事をしていきます。曼荼羅が完成すると祝福の言葉がかけられ、その後、速やかに、静かに破壊されます。僧侶にとっては、曼荼羅を制作するプロセスそれ自体が神聖なものであり、完成した作品は問題ではないのです。

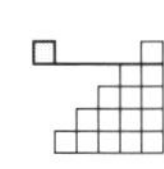

内容よりもスキルに焦点をあわせる

「何を考えるのか」ではなく、「どのようにして考えるのか」を子どもたちに学ばせるべきです。(2)

（マーガレット・ミード）

好奇心に満ちた教室をつくることは、ある意味、砂の曼荼羅をつくるようなもので、好奇心に満ちた教室の目標は、何かを見つけることではなく探究することとなります［参考文献256］。生徒が自らの好奇心を満たすためのツールを手に入れたとき、最終的な成果物はあまり重要とはなりません。なぜなら、生徒は生涯を通じて、どのような内容でも学ぶことができるからです。

実際、近年の認知科学における学習の定義では、何よりもまずプロセスである、ということが認められています。その理由は、学習したかどうかは、測定可能な成果物に反映されるとはかぎ

（1）『クローディアの秘密』E・L・カニグズバーグ作、松永ふみ子訳、岩波書店、一九七五年、一九三ページより。
（2）（Margaret Mead, 1901～1978）アメリカの文化人類学者です。

らないからです［参考文献159］。「魚を与えれば一日食べていける。魚の捕り方を教えれば一生食べていける」という諺のとおりです。［参考文献236］

学ぶことに対する好奇心の勝利については、ドクター・スースの絵本『とてもすてきなわたしの学校』（ドクター・スース、J・プレラツキー文、レイン・スミス、ドクター・スース絵、神宮輝夫訳、童話館、一九九九年）［参考文献253］で表現されています。

この絵本に登場する「なんでもスクール」では、教師が独自のルールをつくっています。たとえば、生徒に向かって「おおきい声で」と叫ぶ図書館の先生、麦藁とソックスだけでバッグパイプをこしらえる音楽の先生、逆さにぶら下がって絵を描く美術の先生などがいます。標準化されたテストが登場するまではそうでした。

「なんでもスクール」の生徒と教師、それぞれが試験に合格しなければ学校は取り壊され、全員が陰気な「じゅうじじゅんスクール」に行かざるを得なくなります！　しかし、驚くべきことに、彼らはテストでトップに立ったのです。

「みたことも　きいたこともない　ものもあった」問題であったにもかかわらず、何とか「きちんと　こたえた。ひとつひとつを　たのしみながら」クリアしたのです。

彼らは、どのようにしてトップに立つという栄冠を勝ち取ったのでしょうか？　子どもたちから敬愛されているボンカーズ先生が、次のように言っています。

「みなさんは　いろいろ　べんきょうしています。しけんなんかは　らくに　とおります。だいじなことは　おしえてあります。地球はまるい、赤と白をまぜるとピンクになる。もっとだいじなことだって、きちんと　おしえてあるのです。そうです、それは　かんがえること」［参考文献253］

内容を優先すべきではない理由の一つは、そもそも内容が一時的なものだからです。いかなる年齢の生徒でも、授業でうまくやっても「学習したこと」をすぐに忘れてしまうということがよくあります。高校で受けた外国語の授業のことを、あなたはどれくらい覚えていますか？　その外国語の単語や文法を使った具体的な経験がないかぎり、その授業のことはほとんど覚えていないはずです。私たちの脳は効率的なプロセス指向の器官であり、擬似的な事実がスペースを占有することを許しません。不要なものや、リアルタイムで使われていない情報をすぐに削除してしまうのです。

確かに、学校で覚えなければならなかったことのほとんどを忘れてしまっています。事実、何かの予定日であったり、何かしらの定義は、意味のある方法で使用しなければ、数か月、数日、または数時間で忘れてしまいます。すべての人がこのことを知っているのですが、学校教育での手法は、短期記憶に事実を詰め込むことによって成り立っているのです。［参考文献152］

私たちは事実を覚えるのが苦手です。どんなに優秀な生徒であっても、完全に習得し、テストで満点を取ったような教材の詳細ですら覚えていません。現在では、学校教育の内容から得られる具体的な知識は、生徒がほとんど保持していないことが明らかになっています〔参考文献17、18、202〕。これは、脳の感覚系と注意系が取り込む情報をかなり選択しているからです。

もし、私たちが周囲のあらゆる物体（コンピューターがブンブンいう音、熱くなってくること、部屋の温度、壁についている点滅するライト、遠くのサイレンなど）のあらゆる細部に本当に注意を払っていたら、情報の大洪水に圧倒されてしまって必要とされることができなくなってしまうでしょう。つまり、取り込むものを選別することによって重要なものを選択しているということです。

現在では有名になった研究ですが、ハーバード大学の卒業式において学生に、「なぜ、地球には季節があるのですか?」という簡単な質問を研究者たちがしたところ、ほぼ全員が間違った答えをしていました。これらの学生が、地球の自転軸の傾きによって季節が引き起こされていることを学んでいなかったわけではありません。ほとんどの人がおそらく小学校で学んでいたはずですが、質問をされたとき、情報に対する関連性や臨場感がなかったのです。彼らは、記憶に残るような認知操作をしていなかったということです。〔参考文献248〕

別の研究では、マーケティングを専攻した学生は、他分野を専攻した学生に比べると、長期的にはマーケティング分野で成功していないことが示されました。消費者行動に関する知識のほとんどが、消費者マーケティングコースを修了した直後に忘れ去られていたのです［参考文献134］。中学で教師をしていたエリック・ショーンストームが次のように述べています。

私はかつて、ロサンゼルスの過密化したエリアにある中学校で数学と理科の教師をしていました。生徒に少しのスキルを教えようとして疲れ果てました。ほかの教師と同じように、私も貧しい地域の生徒たちと一緒に勉強しながら、高校で進学コースの授業を受けるために必要となる数学と理科の基本的な原理を伝えようと、気が遠くなるほど長い日々を過ごしました。

私がしていなかったことは、数学と理科が何であるかを明らかにすることでした。それは、飽きることのない好奇心に満ちた世界を創造するために必要とされる、最後の偉大なフロンティアとなる二つのことです。つまり、想像力と夢によって新しい世界を直感的に理解することができるということと不思議に思うことが、必要とされる唯一のツールであるということです。［参考文献256］

教えられた事実や情報を記憶するという巧妙な方法を編み出した生徒でさえ、必ずしもそれら

の間でつながりをつくったり、現実の問題に意味のある方法でそれらを適用したりすることはできません。教育哲学者で評論家のアルフィー・コーン（Alfie Kohn）は、「多くの事実を知っているからといって頭がいいとはかぎらない」［参考文献152］と述べています。言い換えれば、事実をたくさん知っているからといって、深い理解をもっているとはかぎらないということです。もちろん、重要な内容もあります（たとえば、九九の表や州都を暗記することは人生において有用かもしれません）が、人間の脳は細部のことを指向するのではなく、プロセス指向であることを忘れてはいけません。

生徒は、自分で操作したり、相互作用したりして、やってみた行為や事柄を記憶します。そのなかでも、自分にとって大切なことを覚えているものです。脳の記憶システムは要約や意味づけをするものであり、ビデオレコーダーや事実の貯蔵庫ではありません。もし、先生が「地下鉄道」(3)の事情を学ぶためにコーンブレッド(4)のつくり方を教えてくれたり、スペイン内戦についての寸劇をつくったりすれば、ほとんどの時間を何か（たとえば、パンを焼いたり、寸劇をつくること）に費やしたということを私たちは思い出すでしょう。このように、私たちが学校教育から忘れずに本当に学んだことは、私たちにとって意味のある経験となるのです。［参考文献297］

経験したものに意味を与えることで、あまり役に立たない事実やデータを削減し、世界に一貫性を見いだすことができます。私たちの記憶は、ほかの人と共有する社会的な相互作用のなかでつくり出され、再現されます［参考文献95］。何かを思い出そうとするとき、ファーストキスや細胞分裂、『ライ麦畑でつかまえて』など、脳はより一貫したものに、より焦点が絞られたものに対して、より楽しいものになるように毎回少しずつ物語を紡いでいきます。私たちは、意味づけされたことのない、孤立した情報の断片（戦争が起きた日付、周期表の記号）をすぐに忘れてしまうものなのです。

音楽を学んでいる生徒は和音や音符を正しく理解しますが、曲の感覚に関する独自の解釈をつくりあげることはできません。また、数学を学ぶ生徒は定理を暗記することはできますが、思考が数学的にならなければ新しい問題を解くことはできないでしょう。そして、外国語を学ぶ生徒は覚えた単語の数で競うことはできますが、その言語を理解したり、流暢に話したりすることにはほとんど対応していません。さらに、歴史の試験は日付や事実を求めるわけですが、歴史家は微妙なニュアンスの違いがある物語を探しており、一つの物語だけで過去の教訓と経験がふまえられないことを十分に知っています。

（3）これは、交通システムの地下鉄のことではありません。一九世紀アメリカで、アフリカ系アメリカ人などの奴隷たちを、奴隷制度のあった南部から制度のなかった北部やカナダへ逃れさせようとした秘密結社のことです。

（4）アメリカ南部のソウルフード（アフリカ系アメリカ人の伝統料理）です。

成果よりも過程に焦点をあわせる

学習は、簡単に測定できるような、インプットとアウトプットだけを考えればよいという直線的なプロセスではありません。私たちは、学校をデザインするために工業的な方法を用いてきましたが、その伝統から、「インプット―アウトプット」という直線的なモデルが学習をもっともうまく行うための方法だと信じるようになりました。しかし、それは、私たちの脳が進化した結果ではありません。

私たちは、狩猟と採集を周期的に進化させてきました。私たちにはエネルギーにあふれる季節と休息の季節があり、常に変化する状況に対して適応しています〔参考文献114〕。好奇心に満ちた教室の土台をつくるためには、まず生徒たちとともに、彼らの神聖な学習意欲と学習能力を信頼しなければならないのです。

学習への取り組み方を更新すべきときです。単に教科書をカバーするだけという「カリキュラムの提供」は、教えるという行為を表現する際には間違った（世界観や思考の習慣を根本的に変えてしまう）方法となります。そして、「学習成果」という言葉は、人が学んだときに何が起こったのかを理解するためには不適切な言葉となります。

「あの人は変わった」や「彼または彼女は、ある理解の仕方から別の理解の仕方へと移った」というような個人の質的変化は、最終到達点だけでは捉えることができず、特徴づけることはできません。その代わりに私たちは、発達の過程、つまり変化の軌跡を検討すべきなのです。(5)

人の視点に、学びの過程で何が起こったのでしょうか？　間違った考えのもと、結果的に正解を出してしまったというとき、それは理解できたことになるのでしょうか？　もし、あなたがとても興味深い措置をとったにもかかわらず間違った結論に達してしまった場合、それは無駄なこととなるのでしょうか？

数学教師たちは、何十年にもわたって、問題を解くに至った途中の式などを見せるようにと生徒たちに言ってきました。彼らがもっとも興味をもっていることは、生徒がどのようにして答えにたどり着いたのかという過程です。生徒の学習に対する評価を考える際、私たちはその知恵に戻る必要があります。(6)アイディアと新しい理解の進展を文書化し、理解する必要があるということです。学習とは終わりのないものであり、成果などというものはそもそもないのです。(7)

(5)　これは、最終的なテストの点数で人を測ることはできず、ポートフォリオで変化の過程を把握することこそが求められている、と言い換えることができます。『教育のプロがすすめるイノベーション』は、このポートフォリオ（ないしブログを書き続けること）が生徒の学びにも、教師の学びにも、もっとも効果的ではないかと主張している本と言えます。

「突発的に」ということが、学習と発達のすべてを特徴づけます。認知能力が飛躍的に向上する前、学習者はもっとも支離滅裂で、不明瞭で、不確かなものに見えがちです。法科大学院の学生が、知的な理解力を飛躍的に向上させようとしている初年度に最悪の文章を書いてしまうのはこのためです［参考文献19］。子どもの学習は直線的ではありません。それは、複雑な非直線的かつ動的なシステムであり、カオス的に大きく飛躍するものなのです。これらの奇跡的な飛躍の様子を、私たちは捉えなければならないのです。

《まとめ》

- 学習の過程は、学習の成果物よりもはるかに重要である。
- 人間の脳はプロセス指向である。
- 学校で学ばなければならなかった内容のほとんどが忘れ去られてしまう。
- 生徒が深く学んで覚えたことは、関連づけと意味づけがなされている。
- アイディアを保持するために、生徒はそれについて考えるか、行動をしなければならない。
- 好奇心に満ちた教室をつくるには、コントロールしようとする行為をやめ、生徒によって学習が行われることを信頼しなければならない。

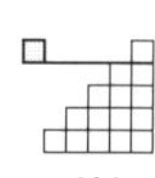

学習を通して生徒がつくり出したものよりも経験を優先する

過剰な監視体制の現代では、学習を通してつくり出したものを使って生徒は、学んだことを示すという行為に集中してしまう傾向があります。とくに小学校の低学年では、ほれぼれするような生徒がつくり出したものは親や教育委員会に愛されています。実は、息子のアレクセイが幼稚園でつくったものを持って帰ってきたとき、私はある種の懐かしさを感じました。「ああ、いつか彼が大きくなったとき、これらは宝物になるだろうな」と思ったのです。

教室の掲示板を飾った場合と同じく、私たちの家でも素敵な飾りつけになるでしょう。しかし、小さな折り紙のフクロウは、好奇心や探究心、学習の機会をほとんど表していないのです。パーツを接着剤でくっつけ、キラキラさせるものをつけ、羽をつけたり、組み立てたりすることは楽しいかもしれませんが、彼が義務的で同じようなプロジェクトをしている様子を見ると、このフ

(6)　もちろん、学習者にも自らの行った学習のあり方に自覚的になってもらわなければなりません。学ぶことの意義が伝わっていないのに、生徒に授業や単元の終わりに振り返らせても意味がありません。

(7)　活動の「成果物」というものは、あくまでも成長の途中経過を示しているものにすぎないのだという意識が必要であることを示唆しています。

クロウが、彼にとってというよりも私にとっての楽しみであることに気づきました。

このプロジェクトは、フクロウに対する本物の興味をもってもらう機会や、子どもたちがフクロウについて不思議に思っていることを知る機会、さらには、新進気鋭の芸術家としての体験過程において、好奇心や学んだことを反映させる機会を逃してしまっているのです。


マギーのいる二年生のクラスが、珊瑚礁についての掲示板を掲げようとしていた日のことです。PTAの会議が近づいていたので、ビトイ先生はその掲示板で子どもたちを感動させようと躍起になっていました。生徒たちが国語で「ひたすら読む(8)」をしていたときにビトイ先生は、サンゴ礁にぴったりのウミガメの足に色をつけておらず、スパンコールをつけていなかったマギーをそばに引き寄せて、仕上げる必要があることを知らせました。

マギーは、お気に入りの『ジュニー・B・ジョーンズ』のシリーズを読んでいる途中に「どうして?」と、誠意をもった目でビトイ先生を見上げました。先生は茫然としました。なぜなら、ウミガメには色のついた足やスパンコールが必要である理由を説明することができなかったからです。

「掲示板の上でうまく映えるようにしてあげたい」というのが本当の理由でした。もちろんマギーは、その日の夕方に自分の作品を両親に見せるとき、それを気に入ってほしいと思っていたはずです。マギーの純粋な集中力と内発的動機づけは、教室での活動はショーのように見せかけのものであるというメッセージとなり、そのことを激しく阻みました。私たち教師は、学生時代の自分もマギーと同じく、純粋な集中力と内発的動機づけがされていたという事実をほとんど思い出すことができません。

研究によると、どのテーマにおいても、より多くの経験や専門知識をもっている人は「初心者」の立場に戻るのが難しいということです［参考文献33］。だからこそ、生徒たちの考えや疑問に耳を傾けなければならないのです。質問は、真の理解がどこにあるのかを評価するための正確なツールなのです。

学習を通して生徒がつくり出したものは、確かに興味深いものです。しかし、学習プロセスそのものに勝るものはありません。このことは、授業自体が何かをつくり出す場合、さらには作成プロセスがモデルまたは機械的なパターンのコピーである場合にとくに重要となります。「ギャビンの教育」というブログ記事でショーナ・ネヒリーは、小学校低学年時代の、息子の学業をすべて納めた箱を発見したときのことについて書いています。箱の中には、作品や物語、ポ

(8)　日本における朝の読書時間はこれを輸入したものです。英語圏では、主に英語の授業中における主要な時間として行われています。この違いは大きいです。

スターサイズの色とりどりの紙がラミネートされ、息子の好きな色や食べ物、趣味が描かれていました。息子が歳を重ねるにつれて彼女は、このようなかわいらしいものを家に持って帰ってこないのではないかという悲しみに苛まれました。しかし、真の学びとは何なのかと考えてみたところ、息子の作品は非常に表面的なものでしかないということが分かったのです。

（真の）教育というものは、小論文で測るには大きすぎるし、成績をつけるにも大きすぎるし、事実や意見を掲示板に載せるにも大きすぎるのです。……（それは）非常に完成度が高いので、子どもが何を学んでいるかを知る唯一の方法は行間を見ることになります。

……彼が今学んでいるのは、自分自身の中身をいかに成長させるかということだと思います。これほど巨大なものをどうやって計測し、記録するのでしょうか？　それは直線的には起こりません。どちらかというと循環的なプロセスであり、元のところに戻ってくるのです。それが起こるのを見るためには、「ここを見ろ」と教えてくれなかったようなところを見なければならないのです。［参考文献203］

学習を通して生徒がつくり出した本物の体験を覆い隠すのではなく、学習したことの見せ方を生徒に決めさせれば、学習過程や内実が目立つような学習体験を設計することができます。一方、

もっとも年少の子どもには選択肢を与えることもあります。「水の循環をどのように表しますか？　描いてみますか、粘土で成形しますか、それともパートナーと一緒に演じますか？」のようにです。

いずれにせよ、表現する段階が終わったら、授業でその作品を発表します。経験を積むにつれて子どもたちには、自らの学習をどのように表現するのかという選択肢が与えられます。私たちは、彼らの拡散的思考を、次のように彼らの指針にすることができるのです。

・漫画本を描きたいですか？
・一幕ものの演劇ですか？
・注釈つきの書誌をつくりたいですか？
・彫刻ですか？
・口頭での報告を希望しますか？
・グループのブログを書きますか？
・モデルを構築しますか？

私の大学院時代のことですが、期末試験で教授の一人が私たち一人ひとりと一時間のミーティングを設定しました。そこにはフォーマットがありませんでした。彼は、私たちがこの授業から何を獲得するつもりかと尋ねました。私たちはただ会話をし、そのやり取りから、教授が望んだことを私たちが学んだかどうかについて判断することができたのです。彼はまた、彼の意図していなかったほかの、同じくらい価値のあることを私たちが学んだかもしれないという考えも受け入れました。

学んだという証を表現する方法を生徒自身がもっているとき、評価は減少するのではなく、むしろ強化されます。結局のところ評価とは、学んだことを生徒に示させることなのです。生徒に質問をさせ、それを発展させることと同じように、学んだことをどのように伝えるかを決める行為は、自立性や自己表現、好奇心を表現するパワフルな体験となるのです。

生徒の学習を（再び）中心に据える

好奇心を活用する学習は、教師の頭から生徒のノートに情報を転送するだけではありません。銀行型教育モデルの教師は、子どもたちがノートに写すことを板書するだけの存在なので、余計な情報を入れないでおくことができました［参考文献93、98］。しかし、これまで見てきたように、講義中は座って教科書を読んでいるだけであったり、テスト前に試験範囲の内容を記憶したりするような受動的な勉強をしても効果はありません。

一方、好奇心に満ちた教室では、教師は学習者に焦点を移し、自由な探索的会話(9)を促し、「多様な考え方の出会い」を促します［参考文献284］。このようなアプローチでは教師はコーチのような存在となり、生徒に集中力を与えることになりますが、個別に具体的な考え方は教えません。ある教師の言葉を借りれば次のようになります。

「これが学習ガイドで、これが解答用紙だからね」というものから、「あなたはどのように内容を学習したいのか、私たちはどのようにサポートできるか」というものに切り替えなければなりません。［参考文献234］

最初の授業の準備をしていたとき私は、すべてを知っているテーマを選びました。それは、言語発達における比較の観点です。私は何年もかけて、子どもたちが言語を認識する方法を研究し、それまでに書かれたそのテーマに関するすべての記事や本を読み、最近「博士号」を取得しました。また私は、それぞれの文献や課題を慎重に選び、巧みに「カリキュラムを届ける」ようにも

(9)　exploratory conversation の直訳です。「探究的」、「予備的」、「実験的」なども考えましたが、暫定的にこれにしました。ほかにいい訳があったら教えてください。

していました。あたかも、私というトラックが本や論文をたくさん荷台に載せて、それを学生たちにドサッと落とせば彼らは大喜びをするだろうと思っていたのです。

このように、私がもっともよく知っていたテーマを選んだわけですが、その授業は私の教師としてのキャリアのなかで最悪とも言えるほどの失敗でした。私は情報を積み上げていきましたが、学生たちが会話に参加できるだけの余地がそこにはなかったのです。

彼らは、脳がどのように機能するかを推測していたのでしょうが（ソニアのように、彼女の素晴らしい演繹的推論を使って可能性を探るのです）、私は彼らに「それは間違っている」と言ってしまったのです。彼らは私とは違った経験をしていたし、意味や知識をつくる方法も違っていました。私は学生たちに、私が望むように行動し、学び、授業と情報で特定の経験をするように指示していました。そして、その途中で彼らを置き去りにしていたのです。

私は今、ソクラテス的な態度（私たちが実際に知っていることや、知ることができることがいかに少ないかという認識）が真の学習へのかかわりにつながることを理解しています。私自身が学習者である場合にのみ、学生と私は好奇心を発揮し、知識を共同で創造することができるのです。結局のところ、次のように言うことができます。

「生徒にとって教師は、すでにもっている知識の面ではなく、今まさに学んでいる最中の営みが重要なロールモデルとなっているのです。知識やスキルに高い関心をもち、高い水準の知識やス

キルを身につけた経験豊富な学習者として、私たちはこれらのもつ永続的な価値を生徒に伝えていきます」［参考文献100］

私たちは安堵することができます。子どもたちは素晴らしい学習者なのです。彼らは毎日、起きている時間のすべてを、複雑な言語や複雑な社会的状況の理解に費やしています。物理的な世界、社会的な世界、そして家族の力学をどのようにして操るのでしょうか？　そして、いかに彼らの人生哲学を磨くのでしょうか？［参考文献110］

好奇心に満ちた教室をつくるためには、ある程度のコントロールを放棄し、学習が行われることを信頼する必要があります。教師としての私たちの仕事は、生徒の好奇心を支え、維持し、尊重して明らかにすることです。私たちは、彼らの内発的動機づけと試行錯誤に基づく探究を守らなければなりません。私たちはツールやテクニックを使って、生徒たちの興味を探究の練習とそのプロセスへと導き、足場をつくり、関係をつなげ、橋渡しをし、再形成することができるのです。

好奇心に満ちた授業によって生徒が不思議に思うように導き、さらに、そのような気持ちを広げていけるようにしましょう。

・ファインマン、R・P『ご冗談でしょう、ファインマンさん（上・下）』大貫昌子訳、岩波現代文庫、2000年
・フィッシャー、ダグラスほか『「学びの責任」は誰にあるのか』吉田新一郎訳、新評論、2017年
・フィッツジェラルド、F・スコット『グレート・ギャツビー』野崎孝訳、新潮文庫、1989年
・ブルガム、ロバート『人生に必要な知恵はすべて幼稚園の砂場で学んだ』池央耿訳、河出文庫、2016年
・フレッチャー、ラルフほか『ライティング・ワークショップ』小坂敦子ほか訳、新評論、2007年
・マルティネス、S・Lほか『作ることで学ぶ―Makerを育てる新しい教育のメソッド』阿部和広監修、酒匂寛訳、オライリージャパン、2015年
・メイソン、ジョンほか『教科書では学べない数学的思考』吉田新一郎訳、新評論、2019年
・吉田新一郎『「読む力」はこうしてつける（増補版）』新評論、2017年
・吉田新一郎『「学び」で組織は成長する』光文社新書、2006年
・吉田新一郎ほか『シンプルな方法で学校は変わる』みくに出版、2019年
・吉田新一郎『読書がさらに楽しくなるブッククラブ（改訂増補版）』新評論、2019年
・ラッシュ、マーサ『退屈な授業をぶっ飛ばせ！』長﨑政浩ほか訳、新評論、近刊
・レイ・H・A『ひとまねこざる』光吉夏弥訳、岩波書店、1998年
・レフスティック、リンダほか『歴史する（仮題）』松澤剛ほか訳、新評論、2021年予定
・レント、R・C『教科書をハックする』白鳥信義ほか訳、新評論、2020年
・ロススタイン、ダンほか『たった一つを変えるだけ』吉田新一郎訳、新評論、2015年
・プロジェクト・ワークショップ編『作家の時間（増補版）』新評論、2018年

訳注で紹介された本一覧

・アトウェル、ナンシー『イン・ザ・ミドル』小坂敦子ほか訳、三省堂、2018年
・ウィルソン、ジェニほか『「考える力」はこうしてつける（増補版）』吉田新一郎訳、新評論、2018年
・エンダーソン、マイク『教育のプロがすすめる選択する学び』吉田新一郎訳、新評論、2019年
・オストロフ、ウェンディー『学校図書館をハックする』松田ユリ子ほか訳、新評論、近刊
・グレイ、ピーター『遊びが学びに欠かせないわけ』吉田新一郎訳、築地書館、2018年
・クーロス、ジョージ『教育のプロがすすめるイノベーション』白鳥信義ほか訳、新評論、2019年
・サックシュタイン、スター『成績をハックする』高瀬裕人ほか訳・新評論、2018年
・サリンジャー、J・D『ライ麦畑でつかまえて』野崎孝訳、白水社、1984年
・ジョンストン、P・H『言葉を選ぶ、授業が変わる』長田友紀ほか訳、ミネルヴァ書房、2018年
・ジョンストン、P・H『オープニングマインド』吉田新一郎訳、新評論、2019年
・スタインベック、ジョン『怒りの葡萄（上・下)』大久保康雄訳、新潮文庫、1967年
・スペンサー、ジョンほか『あなたの授業が子どもと世界を変える』吉田新一郎訳、新評論、2020年
・トムリンソン、C・A『ようこそ、一人ひとりをいかす教室へ』山崎敬人ほか訳、北大路書房、2017年
・トムリンソン、C・A『一人ひとりをいかす評価』山元隆春ほか訳、北大路書房、2018年
・ピアス、チャールズ『だれもが〈科学者〉になれる』門倉正美ほか訳、新評論、2020年

(291) Werker, J. F., & Tees, R. C. (1984). Cross-language speech perception: Evidence for perceptual reorganization during the first year of life. *Infant Behavior and Development, 7*, 49–63.

(292) Werker, J. F., & Tees, R. C. (2005). Speech perception as a window for understanding plasticity and commitment in language systems of the brain. *Developmental Psychobiology, 46*(3), 233–251.

(293) Wertsch, J. V., & Toma, C. (1995). Discourse and learning in the classroom: A socio-cultural approach. In L. P. Steffe & J. Gale (Eds.), *Constructivism in education* (pp. 159–174). Mahwah, NJ: Lawrence Erlbaum.

(294) White, E. J., Hutka, S. A., Williams, L. J., & Moreno, S. (2013). Learning, neural plasticity, and sensitive periods: Implications for language acquisition, music training, and transfer across the lifespan. *Frontiers in Systems Neuroscience, 7*(90), 1–18.

(295) White, R. W. (1959). Motivation reconsidered: The conception of confidence. *Psychological Review, 66*(5), 297–333.

(296) Wiggins, G. (2013, October 19). Experiential learning [blog post]. Retrieved from *Granted and . . .* at https://grantwiggins.wordpress.com/2013/10/19/experiential-learning/

(297) Willingham, D. T. (2009). Why don't students like school? A cognitive science answers questions about how the mind works and what it means for the classroom. San Francisco, CA: Jossey-Bass.

(298) Willis, A. (2006). Ontological designing—laying the ground. *Design Philosophy Papers Collection*, 80–98.

(299) Willis, J. (2012, November 14). *The adolescent brain.* Preconference workshop presented at the Learning & the Brain Annual Conference, Boston, MA.

(300) Wolf, D. P. (1987). The art of questioning. *Academic Connections*, 1–7.

(301) Wood, E., & Attfield, J. (2005). *Play, learning, and the early childhood curriculum* (2nd ed.). London: Paul Chapman.

(302) Woolley, J. D., & Phelps, K. E. (1994). Young children's practical reasoning about imagination. *British Journal of Developmental Psychology, 12*(1), 53–67.

(303) Yackel, E., Cobb, P., & Wood, T. (1991). Small-group interactions as a source of learning opportunities in second-grade mathematics. *Journal for Research in Mathematics Education, 22*(5), 390–408.

(304) Yerrick, R. K. (2000). Lower track science students' argumentation and open inquiry instruction. *Journal of Research in Science Teaching, 37*(8), 807–838.

(305) Zane, L. M. (2015). *Pedagogy and space: Design inspirations for early childhood classrooms.* St. Paul, MN: Redleaf Press.

(306) Zhong, C. B. (2012, November). The role of unconscious thought in the creative process. *Rotman Magazine.*

(307) Zimbardo, P. G., Butler, L. D., & Wolfe, V. A. (2003). Cooperative college examinations: More gain, less pain when students share information and grades. *Journal of Experimental Education, 71*(2), 101–125.

(308) Zion, M., & Slezak, M. (2005). It takes two to tango: In dynamic inquiry, the self-directed student acts in association with the facilitating teacher. *Teaching and Teacher Education, 21*(7), 875–894.

276 Taylor, M., & Carlson, S. (2000). The influence of religious beliefs on parental attitudes about children's fantasy behavior. In K. Rosengren, C. Johnson, & P. Harris (Eds.) *Imagining the impossible: Magical, scientific, and religious thinking in children* (pp. 247–268). Cambridge, MA: Cambridge University Press.

277 Taylor, M., Carlson, S. M., Maring, B. L., Gerow, L., & Charley, C. M. (2004). The characteristics and correlates of fantasy in school-age children: Imaginary companions, impersonation, and social understanding. *Developmental Psychology, 40*(6), 1173–1187.

278 Thompson-Schill, S. L., Ramscar, M., & Chrysikou, E. G. (2009). Cognition without control: When a little frontal lobe goes a long way. *Current Directions in Psychological Science, 18*(5), 259–263.

279 Tindall-Ford, S., & Sweller, J. (2006). Altering the modality of instructions to facilitate imagination: Interactions between the modality and imagination technique. *Instructional Science, 34*(4), 343–365.

280 Tobin, K. (1988). Target student involvement in high school science. *International Journal of Science Education, 10*(3), 317–330.

281 Tolstoy, L. (2015). Who should learn writing of whom; peasant children of us; or we of peasant children? (N. H. Dole, Trans.). Seattle, WA: Createspace Independent Publishing Platform. (Original work published 1862)

282 Torrance, E. P. (1988). The nature of creativity as manifest in its testing. In R. J. Sternberg (Ed.), *The nature of creativity: Contemporary psychological perspectives* (pp. 43–75). Cambridge, England: Cambridge University Press.

283 Trabasso, T., & Suh, S. (1993). Understanding text: Achieving explanatory coherence through online inferences and mental operations in working memory. *Discourse Processes, 16*(2), 3–34.

284 Van Zee, E. H. (2000). Analysis of a student-generated inquiry discussion. *International Journal of Science Education, 22*(2), 115–142.

285 Vemuri, P., Lesnick, T. G., Przybelski, S. A., Machulda, M., Knopman, D. S., Mielke, M. M., Roberts, R. O., Geda, Y. E., Rocca, W. A., Petersen, R. C., & Jack, C. R. (2014). Association of lifetime intellectual enrichment with cognitive decline in the older population. *Journal of the American Medical Association: Neurology, 71*(8), 1017–1024.

286 Vygotsky, L. S. (1998). The problem of age (M. J. Hall, Trans.). In R. W. Rieber (Ed.), *The collected works of L. S. Vygotsky: Vol. 5. Child psychology* (pp. 187–205). New York: Plenum Press. (Original work published 1934)

287 Vygotsky, L. S. (1967/2004). Imagination and creativity in childhood. *Journal of Russian and East European Psychology, 42*(1), 7–97.

288 Wang, M. C., & Stiles, B. (1976). An investigation of children's concept of self-responsibility for their school learning. *American Educational Research Journal, 13*(3), 159–79.

289 Watterson, B. (2013, March 17). *Calvin and Hobbes.* Retrieved from: http://www.gocomics.com/calvinandhobbes

290 Weisberg, D., & Gopnik, A. (2013). Pretense, counterfactuals, and Bayesian causal models: Why what isn't real really matters. *Cognitive Science, 37*(7), 1368–1381.

(259) Simmons, D. (2009, April 1). Main lesson books: How and why [blog post]. Retrieved from *The Home School Journey* at http://christopherushomeschool.typepad.com/blog/2009/04/main-lesson-books-how-and-why.html

(260) Singer, G., & Singer, J. L. (2013). Reflections on pretend play, imagination, and child development: An interview with Dorothy G. and Jerome L. Singer. *American Journal of Play*, 6(1), 1–14.

(261) Singer, J. L., & McCraven, V. G. (1961). Some characteristics of adult daydreaming. *Journal of Psychology: Interdisciplinary and Applied*, 51(1), 151–164.

(262) Smith, D., Wright, C. J., & Cantwell, C. (2008). Beating the bunker: The effect of PETTLEP imagery on golf bunker shot performance. *Research Quarterly for Exercise and Sport*, 79(3), 385–391.

(263) Smith, F. (2003). The immensity of children's learning. In *The Jossey-Bass reader on teaching* (pp. 251–268). San Francisco, CA: Jossey-Bass.

(264) Smith, M. C., & Mathur, R. (2009). Children's imagination and fantasy: Implications for development, education, and classroom activities. *Research in the Schools*, 16(1), 52–63.

(265) Solnit, R. (2007). *Storming the gates of paradise: Landscapes for politics*. Berkeley, CA: University of California Press.

(266) Stein, H. (1991). Adler and Socrates: Similarities and differences. *Individual Psychology*, 47(2), 241–246.

(267) Sternberg, R. J. (1994). Answering questions and questioning answers: Guiding children to intellectual excellence. *Phi Delta Kappan*, 76(2), 136–138.

(268) Sternberg, R. J., & Williams, W. M. (1996). *How to develop student creativity*. Alexandria, VA: ASCD.

(269) Stevenson, K. R. (2007). Educational trends shaping school planning and design: 2007. National Clearinghouse for Educational Facilities, Washington DC. Retrieved from http://www.albanyschools.org/district/Grade.Configuration/Research.docs/Trends.in.school.planning.and.design.pdf

(270) Stewart, J. (2012). The life and work of Kierkegaard as a "Socratic Task" [online lecture]. Retrieved from https://www.coursera.org/learn/kierkegaard

(271) Stinson, L. (2014, April). How to reinvent the school lunch and get kids to eat better. *Wired Magazine*. Retrieved from http://www.wired.com/2014/04/how-to-reinvent-the-school-lunch-and-get-kids-to-eat-better/

(272) Strong-Wilson, T., & Ellis, J. (2007). Children and place: Reggio Emilia's environment as third teacher. *Theory into Practice*, 46(1), 40–47.

(273) Sutton, B. (2009, February 10). Reward success and failure, punish inaction [blog post]. Retrieved from *Work Matters* at http://bobsutton.typepad.com/myweblog/2009/02/reward-success-and-failure-punish-inaction.html

(274) Taleb, N. N. (2012). *Antifragile: Things that gain from disorder*. New York: Random House.
『反脆弱性——不確実な世界を生き延びる唯一の考え方』ナシーム・ニコラス・タレブ／千葉敏生訳、ダイヤモンド社、2017年

(275) Tarr, P. (2004). Consider the walls. *Young Children*, 59(3), 88–92.

⑳ Rousseau, J. J. (1762/1979). *Emile: Or on education* (A. Bloom, Trans.). New York: Basic Books.『エミール』（全３巻） Ｊ・Ｊ・ルソー／今野一雄訳、岩波文庫、1962年

(244) Rumelhart, D. E. (1991). Understanding understanding. In W. Kessen, A. Ortony, & F. Craig (Eds.), *Memories, thoughts, and emotions: Essays in honor of George Mandler*. Hillsdale, NJ: Erlbaum.

(245) Russ, S. (2003). Play and creativity: Developmental issues. *Scandinavian Journal of Educational Research, 47*(3), 291–303.

(246) Saffran, J. R. (2003). Statistical language learning: Mechanisms and constraints. *Current Directions in Psychological Science, 12*(4), 110–114.

(247) Samuelson, S. (2014). *The deepest human life: An introduction to philosophy for everyone*. Chicago: University of Chicago Press.

(248) Schneps, M. H. (1989). A private universe: Misconceptions that block learning (Video.) Santa Monica, CA: Pyramid Film and Video.

(249) Schwartz, K. (2014a, February 3). Math and inquiry: The importance of letting students stumble [blog post]. Retrieved from *Mind/Shift* at http://ww2.kqed.org/mindshift/2014/02/03/math-and-inquiry-the-importance-of -letting-students-stumble/

(250) Schwartz, K. (2014b, December 15). How ‘deprogramming’ kids from how to ‘do school’ could improve learning [blog post]. Retrieved from *Mind/Shift* at http://ww2.kqed.org/mindshift/2014/12/15/how-deprogramming-kids-from-how-to-do-school-could-improve-learning/

(251) Schwebel, D. C., Rosen, C. S., & Singer, J. L. (1999). Preschoolers’ pretend play and theory of mind: The role of jointly conducted pretense. *British Journal of Developmental Psychology, 17*(3), 333–348.

(252) Seal, D. O. (1995). Creativity, curiosity, exploded chickens. *College Teaching, 43*(1), 3–6.

(253) Seuss, T., Prelutsky, J., & Smith, L. (1998). *Hooray for differendoofer day!* New York: Knopf.『とてもすてきなわたしの学校』ドクター・スース絵、Ｊ・プレラツキー文／神宮輝夫訳、童話館出版、1999年

(254) Shaw, G. B. S., & Winsten, S. (1949). *The quintessence of G.B.S.: The wit and wisdom of George Bernard Shaw.* London: Hutchinson.

(255) Shernoff, D. J., Csikszentmihalyi, M., Schneider, B., & Shernoff, E. S. (2003). Student engagement in high school classrooms from the perspective of flow theory. *School Psychology Quarterly, 18*(2), 158–176.

(256) Shonstrom, E. (2014, June 4). How can teachers foster curiosity in the classroom? *Education Week*. Retrieved from http://www.edweek.org/ew/articles/2014/06/04/33shonstrom.h33.html

(257) Siegelman, K. (2003). Social studies through poetry. *Journal of Secondary Gifted Education*, 14, 187–188.

(258) Silvia, P. J. (2001). Interest and interests: The psychology of constructive capriciousness. *Review of General Psychology*, 5(3), 270–290.

(227) Postman, N. (1999). *Building a bridge to the 18th century: How the past can improve our future*. New York: Alfred A. Knopf.

(228) Raine, A., Reynolds, C., Venables, P. H., & Mednick, S. A. (2002). Stimulation seeking and intelligence: A prospective longitudinal study. *Journal of Personality and Social Psychology, 82*(4), 663–674.

(229) Rainey, R. G. (1965). The effects of directed versus non-directed laboratory work on high school chemistry achievement. *Journal of Research in Science Teaching, 3*(4), 286–92.

(230) Ranganathan, V. K., Siemionow, V., Liu, J. Z., Sahgal, V., & Yue, G. H. (2004). From mental power to muscle power—Gaining strength by using the mind. *Neuropsychologia, 42*, 944–956.

(231) Reeve, J., Nix, G., & Hamm, D. (2003). Testing models of the experience of self-determination in intrinsic motivation and the conundrum of choice. *Journal of Educational Psychology, 95*(2), 375–392.

(232) Renninger, K. A., & Hidi, S. (2002). Student interest and achievement: Developmental issues raised by a case study. In A. Wigfield & J. S. Eccles (Eds.), *Development of achievement motivation* (pp. 173–195). San Diego, CA: Academic Press.

(233) Rey, H. A., & Rey, M. (1941). *Curious George*. New York: Houghton Mifflin Harcourt.『おさるのジョージ』（全４冊）Ｍ・レイ、Ｈ・Ａ・レイ／福本友美子訳、岩波書店、1999年

(234) Richmond, E. (2014, October 24). Putting students in charge to close the achievement gap. Retrieved from http://hechingerreport.org/content/putting-students-charge-close-achievement-gap_17676/

(235) Rilke, R. M. (1934). *Letters to a young poet*. New York: W. W. Norton.『若き詩人への手紙・若き女性への手紙』リルケ／高安国世訳、新潮文庫、1953年

(236) Ritchie, A. I. T. (1885|2008). *Mrs. Dymond*. Charleston, SC: Bibliolife.

(237) Rogoff, B. (1990). *Apprenticeships in thinking: Cognitive development in social context*. New York: Oxford University Press.

(238) Romberg, A. R., & Saffran, J. R. (2010). Statistical learning and language acquisition. *Wiley Interdisciplinary Reviews: Cognitive Science, 1*(6), 906–914.

(239) Root-Bernstein, R., & Root-Bernstein, M. (1999). *Sparks of genius: The 13 thinking tools of the world's most creative people*. Boston: Houghton Mifflin.『天才のひらめき——世界で最も創造的な人びとによる13の思考ツール』ロバート・ルートバーンスタイン、ミシェル・ルートバーンスタイン／早稲田大学出版部、2018年

(240) Rop, C. J. (2003). Spontaneous inquiry questions in high school chemistry classrooms: Perceptions of a group of motivated learners. *International Journal of Science Education, 25*(1), 13–33.

(241) Rossen, J. (2014, April 10). A brief history of 'Choose Your Own Adventure' [blog post]. Retrieved from *Mental Floss* at http://mentalfloss.com/article/56160/brief-history-choose-your-own-adventure

(242) Rothstein, D., & Santana, L. (2011). *Make just one change: Teach students to ask their own questions*. Cambridge, MA: Harvard Education Press.『たった一つを変えるだけ』（書誌データは「訳注で紹介された本一覧」を参照）

⑳⑧ Orr, D. W. (2010). Foreword. In *The third teacher: 79 ways you can use design to transform teaching and learning*. New York: Harry N. Abrams.

⑳⑨ Ostroff, W. L. (2012). *Understanding how young children learn: Bringing the science of child development to the classroom*. Alexandria, VA: ASCD.

⑵⑩ Ostroff, W. L. (2014). Don't just sit there . . . pay attention! *Educational Leadership, 72*(2), 70–74.

⑵⑪ Ostroff, W. L. (2015). Asking to learn. *Educational Leadership, 73(1)*. Retrieved from http://www.ascd.org/publications/educational-leadership/sept15/vol73/num01/Asking-to-Learn.aspx

⑵⑫ Palmer, P. J. (2003). The heart of a teacher: Identity and integrity in teaching. In *The Jossey-Bass reader on teaching* (pp. 3–25). San Francisco, CA: Jossey-Bass.

⑵⑬ Pappano, L. (2014, February 9). Learning to think differently. *New York Times*. Education Life, 8–10.

⑵⑭ Pascual-Leone, A., Nguyet, D., Cohen, L. G., Brasil-Neto, J. P., Cammarota, A., & Hallett, M. (1995). Modulation of muscle responses evoked by transcranial magnetic stimulation during the acquisition of new fine motor skills. *Journal of Neurophysiology*, 74(3), 1037–1045.

⑵⑮ Paul, R., & Elder, L. (2007). *The thinker's guide to the art of Socratic questioning*. Tomales, CA: The Foundation for Critical Thinking.

⑵⑯ Pedrosa de Jesus, H., Almeida, P., & Watts, M. (2004). Questioning styles and students' learning: Four case studies. *Educational Psychology*, 24(4), 531–548.

⑵⑰ Pedrosa de Jesus, H. T., Almeida, P. A., Teixeira-Dias, J. J., & Watts, M. (2006). Students' questions: Building a bridge between Kolb's learning styles and approaches to learning. *Education & Training*, 48(2/3), 97–111.

⑵⑱ Perry, B.D. (2001). Curiosity: The fuel of development. *Early Childhood Today*. Retrieved from http://teacher.scholastic.com/professional/bruceperry/curiosity.htm

⑵⑲ Piaget, J. (1973). *Main trends in psychology*. London: George Allen & Unwin. 『現代心理学——認知理論の展開』ジャン・ピアジェ／波多野完治ほか訳、福村出版 1981年

⑵⑳ Pincock, S. (2004). Francis Harry Compton Crick. *The Lancet*, 364, 576.

㉑ Pisula, W. (2009). *Curiosity and information seeking in animal and human behavior*. Boca Raton, FL: Brown Walker Press.

㉒ Pisula, W., Turlejski, K., & Charles, E. P. (2013). Comparative psychology as unified psychology: The case of curiosity and other novelty-related behavior. *Review of General Psychology*, 17(2), 224–229.

㉓ Plato. (2006). *The Republic* (R. E. Allen, Trans.). New Haven, CT: Yale University Press. 『国家』（上・下）プラトン／藤沢令夫訳、岩波文庫、1976年

㉔ Post, P. G., & Wrisberg, C. A. (2012). A phenomenological investigation of gymnasts' lived experience of imagery. *The Sport Psychologist*, 26(1), 98–121.

㉕ Post, P. G., Wrisberg, C. A., & Mullins, S. (2010). A field test of the influence of pre-game imagery on basketball free throw shooting. *Journal of Imagery Research in Sport and Physical Activity*, 5(1).

㉖ Postman, N. (1979). *Teaching as a conserving activity*. New York: Delacorte Press.

⑱⑼ Medina, J. (2014). *Brain rules: 12 principles for surviving and thriving at work, home, and school* (Updated and expanded ed.). Seattle, WA: Pear Press.

⑲⓪ Meyer, D. K., & Turner, J. C. (2002). Discovering emotion in classroom motivation research. *Educational Psychologist, 37*(2), 107–114.

⑲① Miller, M. (2014, January 30). Twenty useful ways to use TodaysMeet in schools [blog post]. Retrieved from *Ditch That Textbook* at http://ditchthattextbook.com/2014/01/30/20-useful-ways-to-use-todaysmeet-in-schools/

⑲② Mitra, S. (2006). *The hole in the wall: Self-organising systems in education.* New York: McGraw-Hill.

⑲③ Mitra, S. (2007, February). *Kids can teach themselves* [Video file]. Retrieved from https://www.ted.com/talks/sugata_mitra_shows_how_kids_teach_themselves?language=en

⑲④ Montessori, M. (1989). *To educate the human potential.* Oxford: Clio Press.『人間の可能性を伸ばすために——実りの年６歳〜12歳』マリア・モンテッソーリ／田中正浩訳、青土社、2018年

⑲⑤ Montgomery, L. M. (1976). *Anne of Green Gables.* New York: Bantam Books. (Original work published 1908)『赤毛のアン』邦訳出版社多数

⑲⑥ Moore, S. G., & Bulbulian, K. N. (1976). The effects of contrasting styles of adult-child interaction on children's curiosity. *Developmental Psychology, 12*(2), 171–172.

⑲⑦ Morgan, N., & Saxton, J. (2006). *Asking better questions* (2nd ed.). Ontario, Canada: Pembroke Publishers.

⑲⑧ Moser, J. S., Schroder, H. S., Heeter, C., Moran, T. P., & Lee, Y-H. (2011). Mind your errors: Evidence for a neural mechanism linking growth mind-set to adaptive posterror adjustments. *Psychological Science, 22*(12), 1484–1489.

⑲⑨ Muller, J. (2014). What impact has dopamine had on human evolution? Retrieved from https://www.quora.com/What-impact-has-dopamine-had-on-human-evolution

⑳⓪ Mueller, C. M., & Dweck, C. S. (1998). Praise for intelligence can undermine children's motivation and performance. *Journal of Personality and Social Psychology, 75*(1), 33–52.

⑳① Naiman, L. (2014, June 6). Can creativity be taught? Results from research studies. Retrieved from https://www.creativityatwork.com/2012/03/23/can-creativity-be-taught/

⑳② National Commission on Excellence in Education. (1983). A nation at risk: The imperative for educational reform. Washington, DC: Government Printing Office.

⑳③ Nehiley, S. (2015, April 20). Gavin's education [blog post]. Retrieved from *Sudbury Valley School Blog* at http://blog.sudburyvalley.org/2015/04/gavins-education/

⑳④ Newton, P., Driver, R., & Osborne, J. (1999). The place of argumentation in the pedagogy of school science. *International Journal of Science Education, 21*(5), 553–576.

⑳⑤ Nolen, S. B. (2001). Constructing literacy in the kindergarten: Task structure, collaboration, and motivation. *Cognition and Instruction, 19*(1), 95–142.

⑳⑥ Opdal, P. M. (2001). Curiosity, wonder, and education seen as perspective development. *Studies in Philosophy and Education, 20*(4), 331–344.

⑳⑦ Oppenheimer, R. J. (2001). Increasing student motivation and facilitating learning. *College Teaching, 49*(3), 96–98.

⑰ Lobel, A. (1979). *Frog and toad together*. New York: Harpercollins.『ふたりはいっしょ』アーノルド・ローベル／三木卓訳、文化出版局、1972年

⑱ Loewenstein, G. (1994). The psychology of curiosity: A review and reinterpretation. *Psychological Bulletin, 116*(1), 75–98.

⑲ Lowry, N., & Johnson, D. W. (1981). Effects of controversy on epistemic curiosity, achievement, and attitudes. *Journal of Social Psychology, 115*(1), 31–43.

⑳ Lucas, C. G., Bridgers, S., Griffiths, T. L., & Gopnik, A. (2014). When children are better (or at least more open-minded) learners than adults: Developmental differences in learning the forms of causal relationships. *Cognition, 131*(2), 284–299.

(175) Luria, A. R. (1961). *The role of speech in the regulation of normal and abnormal behavior*. New York: Liveright.

(176) Mangels, J. A., Butterfield, B., Lamb, J., Good, C., & Dweck, C. S. (2006). Why do beliefs about intelligence influence learning success? A social cognitive neuroscience model. *Social Cognitive and Affective Neuroscience, 1*(2), 75–86.

(177) Mar, R. A. (2011). The neural bases of social cognition and story comprehension. *Annual Review of Psychology, 62*(1), 103–134.

(178) Mar, R. A., Tackett, J. L., & Moore, C. (2010). Exposure to media and theory-of-mind development in preschoolers. *Cognitive Development, 25*(1), 69–78.

(179) Marbach, E. S., & Yawkey, T. D. (1980). The effects of imaginative play actions on language development in five-year-old children. *Psychology in the Schools, 17*(2), 257–263.

(180) McCombs, B. (2015). Developing responsible and autonomous learners: A key to motivating students. Retrieved from http://www.apa.org/education/k12/learners.aspx

(181) McCraven, V. G., Singer, J. L., & Wilensky, H. (1956). Delaying capacity, fantasy, and planning ability: A factorial study of some basic ego functions. *Journal of Consulting Psychology, 20*(5), 375–383.

(182) McGraw, P., & Warren, C. (2010). Benign violations: Making immoral behavior funny. *Psychological Science, 21*(8), 1141–1149.

(183) McGregor, J. (2004). Space, power, and the classroom. *Forum, 46*(1), 13–18.

(184) McNamara, D., & Waugh, D. (1993). Classroom organisation: A discussion of grouping strategies in the light of the "Three wise men's" report. *School Organisation, 13*(1), 41–50.

(185) McNerney, S. (2012). Relaxation and creativity: The science of sleeping on it [blog post]. Retrieved from http://bigthink.com/insights-of-genius/relaxation-creativity-the-science-of-sleeping-on-it

(186) McRobbie, C., & Tobin, K. (1997). A social constructivist perspective on learning environments. *International Journal of Science Education, 19*(2), 193–208.

(187) McWilliams, P. (2003). Learning to read. In *The Jossey-Bass reader on teaching* (pp. 77–79). San Francisco, CA: Jossey-Bass.

(188) Mead, M. (1970). *Culture and commitment: A study of the generation gap*. London: The Bodley Head.『地球時代の文化論——文化とコミットメント』M・ミード／太田和子訳、東京大学出版会、1981年

(152) Kohn, A. (2011). "Well, duh!" Ten obvious truths that we shouldn't be ignoring. *American School Board Journal.*

(153) Kohn, D. (2015, May 16). Let the kids learn through play. *New York Times*. Retrieved from http://www.nytimes.com/2015/05/17/opinion/sunday/let-the-kids-learn-through-play.html?_r=1

(154) Kounios, J., & Beeman, M. (2009). The aha! moment: The cognitive neuroscience of insight. *Current Directions in Psychological Science, 18(4)*, 210–216.

(155) Kuhl, P. K. (2004). Early language acquisition: Cracking the speech code. *Nature Reviews Neuroscience*, *5*(11), 831–843.

(156) Kuhl, P. K., & Rivera-Gaxiola, M. (2008). Neural substrates of language acquisition. *Annual Review of Neuroscience*, *31*, 511–534.

(157) Kuhn, D., & Ho, V. (1980). Self-directed activity and cognitive development. *Journal of Applied Developmental Psychology, 1*(2), 119–133.

(158) Kumar, M. (2008). *Dictionary of quotations*. New Delhi, India: APH Publishing Corporation.

(159) Lachman, S. J. (1997). Learning is a process: Toward an improved definition of learning. *Journal of Psychology: Interdisciplinary and Applied*, *131*(5), 477–480.

(160) Land, G., & Jarman, B. (1993). *Breakpoint and beyond: Mastering the future—today.* Champaign, IL: HarperBusiness

(161) Lehman, J., & Stanley, K. O. (2011). Abandoning objectives: Evolution through the search for novelty alone. *Evolutionary Computation*, *19*(2), 189–223.

(162) Lepper, M. R., Greene, D., & Nisbett, R. E. (1973). Undermining children's intrinsic interest with extrinsic rewards: A test of the "overjustification" hypothesis. *Journal of Personality and Social Psychology, 28*(1), 129–137.

(163) Leslie, I. (2014). *Curious: The desire to know and why your future depends on it*. New York: Basic Books.『子どもは40000回質問する——あなたの人生を創る「好奇心」の驚くべき力』イアン・レズリー／須川綾子訳、光文社、2016年

(164) Levy, A. K., Wolfgang, C. H., & Koorland, M. A. (1992). Sociodramatic play as a method for enhancing the language performance of kindergarten age students. *Early Childhood Research Quarterly*, *7*(2), 245–262.

(165) Lewis, H. R. (2001). *Slow down: Getting more out of Harvard by doing less*. Retrieved from http://scholar.harvard.edu/files/harrylewis/files/slowdown2004.pdf

(166) Lickona, T. (1991). *Educating for character: How our schools can teach respect and responsibility*. New York: Bantam.『リコーナ博士のこころの教育論——「尊重」と「責任」を育む学校環境の創造』トーマス・リコーナ／三浦正訳、慶應義塾大学出版会、1997年

(167) Lillard, A. S. (2005). *Montessori: The science behind the genius*. New York: Oxford University Press.

(168) Lillard, A., & Else-Quest, N. (2006). Evaluating Montessori education. *Science, 313*(5795), 1893–1894.

(169) Limb, C. J., & Braun, A. R. (2008). Neural substrates of spontaneous musical performance: an FMRI study of jazz improvisation. *PLoS One*, *3*(2), 1679.

(170) Lipton, J. S., & Spelke, E. S. (2003). Origins of number sense: Large-number discrimination in human infants. *Psychological Science*, *14*(5), 396–401.

(134) Hunt, S. D., Chonko, L. B., & Wood, V. R. (1986). Marketing education and marketing success: Are they related? *Journal of Marketing Education, 8*(2), 2–13.

(135) Hunter, J. P., & Csikszentmihalyi, M. (2003). The positive psychology of interested adolescents. *Journal of Youth and Adolescence, 32*(1), 27–35.

(136) Imus, D. (2008). *Growing up green: Baby and child care.* New York: Simon & Schuster.

(137) Jacobs, J. (1961). *The death and life of great American cities.* New York: Random House. 『アメリカ大都市の死と生』ジェイン・ジェイコブズ／山形浩生訳、鹿島出版会、2010年

(138) Jepma, M., Verdonschot, R. G., van Steenbergen, H., Rombouts, S. A. R. B., & Nieuwenhuis, S. (2012). Neural mechanisms underlying the induction and relief of perceptual curiosity. *Frontiers in Behavioral Neuroscience, 6*, 100–104.

(139) Johnson, C. (2005). *Harold and the purple crayon.* New York: HarperCollins. 『はろるどとむらさきのくれよん』クロケット・ジョンソン／岸田衿子訳、文化出版局、1972年

(140) Johnson, J. S., & Newport, E. L. (1989). Critical period effects in second language learning: The influence of maturational state on the acquisition of English as a second language. *Cognitive Psychology, 21*(1), 60–99.

(141) Johnson, S. (1825). *The works of Samuel Johnson, LL.D.* Oxford, England: Talboys and Wheeler and W. Pickering.

(142) Kamins, M. L., & Dweck, C. S. (1999). Person versus process praise and criticism: Implications for contingent self-worth and coping. *Developmental Psychology,* 35(3), 835–847.

(143) Kast, A., & Connor, K. (1988). Sex and age differences in responses to informational and controlling feedback. *Personality and Social Psychology Bulletin, 14*(3), 514–523.

(144) Kaufman, S.B. (2013, December 10). Conversation on daydreaming with Jerome L. Singer [blog post]. Retrieved from *Beautiful Minds* at http://blogs.scientificamerican.com/beautiful-minds/conversation-on-daydreaming-with-jerome-l-singer/

(145) Kelly, G. A. (1963). *A theory of personality: The psychology of personal constructs.* New York: W. W. Norton and Company. 『理論とパーソナリティー』G・A・ケリー／辻平治郎訳、北大路書房、2016年

(146) King, A. (1994). Autonomy and question asking: The role of personal control in guided student-generated questioning. Learning and Individual Differences, 6(2), 163–185.

(147) Kirkpatrick, E. A. (1903/2009). *Fundamentals of child study.* New York: MacMillan. 『児 童研究の原理』カークパトリック／日田権一訳、目黒書店、1910年

(148) Klatte, M., Bergstroem, K., & Lachmann, T. (2013). Does noise affect learning? A short review on noise effects on cognitive performance in children. *Frontiers in Psychology, 4*, 1–6.

(149) Knudsen, E. I. (2004). Sensitive periods in the development of the brain and behavior. *Journal of Cognitive Neuroscience, 16*(8), 1412–1425.

(150) Kohn, A. (1993). Choices for children: Why and how to let students decide. *Phi Delta Kappan, 75*(1), 8–21.

(151) Kohn, A. (1999). *Punished by rewards: The trouble with gold stars, incentive plans, A's, praise, and other bribes.* New York: Houghton Mifflin. 『報酬主義をこえて』アルフィ・コーン／田中英史訳、法政大学出版局、2011年

⑪⑰ Grossman, S. (2008). Offering children choices. Retrieved from http://www.earlychildhoodnews.com/earlychildhood/article_view.aspx?ArticleID=607

⑪⑧ Gruber, M. J., Gelman, B. D., & Ranganath, C. (2014). States of curiosity modulate hippocampus-dependent learning via the dopaminergic circuit. *Neuron, 84*(2), 486–496.

⑪⑨ Gunderson, E. A., Gripshover, S. J., Romero, C., Dweck, C. S., Goldin-Meadow, S., & Levine, S. C. (2013). Parent praise to 1- to 3-year-olds predicts children's motivational frameworks 5 years later. *Child Development, 84*(5), 1526–1541.

⑫⓪ Gupta, R. (2012). *The effects of ventromedial prefrontal cortex damage on interpersonal coordination in social interaction.* (Unpublished doctoral dissertation). University of Iowa, Iowa City. Retrieved from http://ir.uiowa.edu/etd/2883.

⑫① Heidegger, M. (1995). *The fundamental concepts of metaphysics: World, finitude, solitude* (W. McNeill & N. Walker, Trans.). Bloomington, IN: Indiana University Press.『形而上学の根本諸概念——世界 - 有限性 - 孤独』（ハイデッガー全集）マルティン ハイデッガー／川原栄峰、セヴェリン・ミュラー訳、創文社、1998年

⑫② Hensch, T. K. (2004). Critical period regulation. *Annual Review of Neuroscience, 27*, 549–579.

⑫③ Henderlong, J., & Lepper, M. R. (2002). The effects of praise on children's intrinsic motivation: A review and synthesis. *Psychological Bulletin, 128*(5), 774–795.

⑫④ Hershong Mahone Group. (2003). *Windows and classrooms: A study of student performance and the indoor environment.* Retrieved from http://h-m-g.com/projects/daylighting/summaries%20on%20daylighting.htm

⑫⑤ Hetland, L., Winner, E., Veenema, S., & Sheridan, K. M. (2007). *Studio thinking: The real benefits of visual arts education.* New York: Teachers College Press.

⑫⑥ Hewlett, B. S., Fouts, H. N., Boyette, A. H., & Hewlett, B. L. (2011). Social learning among Congo Basin hunter-gatherers. *Philosophical Transactions B, 366*(1567), 1168–1178.

⑫⑦ Higgins, S., Hall, E., Wall, K., Woolner, P., & McCaughey, C. (2005). *The impact of school environments: A literature review.* The Centre for Learning and Teaching, School of Education, Communication, and Language Science, University of Newcastle. Retrieved from http://www.ncl.ac.uk/cflat/news/DCReport.pdf

⑫⑧ Holmes, R. M., Pellegrini, A. D., & Schmidt, S. L. (2006). The effects of different recess timing regimens on preschoolers' classroom attention. *Early Child Development and Care, 176*(7), 735–743.

⑫⑨ Holt, J. (1983). *How children learn.* Rev. ed. New York: Da Capo Press.『学習の戦略——子どもたちはいかに学ぶか』ジョン・ホルト／吉柳克彦訳、一光社、1987年

⑬⓪ Holt, M. (2002). It's time to start the slow school movement. *Phi Delta Kappan, 84*(4), 264–271.

⑬① Hopkins, E. J., Dore, R. A., & Lillard, A. S. (2015). Do children learn from pretense? *Journal of Experimental Child Psychology, 130*(3), 1–18.

⑬② Horne, M. (2004). Breaking down the school walls. *Forum, 46*(1), 6.

⑬③ Hunsberger, M. (1992). The time of texts. In W. F. Pinar & W. M. Reynolds (Eds.), *Understanding curriculum as phenomenological and deconstructed text* (pp. 64–91). New York: Teachers College Press.

(101) Gadamer, H.G. (1975). *Truth and method.* London: Bloomsbury Academic.『真理と方法１——哲学的解釈学の要綱』ハンス＝ゲオルク・ガダマー／轡田收訳、法政大学出版局、1986年（新装版、2012年）、『真理と方法２——哲学的解釈学の要綱』轡田收、巻田悦郎訳、法政大学出版局、2008年（新装版、2015年）、『真理と方法３——哲学的解釈学の要綱』轡田收、三浦國泰、巻田悦郎訳、法政大学出版局、2012年

(102) Garner, R., Brown, R., Sanders, S., & Menke, D. J. (1992). "Seductive details" and learning from text. In K. A. Renninger, S. Hidi, & A. Krapp (Eds.), *The role of interest in learning and development* (pp. 239–254). Hillsdale, NJ: Erlbaum.

(103) Gaskins, S., & Paradise, R. (2010). Learning through observation in daily life. In D. F. Lancy, J. Bock, & S. Gaskins (Eds.), *The anthropology of learning in childhood* (pp. 85–118). Lanham, MD: AltaMira Press.

(104) Gibson, J.J. (1950). *The perception of the visual world.* Boston: Houghton Mifflin.『視覚ワールドの知覚』ジェームズ・J・ギブソン／東山篤規、竹澤智美、村上嵩至訳、新曜社、2011年

(105) Goldstein, A., & Russ, S. W. (2000). Understanding children's literature and its relationship to fantasy ability and coping. *Imagination, Cognition, and Personality, 20*(2), 105–126.

(106) Golinkoff, R., & Hirsh-Pasek, K., with Eyer, D. (2003). *Einstein never used flash cards: How our children really learn—and why they need to play more and memorize less.* Emmaus, PA: Rodale Books.

(107) Goncu, A., Jain, J., & Tuermer, U. (2007). Children's play as cultural interpretation. In A. Goncu & S. Gaskins (Eds.), *Play and development: Evolutionary, sociocultural, and functional perspectives* (pp. 155–178). New York: Lawrence Erlbaum.

(108) Goodman, Y. (1978). Kidwatching: An alternative to testing. *National Elementary Principal, 57*, 41–45.

(109) Goodwin, B. (2014). Research says curiosity is fleeting, but teachable. *Educational Leadership, 72*(1), 73–74.

(110) Gopnik, A. (2009). *The philosophical baby: What children's minds tell us about truth, love, and the meaning of life.* New York: Farrar, Straus and Giroux.

(111) Gordon, T. (1989). *Teaching children self-discipline at home and at school.* New York: Times Books.

(112) Goyal, N. (2012). *One size does not fit all: A student's assessment of school.* Roslyn Heights, NY: Alternative Education Resource Organization.

(113) Gray, P. (2012, February 28). The benefits of unschooling: Report I from a large survey [blog post]. Retrieved from *Freedom to Learn* at https://www.psychologytoday.com/blog/freedom-learn/201202/the-benefits-unschooling-report-i-large-survey

(114) Gray, P. (2013). *Free to learn: Why unleashing the instinct to play will make our children happier, more self-reliant, and better students for life.* New York: Basic Books.『遊びが学びに欠かせないわけ』（書誌データは「訳注で紹介された本一覧」を参照）

(115) Greene, L. (2005). Questioning questions. *The National Teaching & Learning Forum, 14*(2), 1–3.

(116) Greene, M. (1995). *Releasing the imagination: Essays on education, the arts, and social change.* San Francisco, CA: Jossey-Bass.

⑧③ Eliot, T. S. (1943). *Four quartets*. New York: Harcourt.『四つの四重奏』T・S・エリオット／岩崎宗治訳、岩波文庫、2011年

⑧④ Emerson, R. W. (1850). *Representative men: Seven lectures*. Cambridge, MA: Belknap Press.『代表的人間像』（エマソン選集６）ラルフ・ウォルドー・エマソン／酒本雅之訳、日本教文社、2014年

⑧⑤ Engel, S. (2011). Children's need to know: Curiosity in schools. *Harvard Educational Review, 81*(4), 625–645.

⑧⑥ Engel, S., & Labella, M. (2011). *Encouraging exploration: The effects of teaching behavior on student expressions of curiosity*. (Unpublsished honors thesis). Williams College.

⑧⑦ Engel, S., & Randall, K. (2009). How teachers respond to children's inquiry. *American Educational Research Journal, 46*(1), 183–202.

⑧⑧ Falchi, F., Cinzano, P., Elvidge, C. D., Keith, D. M., & Haim, A. (2011). Limiting the impact of light pollution on human health, environment, and stellar visibility. *Journal of Environmental Management*, 92(10), 2714–2722.

⑧⑨ Fazey, D. M. A., & Fazey, J. A. (2001). The potential for autonomy in learning: Perceptions of competence, motivation, and locus of control in first-year undergraduate students. *Studies in Higher Education, 26*(3), 345–361.

⑨⓪ Feynman, R. P. (2006). *Perfectly reasonable deviations from the beaten track*. New York: Basic Books.『ファインマンの手紙』リチャード・P・ファインマン著、ミシェル・ファインマン編／渡会圭子訳、ソフトバンククリエイティブ、2006年

⑨① Fielding, R. (2006, March 1). What they see is what we get: A primer on light [blog post]. Retrieved from Edutopia at http://www.edutopia.org/what-they-see-what-we-get

⑨② Fink, J. (2015, Feb 19). Why schools are failing our boys. *Washington Post*. http://www.washingtonpost.com/news/parenting/wp/2015/02/19/why-schools-are-failing-our-boys/?tid=sm_fb

⑨③ Finkel, D. L. (2000). *Teaching with your mouth shut*. Portsmouth, NH: Heinemann.

⑨④ Fisher, J. (2013). *Starting from the child: Teaching and learning from 4 to 8* (4th ed.). Buckingham, England: Open University Press.

⑨⑤ Fivush, R. (2008). Sociocultural perspectives on autobiographical memory. In M. Courage & N. Cowan (Eds.). *The development of memory in children*. New York: Psychology Press.

⑨⑥ Foucault, M. (1982). The subject and power. Afterword to H. L. Dreyfus & P. Rabinow, *Michel Foucault: Beyond structuralism and hermeneutics*. Brighton, UK: Harvester.

⑨⑦ Freire, P. (1998). *Pedagogy of freedom: Ethics, democracy, and civic courage*. Lanham, MD: Rowman & Littlefield.

⑨⑧ Freire, P. (2000). *Pedagogy of the oppressed*. New York: Continuum.『被抑圧者の教育学』パウロ・フレイレ／三砂ちづる訳、亜紀書房、2018年

⑨⑨ French, H. W. (2001, February 25). More sunshine for Japan's overworked students. *New York Times*, p. 18.

⑩⓪ Fried, R. L. (2003). Passionate teaching. In *The Jossey-Bass reader on teaching* (pp. 38–51). San Francisco, CA: Jossey-Bass.

⑯ Deviny, J., Duncan, S., Harris, S., Rody, M. A., & Rosenberry, L. (2010). *Inspiring spaces for young children*. Lewisville, NC: Gryphon House.

⑰ Dewey, J. (1909). *Moral principles in education*. New York: Houghton Mifflin.『教育における道徳原理』 J・デューイ／杉浦宏訳、未来社、1968年

⑱ Dewey, J. (1916). *Democracy and education: An introduction to the philosophy of education*. New York: Macmillan.『民主主義と教育』 J・デューイ／河村望訳、人間の科学社、2000年

⑲ Diachenko, O. M. (2011). On major developments in preschoolers' imaginations. *International Journal of Early Years Education, 19*(1), 19–25.

⑳ Diamond, A. (1995). Evidence of robust recognition memory early in life even when assessed by reaching behavior. *Journal of Experimental Child Psychology, 59*(3), 419–456.

㉑ Dichter, B. (2014, October 6). Teaching metacognition: Insight into how your students think is key to high achievement in all domains. Retrieved from http://www.opencolleges.edu.au/informed/features/the-importance-of-metacognition/#ixzz3FfxIKwJf

㉒ Dillon, J. T. (1983). *Teaching and the art of questioning*. Bloomington, IN: Phi Delta Kappa Educational Foundation.

㉓ Doorley, S., & Witthoft, S. (2012). *Make space: How to set the stage for creative collaboration*. Hoboken, NJ: John Wiley & Sons.

㉔ Dori, Y. J., & Herscovitz, O. (1999). Question posing capability as an alternative evaluation method: Analysis of an environmental case study. *Journal of Research in Science Teaching, 36*(4), 411–430.

㉕ Dweck, C. S. (1999). *Self-theories*. Philadelphia: Psychology Press.

㉖ Dweck, C. S. (2006). *Mindset: The new psychology of success*. New York: Random House.『マインドセット――「やればできる！」の研究』キャロル・S・ドゥエック／今西康子訳、草思社、2016年

㉗ Dyer, J., Gregersen, H., & Christensen, C. M. (2011). *The innovator's DNA: Mastering the five skills of disruptive innovators*. Boston: Harvard Business Review Press.『イノベーションのDNA――破壊的イノベータの5つのスキル』クレイトン・クリステンセン、ジェフリー・ダイアー、ハル・グレガーセン／櫻井祐子訳、翔泳社、2012年

㉘ Earthman, G. I. (2004). Prioritization of 31 criteria for school building adequacy. American Civil Liberties Union Foundation of Maryland. Retrieved from http://www.schoolfunding.info/policy/facilities/ACLUfacilities_report1-04.pdf

㉙ Edwards, C. (1993). Partner, nurturer, and guide: The roles of the Reggio teacher in action. In C. Edwards, L. Gandini, & G. Foreman (Eds.), *The hundred languages of children: The Reggio Emilia approach to early childhood education*. Norwood, NJ: Ablex.

㉚ Egan, K. (1989). *Teaching as story telling: An alternative approach to teaching and curriculum in elementary school*. Chicago: University of Chicago Press.

㉛ Egan, K. (1997). *The educated mind: How cognitive tools shape our understanding*. Chicago: University of Chicago Press.『想像力と教育――認知的道具が培う柔軟な精神』キエラン・イーガン／高屋景一、佐柳光代訳、北大路書房、2013年

㉜ Einstein, A. (1949, March 13). Einstein Says 'It Is Miracle' Inquiry Is Not 'Strangled.' *New York Times*.

㊼ Chouinard, M. M., Harris, P. L., & Maratsos, M. P. (2007). Children's questions: A mechanism for cognitive development. *Monographs of the Society for Research in Child Development, 72*(1), 1–129.

㊽ Cicero, M. T. (1914). *De finibus bonorum et malorum* (H. Rackham, Trans.). Cambridge, MA: Harvard University Press.『キケロー選集（10）哲学 III——善と悪の究極について』キケロー／永田康昭、岩崎務、兼利琢也訳、岩波書店、2000年

㊾ Cifone, M. V. (2013). Questioning and learning: How do we recognize children's questions? *Curriculum & Teaching Dialogue, 15*(1-2), 41–55.

㊿ Clyde, J. A., & Condon, M. W. F. (2000). *Get real: Bringing kids' learning lives into the classroom*. York, ME: Stenhouse Publishers.

51 Csikszentmihalyi, M. (1997). *Finding flow: The psychology of engagement with everyday life*. New York: Basic Books.『フロー体験入門——楽しみと創造の心理学』M・チクセントミハイ／大森弘訳、世界思想社、2010年

52 Csikszentmihalyi, M. (2000). *Beyond boredom and anxiety: Experiencing flow in work and play (25th anniversary ed.)*. San Francisco, CA: Jossey-Bass.『楽しみの社会学』M・チクセントミハイ／今村浩明訳、新思索社、2000年

53 Curtis, D., & Carter, M. (2015). *Designs for living and learning: Transforming early childhood environments* (2nd ed.). St. Paul, MN: Redleaf Press.

54 d'Ailly, H. (2003). Children's autonomy and perceived control in learning: A model of motivation and achievement in Taiwan. *Journal of Educational Psychology, 95*(1), 84–96.

55 d'Ailly, H. (2004). The role of choice in children's learning: A distinctive cultural and gender difference in efficacy, interest, and effort. *Canadian Journal of Behavioural Science, 36*(1), 17–29.

56 Darden, D. (1999). Boredom: A socially disvalued emotion. *Sociological Spectrum, 19*(1), 13–37.

57 Darwin, C. (1874). *The descent of man: And selection in relation to sex* (Rev. edition.). Philadelphia, PA: J. Wanamaker.『人間の由来』チャールズ・ダーウィン／長谷川眞理子訳、講談社、2016年

58 Dawley, H. (2006, April 30). In praise of boredom, sweet boredom: A researcher believes it can be good for us. Retrieved from http://www.medialifemagazine.com/in-praise-of-boredom-sweet-boredom/

59 Day, D.R. (1995). *Environmental law: Fundamentals for schools*. Alexandria, VA: National School Boards Association.

60 de Charms, R. (1968). *Personal causation*. New York: Academic Press.

61 de Charms, R. (1976). *Enhancing motivation: Change in the classroom*. New York: Irvington.

62 Deci, E. L. (1975). *Intrinsic motivation*. New York: Plenum.『内発的動機づけ——実験社会心理学的アプローチ』E・L・デシ／安藤延男、石田梅男訳、誠信書房、1980年

63 Deci, E. L., Koestner, R., & Ryan, R. M. (2001). Extrinsic rewards and intrinsic motivation in education: Reconsidered once again. *Review of Educational Research, 71*(1), 1–27.

64 Deci, E. L., & Ryan, R. M. (1985). *Intrinsic motivation and self-determination in human behavior*. New York: Plenum.

65 de Manzano, Ö., Theorell, T., Harmat, L., & Ullén, F. (2010). The psychophysiology of flow during piano playing. *Emotion, 10*(3), 301–311.

㉚ Bornstein, M. H., Hahn, C. S., & Suwalsky, J. T. (2013). Physically developed and exploratory young infants contribute to their own long-term academic achievement. *Psychological Science, 24*(10), 1906–1917.

㉛ Boubekri, M., Cheung, I. N., Reid, K. J., Wang, C. H., & Zee, P. C. (2014). Impact of windows and daylight exposure on overall health and sleep quality of office workers: A case-control pilot study. *Journal of Clinical Sleep Medicine, 10*(6), 603–611.

㉜ Bouldin, P. (2006). An investigation of the fantasy predisposition and fantasy style of children with imaginary companions. *Journal of Genetic Psychology, 167*(1), 17–29.

㉝ Bransford, J. D., Brown, A. L., & Cocking, R. R. (Eds.). (2000). *How people learn: Brain, mind, experience, and school.* Washington, DC: National Academy Press.『授業を変える——認知心理学のさらなる挑戦』米国学術研究推進会議編著、21世紀の認知心理学を創る会訳、北大路書房、2002年

㉞ Brehm, A. E. (2015). *Brehm's life of animals: A complete natural history for popular home instruction and for the use of schools* (R. Schmidtlein, Trans.). London: Forgotten Books. (Original work published 1864)

㉟ Brewer, C. (1995). *Music and learning: Seven ways to use music in the classroom.* Brookline, MA: Zephyr Press.

㊱ Brill, F. (2004). Thinking outside the box: Imagination and empathy beyond story writing. *Literacy, 38*(2), 83–89.

㊲ Bronson, P., & Merryman, A. (2010, July 10). The creativity crisis. *Newsweek.* Retrieved from http://www.newsweek.com/creativity-crisis-74665

㊳ Bruce, T. (1991). *Time to play in early childhood education.* London: Hodder & Stoughton.

㊴ Bruner, J. S. (1966). *Toward a theory of instruction.* Cambridge, MA: Harvard University Press.『教授理論の建設』J・S・ブルーナー／田浦武雄、水越敏行訳、黎明書房、1983年

㊵ Bunting, A. (2004). Secondary schools designed for a purpose—But which one? *Teacher, 154,* 10–13.

㊶ Burroughs, J. (1919). *Field and study.* Cambridge, MA: Riverside Press.

㊷ Cameron, C. E., Brock, L. L., Murrah, W. M., Bell, L. H., Worzalla, S. L., Grissmer, D., & Morrison, F. J. (2012). Fine motor skills and executive function both contribute to kindergarten achievement. *Child Development, 83*(4), 1229–1244. doi: 10.1111/j.1467- 8624.2012.01768.x

㊸ Carnevale, A. P., Gainer, L. J., & Meltzer, A. S. (1990). *Workplace basics: The essential skills employers want.* San Francisco: Jossey-Bass.

㊹ Carr, D. (1998). The art of asking questions in the teaching of science. *School Science Review, 79*(289), 47–60.

㊺ Carroll, L. (2006). *Alice's adventures in wonderland & through the looking-glass.* New York: Bantam Dell. (Original work published 1865)『鏡の国のアリス』ルイス・キャロル／生野幸吉訳、福音館書店、1972年、邦訳出版社多数

㊻ Chi, M. T. H., Bassok, M., Lewis, M. W., Reimann, P., & Glaser, R. (1989). Self-explanations: How students study and use examples in learning to solve problems. *Cognitive Science, 13*(2), 145–182.

⑭ Barrett, P., Zhang, U., Moffat, J., & Kobbacy, K. (2013). A holistic, multi-level analysis identifying the impact of classroom design on pupils' learning. *Building and Environment*, 59(5), 678–689.

⑮ Barrett, T. (2015, February 26). Convene your classroom creative council [blog post]. Retrieved from *The Curious Creator* at http://edte.ch/blog/2015/02/26/convene-your-classroom-creative-council/

⑯ Barron, F. (1988). Putting creativity to work. In R. J. Sternberg (Ed.), *The nature of creativity: Contemporary psychological perspectives* (pp. 76–98). Cambridge, England: Cambridge University Press.

⑰ Barrows, T. S., Ager, S. M., Bennett, M. F., Braun, H. I., Clark, J. L. D., Harris, L. G., & Klein, S. F. (1981). *College students' knowledge and beliefs: A survey of global understanding: The final report of the Global Understanding Project*. New Rochelle, NY: Change Magazine Press.

⑱ Bauerlein, M. (2008). *The dumbest generation: How the digital age stupefies young Americans and jeopardizes our future (or, don't trust anyone under 30)*. New York: Penguin.『アメリカで大論争!!――若者はホントにバカか』マーク・バウアーライン／畔上司訳、町山智浩解説、CCCメディアハウス、2009年

⑲ Bean, J. C. (2011). *Engaging ideas: The professor's guide to integrating writing, critical thinking, and active learning in the classroom* (2nd ed.). San Francisco, CA: Jossey-Bass.

⑳ Bedell, G. (1980). *Philosophizing with Socrates: An introduction to the study of philosophy*. Lanham, MD: University Press of America.

㉑ Belton, T. (2001). Television and imagination: An investigation of the medium's influence on children's storymaking. *Media, Culture and Society*, 23(6), 799–820.

㉒ Belton, T. (2013, March 27). Feeling bored? Make something of it! [blog post]. Retrieved from http://www.huffingtonpost.co.uk/dr-teresa-belton/easter-feeling-bored-make something_b_2962848.html?utm_hp_ref=uk

㉓ Belton, T., & Priyadharshini, E. (2007). Boredom and schooling: A cross-disciplinary exploration. *Cambridge Journal of Education*, 37(4), 579–595.

㉔ Berger, W. (2014). *A more beautiful question: The power of inquiry to spark breakthrough ideas*. New York: Bloomsbury.『Q思考――シンプルな問いで本質をつかむ思考法』ウォーレン・バーガー／鈴木立哉訳、ダイヤモンド社、2016年

㉕ Berlyne, D. E. (1966). Curiosity and exploration. *Science*, 153(3731), 25–33.

㉖ Best, J. R., Miller, P. H., & Naglieri, J. A. (2011). Relations between executive function and academic achievement from ages 5 to 17 in a large, representative national sample. *Learning Individual Differences*, 21(4), 327–336.

㉗ Bissell, J. M. (2004). Teachers' construction of space and place: The method in the madness. *Forum*, 46(1), 28–32.

㉘ Blair, C., & Razza, R. P. (2007). Relating effortful control, executive function, and false belief understanding to emerging math and literacy ability in kindergarten. *Child Development*, 78(2), 647–663.

㉙ Booth, E. (2001). *The everyday work of art: Awakening the extraordinary in your daily life*. Lincoln, NE: iUniverse.

参考文献一覧

① Alvarado, A. E., & Herr, P. R. (2003). *Inquiry-based learning using everyday objects: Hands-on instructional strategies that promote active learning in grades 3–8.* Thousand Oaks, CA: Corwin Press.

② Amabile, T. A., & Gitomer, J. (1984). Children's artistic creativity: Effects of choice in task materials. *Personality and Social Psychology Bulletin, 10*(2), 209–215.

③ Amabile, T. M., & Hennessey, B. A. (1992). The motivation for creativity in children. In A. K. Boggiano & T. S. Pittman (Eds.), *Achievement and motivation: A social-developmental perspective* (pp. 54–76). Cambridge, England: Cambridge University Press.

④ Anderson, M. (2016). *Learning to choose, choosing to learn: The key to student motivation.* Alexandria, VA: ASCD.『教育のプロがすすめる選択する学び』（書誌データは、「訳注で紹介された本一覧」参照）

⑤ Anderson, R. C., Shirley, L. L., Wilson, P. T., & Fielding, L. G. (1987). Interestingness of children's reading material. In R. E. Snow & M. J. Farr (Eds.), *Aptitude, learning and instruction: Vol. 3. Cognitive and affective process analyses.* Hillsdale, NJ: Erlbaum.

⑥ Andrade, J. (2010). What does doodling do? *Applied Cognitive Psychology, 24*(1), 100–106.

⑦ Arendt, H. (1961). *Between past and future.* New York: Penguin Books.『過去と未来の間——政治思想への8試論』ハンナ・アーレント／引田隆也、齋藤純一訳、みすず書房、1994年

⑧ Aristotle. (1947). Metaphysics. In R. McKeon (Ed.), *Introduction to Aristotle* (pp. 238–296). New York: Modern Library.

⑨ Ashton-Warner, S. (2003). Creative teaching. In *The Jossey-Bass reader on teaching* (pp. 152–165). San Francisco, CA: Jossey-Bass.

⑩ Atwell, N. (2015, September). Keynote speech. Clinton Global Initiative Topic Dinner, New York. Retrieved from http://www.globalteacherprize.org/3-life-changing-lessons-from-teacher-prize-winner-nancie-atwells-keynote-at-cgi

⑪ Ayers, W. (2003). The mystery of teaching. In *The Jossey-Bass reader on teaching* (pp. 26–37). San Francisco, CA: Jossey-Bass.

⑫ Barker, J. E., Semenov, A. D., Michaelson, L., Provan, L. S., Snyder, H. R., & Munakata, Y. (2014). Less-structured time in children's daily lives predicts self-directed executive functioning. *Frontiers in Psychology | Developmental Psychology, 5*(593), 1–16.

⑬ Barnett, L. A. (1984). Research note: Young children's resolution of distress through play. *Journal of Child Psychology and Psychiatry, 25*(3), 477–483.

訳者紹介

池田匡史（いけだ・まさふみ）

2020年現在、兵庫教育大学大学院学校教育研究科助教。国語教育学を専門とし、とりわけ国語科における「学習」のあり方について、その歴史的な展開を明らかにすることを通して考えています。「学習」「学び」ということばは、他律的なものである「教授」ということばを避け、児童・生徒にとって自律的なものという意味合いを強調するため使用されてきました。その意味で、「学習」「学び」が大切にされている本書に魅力を感じています。好奇心に満ちた人たちでいっぱいの、すばらしい世界になるといいなと思っています。

吉田新一郎（よしだ・しんいちろう）

目次の章タイトルを見るだけで、授業や学校でとても大切にしたいものと納得すると同時に、過去ウン十年置いてきぼりにしてきたことに気づきます。「生徒が学校に合わせるのではなく、学校を生徒に合わせる」ためにも、生徒の好奇心（得意、興味関心、こだわり）を核に据えた学びをつくり出していきたいです。問い合わせは、pro.workshop@gmail.comにお願いします。

「おさるのジョージ（Curious George）」を教室で実現
——好奇心を呼び起こせ！——

2020年10月15日　初版第1刷発行

訳者　池田匡史
　　　吉田新一郎
発行者　武市一幸

発行所　株式会社　新評論

〒169-0051
東京都新宿区西早稲田3-16-28
http://www.shinhyoron.co.jp

電話　03(3202)7391
FAX　03(3202)5832
振替・00160-1-113487

落丁・乱丁はお取り替えします。
定価はカバーに表示してあります。

印刷　フォレスト
装丁　山田英春
製本　中永製本所

Printed in Japan
ISBN978-4-7948-1162-2

新評論　好評既刊　　あたらしい教育を考える本

S・サックシュタイン+C・ハミルトン／高瀬裕人・吉田新一郎 訳

宿題をハックする

学校外でも学びを促進する 10 の方法

シュクダイと聞いただけで落ち込む…そんな思い出にさよなら！
教師も子どもも笑顔になる宿題で、学びの意味をとりもどそう。

四六並製　304 頁　2400 円　　ISBN978-4-7948-1122-6

S・サックシュタイン／高瀬裕人・吉田新一郎 訳

成績をハックする

評価を学びにいかす 10 の方法

成績なんて、百害あって一利なし!?「評価」や「教育」の概念を
根底から見直し、「自立した学び手」を育てるための実践ガイド。

四六並製　240 頁　2000 円　　ISBN978-4-7948-1095-3

リリア・コセット・レント／白鳥信義・吉田新一郎 訳

教科書をハックする

21 世紀の学びを実現する授業のつくり方

教科書、それは「退屈で面白くない」授業の象徴…
生徒たちを「教科書疲労」から解放し、魅力的な授業をつくるヒント満載！
大切な質問づくりのスキルが容易に身につけられる方法を紹介！

四六並製　344 頁　2400 円　　ISBN978-4-7948-1147-9

マイク・エンダーソン／吉田新一郎 訳

教育のプロがすすめる選択する学び

教師の指導も、生徒の意欲も向上！

能動的な学び手（アクティブ・ラーナー）を育てるには、「選択肢」が
重要かつ効果的！「自分の学びを自分で選ぶ」ことから始まる授業革新。

四六並製　348 頁　2500 円　　ISBN978-4-7948-1127-1

ジョージ・クーロス／白鳥信義・吉田新一郎 訳

教育のプロがすすめるイノベーション

学校の学びが変わる

「現状維持」の精神では、教育はもはや立ちゆかない！
読む者をウズウズさせる卓抜なヒントに満ちた、教育関係者必読のガイド。

四六並製　376 頁　2700 円　　ISBN978-4-7948-1129-5

＊表示価格はすべて税抜本体価格です